教育人生路

主　编：万　磊

副主编：谷东梅

编　者：罗文生　史立鹏　刘志兴　刘凤玲

吉林文史出版社

图书在版编目（CIP）数据

教育人生路 / 万磊主编. -- 长春 : 吉林文史出版
社, 2021.10
　　ISBN 978-7-5472-8244-1

　　Ⅰ. ①教… Ⅱ. ①万… Ⅲ. ①教育工作—文集 Ⅳ.
①G4-53

中国版本图书馆CIP数据核字（2021）第210254号

教育人生路

JIAOIYURENSHENGLU

著　者	万　磊
策划编辑	高冰诺
封面设计	清　风
出版发行	吉林文史出版社
印　　刷	北京众意鑫成科技有限公司
开　　本	787mm×1092mm　1/16
印　　张	19.25
字　　数	270千字
版　　次	2021年10月第1版
印　　次	2022年1月第1次印刷
书　　号	ISBN 978-7-5472-8244-1
定　　价	68.00元

序

今年是中国共产党成立100周年，值此之际，举国上下一片欢腾，共同庆祝党的百岁华诞。习近平同志在新年之初提出了学习党史的号召，号召共产党人回顾历史、不忘历史，永葆初心，牢记党的百年风雨历程，继往开来，担负起国家富强、民族复兴的大任。

作为一名普通的教育人，适逢这个时代，三生有幸，从这一号召之初，我便决心今年要做几件有意义的事情，作为礼物献给亲爱的党的百岁生日。一是要组织海伦市教育系统上下5000人学好党史，给教育人上一节敬党爱党的感恩大课；二是建立起海伦市教师队伍的三个架构，并逐步对这三个架构开展阶梯培养。

在这三个教师架构的评选和建立过程中，我发现了教育各个学科、各个层级的不同人才，这让我十分欣喜，我深知把他们的作用发挥出来，一定会引领众多老师成为优秀教师。几位朴实无华，业务精湛，扎根于基层，有着浓厚教育情节的教育人的事迹让我动容，这其中有：纯朴善良、不惧艰苦、无私奉献、不忘初心、坚韧不拔、立志要为教育做点事情的黑龙江省优秀乡村校长现任实验小学校长万磊；把青春和心血全部奉献给教育的黑龙江省模范教师、特级教师、黑龙江省级骨干教师谷东梅；谦虚谨慎、任劳任怨、踏实工作、无私育人、讲政治、听指挥的共产党人罗文生；德才兼备、低调谦和、善良仁义、吃苦耐劳、甘于奉献、扎根农村教育的史立鹏；忠厚仁爱、敢于挑战、勇于创新、积极工作的年轻一代刘志兴；安于平淡、热爱家乡、热爱孩子、悄悄育人、甘于做一辈子乡村教师的刘凤玲。

他们是那样朴素，朴素到不带半点脂粉！他们是那样仁爱，仁爱到不露声色将全部心血融入无形的爱育中！他们的业绩是那样骄人，骄人到让你想不出他们是如何做到的！他们是那样执着，坚守着绝大多数人早已放弃了的教育情愫！他们是那样平凡，平凡到没有人会留意他们不平凡的付出！他们是那样谦卑，谦卑到可以无数次忍辱负重！他们是那样高尚，高尚到在荣誉和利益面前别人选择争取，而他们却选择放弃！他们像一面旗帜，让你无数次想把他们高高举起！

　　我不知道该如何表述才能更契合他们的品格和执着，但我却着实被他们深深地打动了，于是我决心动员他们，把他们半生的心血和奉献印刷出来，因为他们是海伦"70后"和"80后"教育的杰出代表，他们不仅笔耕不辍地培桃育李，他们更在十几年甚至几十年的工作中引领了海伦教育不断前进的方向。在这里，我更衷心地企盼着无数年轻教育人学习他们的品格和操守，汲取他们宝贵的经验，沿着他们的足迹走下去，雕刻终生挚爱教育、坚守师者节操的人生，用学识传承文明，用品格化育他人，亲手指引教育航向，创造出更纯洁、更卓越、更美丽、更广阔的教育春天。

白金杰

目　　录

第一章　不忘初心　筑梦未来 …………………………………………… 001

　第一节　立足乡村教育　用青春践行使命 …………………… 002

　第二节　肩负时代重任　用情怀书写担当 …………………… 024

　第三节　走进大学校园　接受文化洗礼 ……………………… 044

第二章　在生命的过程中探索教育之道 ………………………… 064

　第一节　教学感悟 …………………………………………… 066

　第二节　教育感悟 …………………………………………… 101

第三章　爱心育桃李　深情做教育 ……………………………… 134

　第一节　扎根黑土地　梅香苦寒来 ………………………… 135

　第二节　育人先育心　树人先树德 ………………………… 141

　第三节　实施新课改　探究新方法 ………………………… 150

第四章　行者之梦 ………………………………………………… 175

　第一节　教育感悟 …………………………………………… 176

　第二节　教学感悟 …………………………………………… 199

第五章　教之路春风化雨　育之途润物无声 …………………… 224

　第一节　教学感悟 …………………………………………… 226

　第二节　教育感悟 …………………………………………… 241

　第三节　素养提升 …………………………………………… 253

第六章　因为爱，所以爱 ………………………………………… 264

　第一节　教育感悟 …………………………………………… 266

　第二节　教学感悟 …………………………………………… 290

第一章　不忘初心　筑梦未来

黑龙江省海伦市实验小学　万　磊

万磊简介：中国共产党党员，高级教师，1993年7月毕业于黑龙江省海伦师范学校，2003年毕业于东北师范大学汉语言文学专业毕业（在职），本科学历。1993年在海伦市师范附属小学担任体育、计算机、语文、数学学科教师和教务主任，2003年在海伦市东方红小学担任教学副校长，2009年在海伦市爱民乡中心小学任党支部书记、校长，2019年任黑龙江省海伦市实验小学党支部书记、校长。

主要业绩：多次被评为海伦市教育系统优秀教育工作者、优秀共产党员、海伦市优秀教育工作者；多次受到海伦市委、市政府嘉奖；曾任海伦市第七届和第八届人大代表，现任海伦市第八届政协常委；2018年9月被绥化市教育委员会、教育局授予"四有"好校长荣誉称号；2019年9月被绥

化市人民政府授予"全市优秀校长标兵"荣誉称号；2019年10月被中共黑龙江省精神文明建设指导委员会选入"龙江好人榜"；2019年7月获得中国青少年发展基金会、TCL公益基金会颁发的第六届"TCL希望工程烛光奖计划"引领奖；两次获得绥化市体育局、教育局颁发的"百万青少年上冰雪"活动先进工作者；2017年9月获得中共黑龙江省委宣传部、省教育厅、省精神文明办、省共青团颁发的特别关注乡村教师奖；2015年8月在"寻找中国好校长"推选活动中，荣获中国好校长实践奖；2006年4月被绥化市教育学院评为"十五"中小学校长培训先进个人；2012年3月被中国教育学会"十二五"科研规划重点课题组评为优秀课题主持人；曾主持国家级课题研究一次、省级课题研究三次；撰写了多篇论文并发表和获奖。

第一节　立足乡村教育　用青春践行使命

我眼中的万校长和爱民小学

牟秀美

一、从别人口中听到的万校长

大约应是2010年左右，因定级在和别人的闲聊中听到，爱民小学的万磊定高级职称连续几年档案被拿回来，原因可能是因为太年轻；当时心里只有一个非常好奇的想法，这位三十几岁的校长应该是有多么优秀呢？

2016年冬，偶然翻看朋友圈，看到若干年前的同事转发的一篇文章，题目是《有一所乡村小学》，让我算是初步结识了爱民小学——农村学校中的佼佼者；也未曾想过转年便会和这所小学有着这样一段缘分。

二、初识万校长和爱民小学

2017年9月，受教育局党委指派机缘巧合来到爱民小学工作，教育局党委考察谈话后，为我们做了人员交接，这是我第一次见到万校长本人，没有我想象中的凌厉让人惧怕，相反朴实无华、平和，他告诉我近一两天学校会举行秋季运动会，以及怎样乘坐客车到学校等等。

第二天，我怀着极其复杂的心情，在路上几经颠簸来到了学校，万校长在早会上为我做了介绍，会后姜校长又送来了各种办公用品，刘校长和两位主任过来帮我安装电脑，告诉我其他一些具体事务，万校长在下午又过来看看缺少些什么。他们的关心与帮助让我忐忑不安的情绪有了些许平复，感觉这个新环境还是蛮不错的。

接下来的第三天，秋季运动会正式开始了，检阅队伍整齐划一、各具特色，整个会场井然有序，比赛紧张激烈而又张弛有度，整洁优雅的校园环境和热烈的会场氛围，无不体现了爱民小学领导者的心血，有竞争、有合作的完美的团队精神。

进入11月份后，学校要做一个宣传片，我负责搜集整理照片，我再次受到震撼，从建教学楼初的水和泥混杂的室外操场，毛坯的室内墙壁；建成如今大家看到的真草坪、沥青跑道、以"自信、健康、快乐、智慧"命名的甬路；假石柱、棋盘、卫具架、树下几何图形的座位、厕所里的声控灯、挂包的衣挂、墙壁上的温馨提示语……室内大厅的教育方针教学理念、楼梯的二十四节气歌、小脚丫安全导向、暖气及暖气罩、温水设备、班级内的热奶架、卫具柜，等等；处处是文化，处处体现了管理者的良苦用心，处处折射着爱民教育人无私付出的身影。其背后的付出怎能仅凭"艰辛"一词来形容……

三、作为同事认识的万校长

认真、耐心、踏实、负责……似乎我能想到的所有夸赞人们对待工作好的词汇都在他的身上得到体现，如考虑下属的成长，他在给我分派工作时会说"慢慢来，谁也不是一开始便什么都会，担子要一点一点往肩上扛"。一个优秀的领导会更关注下属的长远发展，因此他会时常告诉我们要多读书，怎么与人相处，怎么做好分内工作等等，只要他想到的，对学校或个人工作好的事情就会第一时间开会交流。

作为少先队辅导员，我在10月份第一次组织入队，难免会有些瑕疵，万校长始终以激励为主，一边鼓励一边以事例提醒我应注意哪些细节。

转眼来到2017年末，期末工作中，他会认真查看每位领导与教师的工作总结，找不足、做调整、再完善，次次如此，从不懈怠。

四、均衡发展中的万校长

2018年注定是忙碌而不平凡的一年，我们在接到任务后，校长第一时间组织任务分工，利用假期带着整个领导班子成员到绥棱三小学习，回校后学校各部门陆续进入紧张繁忙的工作状态，对工作中所用到的物件，万校长始终做到结合学校实际情况高标准、严要求、把错误概率降到最低。带头加班赶点儿是常事儿，即使这样忙碌，万校长也亲自主抓文化建设，从主题到各版面的设计布局都严格把关，做到精益求精；一张张无声胜有声的照片展示的都是校长和爱民教育人的心血，是精神内涵的凝结；在省、市检查和教育同行的参观学习中都获得了高度的好评。

作为带头人的"头狼"，万校长时刻用行动身体力行，每年冬天他带着大家浇冰场；粉刷墙壁后又亲自带着大家打扫卫生；上行下效，试问校长尚且亲力亲为，作为我们又怎能怠惰呢？

五、平时工作中的万校长

万校长重视学生各种能力的培养，注重学生全面发展，让学生在活动中学习、在实践中成长。每年"六一"儿童节，万校长自己制定野外寻宝方案，寻不到宝物的孩子可用树林里捡到的垃圾换取奖品，自己出钱为年度拾金不昧的孩子买价值不菲的纪念品，这样既净化了校园周边环境，又培养了学生高尚的道德情操，让孩子们欢度快乐、充实又具有教育意义的节日。暑假期间组织学生研学旅行，参观青少年文化活动中心、到天桥上看火车经过、祭扫雷炎烈士墓、参观第七中学、兴隆看电影……不辞辛苦、无怨无悔的付出，只为孩子们累积社会经验，从小树立远大理想。

万校长注重德育工作，每月会组织全体师生观看具有教育意义的电影，很多时候会亲自推荐优秀电影及文章著作等；如本学期我们先后观看了电影《春泥》《暖春》《开国大典》《国家公祭日》直播等一系列影片。关心教师的身心健康，要求教师们假期多休息、多读书、多旅行、少喝酒……

六、活动中的万校长

每年学校都会组织大型的户外体育活动和节日庆祝活动，例如冬季户外体育比赛、元旦联欢等。万校长都会提前布置任务，准备好比赛的奖品和活动用到的相关物品，从不吝啬。活动过程中亲自参与，真没想到体重近200斤的万校长跳起绳来居然如此轻盈。另外，他的歌也唱得特别好，可以与专业歌手相媲美，为活跃气氛甚至不惜放下领导形象，为大家带来欢乐。

七、扶贫工作中的万校长

万校长还十分关心退休党员，特别是生活贫困、多病教师的生活状况，每逢年节都会去看望慰问，带上礼品以及精神上的安慰与鼓励。

统计全校的贫困学生，以领导、党员为先确定划分帮扶对象，通过个人关系寻求社会上爱心人士的资助，对贫困学生给予精神上的关心和物质上的帮助，例如今年进入冬季，天气渐冷，万校长了解到四年一班的李文欣同学家庭拮据、衣着单薄，便自己拿出几百元钱，让我同孩子班主任一起去给孩子置办衣物、食物、生活用品；孩子从头到脚焕然一新，私下聊天时我们谈到，谁的钱都是辛辛苦苦赚来的，自己也曾捐款捐物，但是很难做到像校长这样"大手笔"。学生本人和学生家长感受到了学校的温暖和关爱，默默用自己的学习、行动回馈爱心。类似于这样的事情还有很多，难以一一尽诉……

八、生活中的万校长

万校长个人穿戴极其简朴，上下班除非有特殊情况自己开车，平日只乘坐大客车，用他自己的话说能在车上了解一些平时你看不到的，其实这只是其中的一个小方面，多半还因为他觉得省下来的钱可以帮助更多的贫困孩子。

他个人虽然俭省，对待他人却是极其大方，在学校教职员工家里有事情的时候，他会第一时间到场，事无巨细提供帮助，比如2018年我的父亲因肝癌去世，陈老师的丈夫因病去世，作为逝者家属我们真心的感谢、感动于集体的关爱与温暖；这让我们能尽快地平复心情，继续工作。

万校长为人低调，却还是很有品位的。聚餐时会选择大家都比较喜欢的餐馆，照顾到每个人的口味，诙谐幽默，不冷场，也不会使气氛过于喧闹，在安全的前提下，不强迫劝酒，让大家喝好又不至于喝多，放松却不会放纵，是一个难得的好友。

可以说来到爱民小学这一年多的时间里，工作真的很繁杂、很累，但是我成长了、也日渐成熟了，得到了很大的锻炼与提高，从校长和其他同事身上学到了很多，比如工作方法、为人处世……未来的我敢于直面风雨，无惧挫折，也有足够理由相信在教育局的正确领导、关心和帮助下，万校长和我们的爱民小学将越来越好！

坚守农村教育十余载

黑龙江省海伦市爱民乡中心小学　万　磊

我是海伦市爱民乡中心小学党支部书记、校长，从教28年我从一名普通教师成长为一名校长，源于我对教育事业的坚守。2009年到农村工作以来，我把一所名不见经传的普通农村小学管理成为全市农村小学的典范，用踏实工作和教育情怀书写了一个农村教育工作者的坚守。

一、积极探索，确立学校办学思想和理念

我深知学校"最大的贫困不是物质的贫困，而是观念的贫困"，一所学校不论大小，不管历史长短，都应有根植于学校深处的学校文化。学校文化是学校的灵魂，学校文化建设是学校发展的永恒主题。那么，学校文化需要办学思想和办学理念的统领。到农村上任伊始，我就深入研究农村

教育、农村环境，走访群众、家长，通过参加教育部组织的农村校长助力培训，问计教育专家，结合爱民乡中心小学校情实际，很快提出了"立足乡土文化，培养现代公民"的办学思想和"一切为了学生的健康成长"的办学理念，为学校找到了一条适合农村学校特点的发展之路。

目标和办学理念确定了，就可以甩开膀子干了。作为一个薄弱的农村小学，我想千方设百计去改善办学条件，争取各级政府、社会各界广泛的关注和支持，提高办学水平，转变教育观念，加强内部管理和教师队伍建设。

二、长远规划，改变乡村办学面貌

那时的爱民乡小学仍有十个村教学网点，我经常骑着摩托车对各教学点逐一查看。虽说早已做过"功课"，对这所学校的基本情况有所了解，但亲眼所见仍超出之前的想象。校舍简陋、校园杂乱、设备破旧，"惨不忍睹"的校容样貌让我备感自己肩上的担子更重了。开弓没有回头箭，短暂的思想斗争后，我下定决心，决不能辜负组织重托，要用自己的后半生改造这所学校，造福一方，实现自己的人生价值。

很快，我向市直的学校要来学生课桌椅，对不完善的地方进行修修补补。然而，这只是权宜之计，因为修修补补只能维持现状。多少个难眠的夜晚，我都在勾画着爱民乡小学的未来。经过深思熟虑之后，我做出了一个大胆的规划，分"三步走"打造全新的爱民乡小学。经过学校领导班子讨论，"三步走"规划很快得以实施。

第一步，彻底改善学校办学条件。在多次调研和征求乡村及学生家长意见后，我向教育局提出了集中办学申请并很快得到批准。经过多方筹划，2012年新的教学楼便落成使用了。在此期间，我一边坚守岗位，昼夜不离场地，一连几个月不回家；一边查访借鉴，与设计院人员商榷校舍布局，拖着疲惫的身体奔波于各地。过度的劳累，加之住宿条件差，我患上了胃炎和滑膜炎。虽然我每日都承受着病痛，但是看着孩子们每天高兴地在新建成的教学楼内读书学习，内心无比欣慰和自豪。尤其是我们的教育资源整合了，能够开齐开全开满课程了，每个班级都安装上了班班通设备，实现了多媒体教学。

第二步，打造独具特色校园文化。一所和谐发展的学校，发挥校园"文化效应"是治校办学的法宝。经过充分考虑，我提出了"本着立足乡土，又不失现代气息，从学校现有的资源和条件出发进行校园文化建设"的理念。合并学校以后，我几乎没有度过一个像样的假日，同教师们一起对校园场地进行平整，本着少动用机械，多自力更生，少花钱、多办事的原则，带领教师到拆扒工地捡红砖铺路；带领教师把市体育场改造废弃的顺水沟筒子挖回来，铺到楼前楼后两条顺水沟300多延长米；在校舍前后巧设花坛，植栽各色奇美的鲜花；用花草在门亭两侧栽种出"健康、快乐"四个字。目前，校园内墙壁说话，草木生情，校园文化品位显著提升，努力为学生打造了一个健康的、积极向上的校园文化氛围。让文化与环境和谐发展的理念昭示给师生。为学生的健康成长、和谐发展创造一个优良的软环境，校园文化的教育价值真可谓是"随风潜入夜，润物细无声"。

学校集中办学之后，学生有了送子车的费用和食堂伙食的费用，增加了远途学生的家庭负担。这时，我了解到了那些贫困家庭的孩子，有些已到面临辍学的境地。于是我组织学校领导和全体党员对家庭贫困的学生进行一对一的帮扶。我一直帮扶两个学生，现在其中一个已经升入初中了。由于他是孤儿，我还继续帮扶着，因上学路远，我给他买了自行车、防冻护具、手表和衣物等，年节时还给他钱物；还为没条件在食堂吃饭的贫困学生购买保温饭盒，帮贫困学生付校车费和饭费，自己拿钱给贫困学生定做校服等。我经常向各方面去争取对学生的帮扶和捐赠，还通过不同渠道，让社会各界、爱心人士为我校贫困学生和留守儿童捐赠文具、钱物累计几万元。还为特困学生找来爱心人士进行重点帮扶，对他们学业产生的费用一直负责到大学毕业，给这些丧父或单亲的孩子在学业上带来了保障。目前，我们学校的老师也都在关注着那些家庭困难的学生，给他们带来衣物、购买学具、垫付各种费用等，如今"感恩""奉献""关爱"已在我校蔚然成风，和谐校园建设硕果累累。

第三步，大力实施素质教育。我深知谋求一流的教育教学质量是学校生存发展的根本。几年来，我校始终坚持特色兴校的方略，把素质教育、创新教育、特色办学作为学校的核心内容来抓，不断提升教学质量，不断提升办学品位，不断满足师生需求，让学校成为学生人生的成长沃土、成长的摇篮，也是师生共同发展实现人生价值的乐园。在积极推进素质教育的同时，我始终不忘学校办学特色的开展，挤时间走进课堂研究教学方法，用自己去北京学习时的经验结合本校的实际创新教育教学方法。首先，注重开展各项活动。我向原来任职的学校要来了乒乓球台，同教师讲球技、搞比赛，组织全校师生开展跳绳、踢毽子、拔河、足球和篮球比赛，利用我的体育、音乐的特长带领教师们开展各项文体活动，丰富了教师们的课余生活。其次，充分挖掘乡土教育资源，在操场内两块没有硬化的土地上建立了"开心农场和果园"，并研发了校本课程《节气》和《种植》。校园种植，培养了学生亲农爱农观念，懂得一些种植方法和技术；激发了学生劳动实践的乐趣，从而培养了学生热爱劳动和节约粮食的好习惯。第三，扎实开展大课间活动。为了落实教育部关于促进学生健康成长的具体要求，结合北京学习的经验，在学生户外体育活动形式上进行了探索。每天伴随着响亮的运动员进行曲，全体师生迅速而有序地来到操场指定位置集合，音乐变换，那是默契的走步口令。三分钟后，音乐再变，这是跑步的号令，师生们在激昂的音乐声中步伐整齐，彰显出学校师生精神振奋、团结向上的精神面貌。我校体育教师还自编了适合师生的韵律操，已经纳入大课间活动。活动的开展不仅推动了师生的团结力、队伍的向心力，也促进了师生体质、品德、能力的均衡发展，也使师生户外体育活动做真做强、落到实处。第四，挖掘乡村少年宫效能。完善特种教室的设施建设，借助乡村少年宫项目开设了23个社团活动小组，成立领导组织，制订计划，加强各组辅导员培训，为培养学生的多方面爱好与兴趣奠定了基础，让农村的孩子不出校园就可以学到体育技能和艺术特长。第五，建设开放阅读环境。农村学校及学生家庭条件相对较差，购买书籍不便利，家长重视也不够。所以，学校从几个方面为师生提供阅读条件：一是让师生有书阅读。新建图书室和师生阅览室；走廊里建立了"书海长廊"的开放图书架；校园里修建了防雨的室外图书屋。二是让师生有时间阅读。每周每班安排一节阅读课，到阅览室借阅，每次借阅一周，下次阅读课时更换或续读，教师可随时到阅览室借阅。三是创新活动，促进阅读。开展一系列丰富多彩、灵活多样的读书学习活动。如：征文比赛，黑板报评比，诵读比赛，开展读书月系列活动等。阅读的推广激发了学生的阅读兴趣，培养了他们良好的读书习惯，提升了学生的人格修养。让农村的孩子在这块贫瘠的土壤中，用书籍温暖、浸润心田，让他们健康、快乐成长！几年来，我校在市教育局开展的各项比赛活动中获得了骄人的成绩，为上级学校输送了一批又一批的特色人才，得到了上级主管部门和广大师生家长的认可。

三、加强管理，创建和谐校园

校长的自我管理。几年来的履职历程，让我深深地体会到：要做一名合格而且优秀的校长，就必须结合具体实践，时刻牢记全心全意为人民服务的宗旨，要勤于给自己充电，乐于为事业创新，善于为群众做事。只有这样才能不辜负党和人民的重托，要想管理好学校、管理好教职工、管理好学生，首先，要管理好身为校长的自己。校长是学校的领导、领头雁，自己的一举一动，对教职工具有很大的影响力。自己高尚的品德修养，对形成优秀集体具有强大的推进作用。所以身为校长的我严格要求自己，以身作则，凡要求他人做到的自己首先做到。关心教师从小事做起，从细节入手。工作中，对待老教师能做到爱中有严，对待青年教师严中有爱，和谐共处，共同发展。通过我的领导，学校在2016年被评为黑龙江省"十佳和谐校园"称号。另外，作为一个教育管理者必须真抓实干，通过学校这几年的变化可以诠释我的实干精神是对的。面对最基层的农民朋友和他们的孩子，面对的是朴实的农村教师，还有农村学校薄弱的实际，我先端正思想，认清形势，通过不断的学习培训，丰富和提升自身的素质和能力。

人文的队伍管理。坚持以人为本，走进教师心灵。尊重别人是以诚待人的重要表现。我经常和班子成员及教师谈心，互相沟通，以诚恳的态度，充分肯定他们的长处和优点，也推心置腹地实事求是地指出他们的不足，他们也愿意把自己的心里话向我倾诉。这样，日积月累增进了相互间的了解，实现了共勉，工作中的配合也会更加默契。所以我认为，在学校管理中，仅靠制度管理是不全面的管理。民主管理、制度管理与全员管理相结合，才是真正的管理。为此，作为校长的我要像走进学生心灵中那样走进教师的心灵中去，坚持"以人为本"，注重人的情感，尊重人的情感，做到以情感人。校长还要在工作和生活中加强"感情投入"，学会热情关心人、充分信任人、诚恳对待人、善于激励人。

思想渗透传递，教师快乐阳光。通过平时与教师们的沟通，根据实际需要印发一些感悟文章。这还是我们一位老局长的一个工作方法，就是不定期地给教职工印发文章，介绍书籍。平时我发现教职工之间有矛盾了，就印发像《宽容》《余地人生》等这样的文章；发现有些教师因小利益，钻牛角尖，想不开时就印发《好心态，好命运》《知足谣》；发现工作不认真、不细致时就印发《细节决定成败》等等。用这种方式让他们健康快乐起来，阳光起来，这样教师就容易把我们视为知己，他们往往会为那份用金钱买不到的情感，情有独钟地工作。同时，能更好地将办学思想渗透传递给教师。特别是目前在教师工资待遇低而心思涣散的状况下，这样做起的作用更加明显。

加强师德师风建设，促进教师专业成长。在加强师德师风建设的同时，积极鼓励教师们参加各种继续教育和外出学习。在他们的进修、培训过程中，尽可能地为他们提供方便，从时间上、旅差费等多方面创设宽松的条件，让他们感到领导的关心，学校的温暖，工作起来也会增加热情和干劲。几年来，在学校管理上，我和学校领导班子精诚合作、认真规划，让年轻教师充分展现创新实践、科学研究的能力，也让老教师发挥经验丰富、勤恳踏实的作风，努力营造和谐宽松的工作环境。这样良好的人际氛围，使学校的管理富有人情味，领导和教师关系融洽，工作布置从不相互推诿，遇到难题总是群策群力，为学校健康有序发展奠定了坚实的基础。几年来，我校涌现出一批师德楷模、优秀教师和劳动模范，刘凤华老师被评为"最美绥化人"和海伦市"道德楷模";柳丽丽被评为绥化市优秀教师;于艳辉今年被评为绥化市劳动模范。我校也先后被评为绥化市教育系统先进集体;黑龙江省十佳和谐校园;绥化市精神文明单位标兵;海伦市师德师风建设先进集体等。

四、挖掘乡土资源，促进学校特色建设

我校以"立足乡土文化，培养现代公民"为办学思想，深入践行"一切为了学生的健康成长"的办学理念，全面促进学校特色建设。

立足现有，结合乡土，体验农事。利用农村特有资源，给学生创造出独特的育人环境。我们利用学校两块没有硬化的土地，建立了"开心农场和果园"。校园种植培养了学生亲农爱农观念，让他们懂得了一些种植方法和培育技术，同时"开心农场和果园"还是学生们很好的劳动实践基地。

走出校园，走进大自然，感受家乡美。利用农村的广袤大地，在每年"六一"儿童节，都带领全校学生进行了"野外寻宝"活动。活动的目的是借春游契机，让学生们走进大自然，开拓视野、感受家乡美。

走出农村，走进现代，拥抱未来。每学期末我们都以此为主题开展研学旅行活动，这项活动已经坚持开展三届了。每年师生百余人，利用一天时间，带领他们到市里参观过四化研究所、政府广场、西区学校、运动场、剪纸博物馆、图书馆、一中、二中、七中、青少年校外活动中心、火车站、电商办、原野食品有限公司，祭扫雷炎烈士，去兴隆大家庭看3D电影。开学后，他们还向同学们讲述参加活动的见闻和感受。通过活动让学生开阔了视野，增长了知识，让学生走出课堂、走出学校、走出农村，走向城市、走向社会。

学用前人智慧，不忘乡土民俗，创设校本课程。习近平同志讲过"博大精深的中华优秀传统文化是我们在世界文化激荡中站稳脚跟的根基"，传统文化是源泉。我们立足中华大地，结合乡土，研发了校本课程《节气》《辈分与称谓》《剪纸》《书法》和《中草药的认识》。

无论是作为农民的儿子，还是一名普通的农村小学老师，我的每一份经历都是从最基层中走出来的，这种深入骨髓的平民意识，使我在校长的岗位上有了这样的想法：让遇到我的学生、家长和老师们是幸运的！短短几年的农村工作的坚守，让我在每学期校长工作述职中都能言之有物，并取得名列前茅的好成绩。在我的带领下，学校在2014年通过了全省标准化合格学校验收；同年被评为绥化市教育系统先进集体；2015年被评为黑龙江省"十佳乡村少年宫"；2016年被评为绥化市文明单位标兵；2016、2017年被评为全市重点工作目标考核先进单位。

《立足乡土资源，打造健康育人环境》
——校园特色资源创意

海伦市爱民乡中心小学　万　磊

爱民乡中心小学坐落在绥化、齐齐哈尔和黑河三区交界处的爱民乡政府所在地。学校创办于1958年，2012年11月1日撤并网点集中办学。爱民乡中心小学是一所教学设施完备、教育特色鲜明的农村小学，校园布局合理，环境宜人，历史文化源远流长。学校围绕"立足乡土文化，培养现代公民"办学思想，踏实践行"一切为了学生的健康成长"的办学理念，全面打造健康育人环境。

坚持立足中华大地办教育，利用农村独具的乡土特点，充分挖掘校园内外现有资源，积极创建健康的育人环境。

一、立足现有，结合乡土，体验农事

利用农村特有资源，给学生创造出独特的育人环境。我们利用学校两块没有硬化的土地，建立了"开心农场"和"快乐果园"。"开心农场"设计出三块种植区域，一块是常见农作物和蔬菜类，农作物有：水稻、玉米、高粱、小麦、黄豆；蔬菜类有：西红柿、豆角、茄子、青椒、黄瓜等。通过种植，学生掌握了基本农作物和蔬菜的种植方法和培育技术，也培养了学生亲农爱农观念，他们有了"粒粒皆辛苦"的体验，从而更加珍惜粮食，养成了勤俭节约的好习惯；另一块是中草药类，中草药的种植，多以常见的和适合本地气候生长的品种为主，通过中草药的种植，我们研发了校本课程《中草药的认识》，并请我市知名中医担任顾问，现已选取内容进行排版印刷。通过中草药的种植和学习，学生知道了一些与中草药相关的浅显的知识，并能够在日常生活中运用，同时还让学生保持和发展对祖国传统文化进行传承和发扬的兴趣；第三块是新奇特类，多以爬藤类为主，通过新奇特植物的种植，可以让学生产生好奇心，培养观察能力，拓宽学生的视野和知识面。"快乐果园"种植了山丁子树、果树和樱桃树，把这些果树分给同学们去浇水剪枝，这些果树虽未开花结果，但它们与我们的孩子们每时每刻都在共同成长，相信在不久的明天一定会开花结果，分享果实。校园这片种植区域，成了学生们很好的劳动教育实践基地，也是德育教育的一块新阵地。将来我们还计划将这些果实制作成标本，放在我校未来的农村农耕博物馆里，让城市里的学生们来研学参观。

二、走出校园，走进大自然，感受家乡美

利用农村的广袤大地，每年在"六一"儿童节那天，带领全校学生走出课堂、走出校园，开展"野外寻宝"活动。活动形式是以班为单位，徒步走到2公里外的一片松树林中，在那里寻宝。"宝"就是提前派老师去藏在树林中的小纸条，纸条上面写着各种学习用品和文体用具，回校后按纸条内容兑现宝物。为了让没寻到宝物的学生不失落，学校给他们准备了捡拾垃圾的夹子和方便袋，他们可以通过在树林及周边捡回的垃圾来抽取宝物。这样，每个学生在自己节日那天都能得到礼物，还净化了环境。活动的目的是借儿童节和春游契机，让学生走出校园，走进大自然，开拓视野，感受家乡美。同时，也是对学生体质的锻炼和意志的培养，更是培养学生出行的安全自护能力和保护环境意识，最重要的是让学生们感受童年的快乐。

三、走出农村，走进现代，拥抱未来

学期末我校以"走进现代，拥抱未来"为主题开展研学旅行活动，研学旅行是教育部2016年12月提出来的，我们是2016年7月就开展了第一届研学旅行活动。当初，这项活动的开展主要是践行我们的办学思想"立足乡土文化，培养现代公民"，在立足乡土的同时，还要与现代接轨。

活动的组织形式，每个班由全班同学选出4名品学兼优的学生，每届参加的学生不重复，每次参加的师生百余人。为了保证参加活动的安全和质量，提前规划好路线，进行踏查，计划好时间。请派出所干警和医生为活动保驾护航，用的是专用送子车。利用一天时间，在原野食品有限公司，了解了智慧农业，观看了玉米从生产、加工到冷藏的全程可追溯系统；在雷炎公园，祭扫了家乡的烈士雷炎，对学生进行爱国主义和革命传统教育；在海伦市电商创业园，知道了寒地黑土、黑土硒都，了解了美丽富饶的海伦；在农业生态试验站，对学生进行农业科普和生态文明教育；在海伦三所高中，参观了我市高等学府的校园和管理，鼓励同学们努力学习，争取都能顺利升入高中读书；在青少年校外活动中心，让学生感受各种艺体活动氛围，激发他们全面发展；在兴隆大家庭影院观看了3D电影，感受科技给我们的生活带来的巨大变化。通过研学旅行活动，学生了解了家乡，开阔了视野，增长了知识。活动结束后跟进开展师生参加活动见闻和感受讲述活动。

四、学用前人智慧，不忘乡土民俗，创设校本课程

学用前人智慧，结合乡土发扬国粹来研发校本课程，农村离不开耕作，更需要了解前人给我们总结下来的非物质文化遗产——二十四节气，所以开发了校本课程"节气"。同时结合校园文化建设，利用开心农场的一面墙进行了二十四节气的彩绘，按照四季分为四个部分，每个季节有六个节气，并按二十四个节气注有农耕谚语歌。平时结合节令让学生观察，组织学生写出、画出和照出你眼中的这个节气。

结合现在都是独生子女的实际，为了让孩子们懂得尊老爱幼，会排序辈分，学校编写开设了校本课程"辈分与称谓"。为了响应习近平同志提出的坚持立足中华大地办教育的号召，并能更好地弘扬传统文化和国粹内容，开发了校本课程"书法"和"中草药的认识"。目前，还在进行实践太极拳的教学，准备形成校本教材《二十四式太极拳》。为弘扬海伦剪纸艺术，研发了"折纸""撕纸"和"刻纸"的校本课程。如今正结合开心农场的实践，进行记录总结，研发校本课程"种植"。

五、因地制宜，合理规划，打造健康育人环境

在人的性格形成过程中，环境因素具有很大的影响力。优美的景色是校园的外衣，是人们对校园第一印象的决定因素。为了让校园美起来，根据农村小学实际，因地制宜，立足长远，对校园进行了合理规划。学校设置了运动区、教学区、绿化区和生活区等。在运动区域内，有天然草坪的足球场地，油渣的环形跑道、篮球、羽毛球和体育器械场地。在绿化区域内，用花、草、树木、农作物等，最朴素、最自然的美来装扮学校。在校园内，大树下用几何图形围成座；利用树墩做成各种棋盘、做成假石柱，写上文明礼貌用语，还在树墩附上大理石块，做成毛笔字练习平台。校园里处处都有人文设计，随处绿树成荫、花香扑鼻，校园的一切像磁铁一样吸引着师生，使师生们对学校产生无比的热爱之情。

教学楼内各楼层文化建设主题分明，有很强的教育意义。这个文化建设一改以往的一块板、几句话、几条名言等设计，而是让它既是文化宣传阵地，又是学校和师生的展示平台，更是师生成长的见证素材。三层楼的走廊里，一楼主题是"养成好习惯，成就大未来"；二楼的主题是"弘扬传统文化，传承中华美德"；三楼主题是"成长的沃土，腾飞的摇篮"。在三个楼梯分别布置了学校、教师、学生为主题的相片墙。一个是学生照片墙，分别以历届学生的毕业照，由下而上，由远及近，逐渐搜集装裱；一个是教师照片墙，是用历任我校教师的照片、合影进行建设的，学校还在搜集每一位在我校工作过的教师；另外一个是学校发展的照片墙，由远及近，体现学校发展的过程。这些文化建设的设计充分体现了主题和文字是自己的、学生的、简约的和动态的。

我校多年来依托乡土资源，充分发挥乡土教育资源优势，让学生走出课堂、走出学校、走近自然、走入社会，在生活中学习，在实践中求知，在社会中成长。因而在学生发展个性特长、提高自尊心、自信心和社会责任感以及实践创新、培养综合能力、提升人文素养等方面均起到了积极的作用，并力求在此基础上开创一条有农村特色的育人新路。

教育发展　管理先行

绥化市校长管理经验交流会　万　磊

很高兴能参加这次学校管理工作经验交流会议，我来自海伦市，是一位农村小学校长。下面我把学校管理的一些做法与大家分享。

一、校长的自我管理

要想管理好学校、管理好教职工、管理好学生，首先，要管理好身为校长的我们自己。校长要有高尚的人格魅力，正确处理好与教职工的关系。校长是学校的领导、领头雁，校长的一举一动，对教职工具有很大的影响力。校长高尚的品德修养，对形成优秀集体具有强大的推进作用。当校长就必须严格要求自己，以身作则，凡要求他人做到的自己首先做到。我们不能拿着枪在后面逼着大家往前冲，应该扛着红旗在前面领着大家往前冲。校长为人要正直，胸襟要开阔，允许他人发表不同的意见，善于求同存异。踏踏实实做事，清清白白做人，只有这样，才能提高自己的威信，去更好地管理学校。

另外，校长要做真抓实干的管理者。真抓实干是实现正确决策的生命线。习近平总书记说过"空谈误国，实干兴邦"。作为一校之长，校长既是党和国家教育方针的全面贯彻者，又是各级党委、政府和教育主管部门重大决策的忠实执行者，还是学校发展战略和目标的具体实施者。校长真抓实干的水平，不仅决定着校长的办事水平，而且决定着学校的发展水平；不仅决定着各级领导对校长工作的认可度，而且决定着广大教职工对校长的支持度和跟随度。我们要懂得：怕麻烦者，不抓事，领导批评，群众不满，结果更麻烦；怕碰钉子者，不揽事，结果是事事干不成，事事碰钉子；怕吃亏者，不干事，结果是一事无成吃大亏；怕得罪人者，讨好少数人，结果是得罪了多数人；怕丢选票者，工作没有成绩，结果是丢了大多数选票。一些校长认为执行是教师的事，与自己无关，这实际上是大错特错。一些校长对执行上级决策不力，对执行相关任务走样，对执行教育方针含糊，久而久之，教职工上行下效，这将直接影响到我们校长的执行力。校长们真抓实干要竭力而为，而不能尽力而为，要多为成功找办法，不为失败找理由。作为校长，要按照教育规律办事，安安静静地办学，认认真真抓好落实，不要浮躁，不要急功近利，不折腾。要把自己的理想变成每一天的努力，把日常的繁杂工作与追求理想融为一体。

二、人文管理，加强沟通，关心教师生活

尊重别人是以诚待人的重要表现。我经常和班子成员及教师谈心，互相沟通，以诚恳的态度，充分肯定他们的长处和优点，也推心置腹地实事求是地指出他们的不足，他们也愿意把自己的心里话向我倾诉。这样，日积月累增进了相互间的了解，实现了共勉，工作中的配合也会更加默契。在学校管理中，仅靠制度管理是不全面的管理。民主管理、制度管理与全员管理相结合，才是真正的管理。为此，作为校长的我们要像走进学生心灵中那样走进教师的心灵中去，坚持"以人为本"，注重人的情感，尊重人的情感，做到以情感人。校长要在工作和生活中加强"感情投入"，学会热情关心人、充分信任人、诚恳对待人、善于激励人。我一直延续着我们一位老局长的一个工作方法，就是不定期地给教职工印发文章，通过平时与教师们的沟通，根据实际需要印发一些文章。如：发现教职工之间有矛盾了，就印发了《宽容》《余地人生》；发现有些教师因小利益钻牛角尖，想不开时就印发《好心态，好命运》《知足谣》；发现工作不认真，不细致时就印发《细节决定成败》等。用这种方式让他们健康快乐起来、阳光起来，这样教师就容易把我们视为知己，他们往往会为那份用金钱买不到的情感，情有独钟地工作。同时能更好地将办学思想渗透传递给教师。特别是目前在教师工资待遇低而心思涣散的状况下，这样做起的作用更加明显。

每个教师都有着极强的事业心和责任感，每个人都想在教育教学工作中有所成就，这种事业心和责任感无论对个人和学校，对孩子及家庭，还是对国家和人民都是好事。作为学校的校长就应该对他们有所了解，知道为他们提供方便，心甘情愿地为他们解决困难，为他们的生活分忧，为他们在学历提高、晋级评优等提供条件。我校有十多位老教师在退休前一两年职称晋上级了，他们在教育战线上工作了三四十年，眼看就要退休了，我们帮他们晋上级，他们会怎么想？在岗的老教师会怎么想？他们又会怎样地去工作呢？当然，要选择好帮的方式，注重帮的过程，不能帮结果。学校还积极鼓励教师们参加各种继续教育和外出学习。学校在他们的进修、培训过程中，尽可能地为他们提供方便，从时间上、旅差费等多方面创设宽松的条件，让他们感受到领导的关心，学校的温暖，工作起来也会增加热情和干劲。两年来，在学校管理上，我和学校领导班子精诚合作、认真规划，让年轻教师充分展现创新实践、科学教研的能力，也让老教师发挥经验丰富、勤恳踏实的作风，努力营造和谐宽松的工作环境。这样良好的人际氛围，使学校的管理富有人情味，领导和教师关系融洽，工作布置从不相互推诿，遇到难题总是群策群力，为学校健康有序发展奠定了坚实的基础。

三、加强养成教育，实施常规育人

近年来，随着素质教育的进一步实施，新旧观念的冲突，农村留守儿童的增多，小学教育也出现了令人担忧和深思的问题。比如：在少年儿童中普遍出现了行为霸道、不懂礼貌、不认真上课、不完成作业等情况，所以对于这些孩子，培养其养成教育至关重要。尤其对我们还是一所刚刚集中办学的学校来说更是尤为重要，因为，一开始很关键，一定要打好基础，养成良好的行为习惯。

由于农村生活环境以及不少家庭不良生活习惯的影响，刚刚集中办学的那段时间里，校园里乱扔垃圾的现象、学生乱跑乱撞，打闹现象随处可见；见到老师不知问好，打闹依旧，对于领导和老师的暗示视而不见。这些现象严重影响了校园的环境整洁，破坏了校园的和谐氛围。所以，我们要求，宁可课不上也要把学生的这些坏习惯纠正过来。我们通过升旗仪式、班队会和晨会进行有针对性的行为习惯教育。同时，加大检查监督力度，由值周领导带领值周教师和值周学生进行检查监督、记录，纳入文明班评比。我们还利用校园文化的建设来潜移默化地对学生进行习惯养成教育。结合相应的节日和纪念日开展活动和宣传，观看教育影片、纪录片，开展征文、手抄报比赛等。每年在"六一"的时候大规模地表彰奖励模范典型，今年奖励人数达到三百多人，内容有：文明礼仪之星、学雷锋标兵、文明小乘客、劳动小模范、爱护环境小卫士、成长进步小学生等十余项。这些举措有力地促进了学生良好行为习惯的养成。

四、合理规划校园

捷克教育家夸美纽斯指出："校园应当安排得美观，成为一个快意的场所和对学生富有吸引力的地方。"现代教育心理学也认为：在人的性格形成过程中，环境因素具有很大的影响力。优美的景色是校园的外衣，是人们对校园第一印象的决定因素。

为了让校园美起来，根据农村小学实际，必须因地制宜，立足长远，搞好校园规划布局。如：运动区、幼儿区、种植区、绿化区等。在运动区域内，有草坪的足球场地，三合灰的环形跑道，混凝土的篮球、羽毛球和体育器械场地。幼儿区有幼儿活动场地和室外器械。在种植区，我们有"开心农场"和"果园"。在绿化区域内，用花、草、树木、农作物、果树等，最朴素、最自然的美来装扮学校。让校园里随处绿树成荫，花香扑鼻，从而让校园的美景像磁铁一样吸引着师生，使师生们对学校产生无比的热爱之情，也为在这样的校园里工作和学习感到自豪。

五、因地制宜，实施校园文化建设

学校是师生学习、生活、工作的重要场所，更是学生健康成长的摇篮。校园文化是学校精神风貌的具体体现，它让师生从中受到熏陶、感染、教育，是学校的一门潜在课程。

我们学校文化建设是按着解决当下和着眼长远逐步进行和完善的，本着立足乡土，又不失现代气息，结合学校现有的资源和条件，从"一切为了学生的健康发展"出发进行校园文化建设。在建设中不断提升校园文化品位，努力打造一个适用于小学生的、健康的、积极向上的良好的校园文化氛围，逐步达到墙壁说话，草木生情，最终体现以文化熏陶、以环境育人的基本宗旨。

2012年11月1日，学校教学楼开始投入使用，有些配套设施和建设还没完成，校园内没有硬铺盖，墙壁也没粉刷等等。这时我们就根据急需，做一些省钱、适用、直观的简易文化宣传和警示牌，如：门玻璃上的"别碰我，小心大家都受伤""小心玻璃""轻开轻关"；走廊里的"走路轻轻莫追跑，说话轻轻莫扰人""右侧通行，自觉成行"；楼梯台阶上靠右侧贴上小脚丫，上面写上"靠右侧通行"；新建厕所里有"向文明人致敬""厕所卫生要注意，清洁干净常保持"，以及温馨提示语："该丢进蹲位里的请不要客气，如：手纸、烟头……不该掉进蹲位里的请注意，如：手机、钱包、钥匙……"等等。

随着学校硬件配套设施的日趋完善，我们开始进行校园文化的长远规划。我们利用现有的资源、空间和经济条件，进行逐步的设计和建设，我们利用间伐的树根做成了各种棋盘，有的还塑成假石柱，上面是文明礼貌用语："您好""谢谢""再见""对不起"等等。在大树周围用竹子围成多种几何图形的座位，并有对这些图形的简介。在花池草地设计上安装温馨的提示标牌，在新建的理石大门上刻下："最可爱的人，就是讲文明话，做文明事的人"。

在楼内文化建设的时候，进行了精心的研究和筛选，把定型的内容进行建设上墙，十八大提出的教育方针，重点突出"立德树人"。同时，一面进行思考、研究确立学校的办学目标和办学理念以及"三风一训"，这些内容的确立不能是简单地找来一句话或几个漂亮的词就行的。经过了两年半的时间，结合我们办学的想法，领导们集思广益，提出初稿，又通过去北京学习与教授们的研究，再与我市督导组的专家和领导们的共同探讨，历经多次修改，最终确立了我校的以下内容：

办学目标：立足乡土文化，培养现代公民

办学理念：一切为了学生的健康成长

校训：健康、自信、智慧、快乐

校风：民主、和谐、求真、向上

教风：踏实、严谨、创新、进取

学风：乐学、静思、自主、合作

有了这些骨架，我们就可以进行设计，丰满和完善学校的每一个角落的文化了。走廊、楼道、楼梯、办公室、教室和食堂等。（PPT展示）

六、建立学生实践基地

利用学校现有资源，建立了"开心农场和果园"，研发了校本课程"二十四节气"和"种植"。校园种植培养学生亲农爱农观念，让他们懂得一些种植方法和技术；激发了学生劳动实践的乐趣，从而培养了学生热爱劳动和节约粮食的好习惯；同时，校园种植也是创新学校德育的新形式，进一步提高了德育的实效性。

七、扎实开展大课间活动

为了落实教育部关于促进学生健康成长的具体要求，结合北京学习的经验，在学生户外体育活动形式上进行了探索。每天伴随着响亮的运动员进行曲，全体师生迅速而有序地来到操场指定位置集合，音乐变换，那是默契的走步口令。3分钟后，音乐再变，这是跑步的号令，师生们在激昂的音乐声中步伐整齐，彰显出学校师生精神振奋、团结向上的精神面貌。我校体育教师还自编了适合师生的韵律操，即将纳入大课间活动。活动的开展不仅推动了师生的团结力、队伍的向心力，也促进了师生体质、品德、能力的均衡发展，也使师生户外体育活动做真做强、落到实处。

八、挖掘乡村少年宫效能

我们学校是2015年开始实施乡村少年宫项目，我们利用现有的师资条件和资源开设了12个活动小组。分别是：乒乓球、篮球、足球、跳绳、口才训练、书法、素描、剪纸、舞蹈、葫芦丝、声乐和棋牌。学校首先完善了特种教室的设施建设，成立领导组织，制订计划，确保课时，加强各组辅导员培训，建立健全各项制度，制定相应的评价机制。各项活动于4月10日正式启动，在活动中将逐步完善和增补活动项目。

九、灵活图书管理促阅读

农村学校及学生家庭条件相对较差，购买书籍不方便，家长重视也不够。所以，学校从几个方面为师生提供阅读条件：一是让师生有书阅读。新建图书阅览室（兼借阅室）；走廊里建立了开放图书架；校园里修建了防雨的室外图书屋。二是让师生有时间阅读。每周每班安排一节阅读课，到阅览室借阅，每次借阅一周，下次阅读课时更换或续读，教师可随时到阅览室借阅，这样保证了每位同学手里始终有一本书。三是创新活动，促进阅读。开展一系列丰富多彩、灵活多样的读书学习活动。如：征文比赛，黑板报评比，诵读比赛，开展读书月系列活动等。通过阅读的推广，来激发学生的阅读兴趣，培养他们良好的读书习惯，提升学生的人格修养。让农村的孩子在这块贫瘠的土壤中，用书籍温暖、浸润心田，让他们健康、快乐成长！

总之，学校的管理涉及方方面面，其核心的管理应是人的管理。我们试图通过努力，为全体师生创造一个宽松、民主、和谐的工作、学习环境，让教师工作的舒心、让学生学习的畅心。经过这两年的努力，虽取得了点滴进步，但也存在着诸多不足与尚未完成的内容。但我们坚信——在全体师生的共同努力下，明天会更加灿烂辉煌。

第二节　肩负时代重任　用情怀书写担当

矢志兴教廿余载　初心不改谱新篇

龙江好人：万磊宣讲稿

我是海伦市实验小学党支部书记、校长——万磊。今天，能够有幸与大家分享我的教育生涯，源于我参加了"龙江好人"评选活动，并被评为敬业奉献类典型代表。在此，我要感谢各级领导、教育同人和广大网友对我的支持和认可。能够获得"龙江好人"这一光荣称号，对我来说不仅是一种荣誉，也是组织的信任，更是一种向上的动力和一份沉甸甸的责任。下面，借此机会我就从教以来的工作情况作以简单的汇报，希望和大家共勉！

一、身在教学一线，时刻冲锋在前，做孩子们的守护神

我出生在农村，是个典型的"70后"，初中毕业考取了师范学校。毕业后被分配到师范附属小学，也就是现在的逸夫小学任教。和大多数年轻人一样，那时的我充满着朝气和干劲，在担任科任老师的时候，积极地帮助班主任做一些力所能及的事情。小学一直是男老师比较少，那时有些活儿女老师干不了，比如：冬季给门窗钉塑料布、搭炉子。单位只有两位老教师会搭炉子，我就给他们打下手。学会了这个手艺，一到取暖前期便忙活起来了，曾经一天搭了6个炉子，虽年轻，但也累得腰痛。每每入冬时都有多位班主任向我预约，因为我搭的炉子特别好烧。每天，走进温暖的教室，看着孩子们红扑扑的笑脸，我也高兴得像个孩子，觉得自己就像孩子们的守护神，一种成就感油然而生。

说到这，我想起了一件发生在身边的事情，到现在还记忆犹新，不敢忘记，时刻提醒我，学校无小事，尤其不能放松安全管理。

记得一次课间休息，我们几个体育老师正准备打篮球，突然听到厢房最北侧一个教室门口传来了学生们的叫喊声："房子塌了！房子塌了！"听到声音的领导和老师们急忙跑了过去，我们几个年轻人跑在最前面。冲进了教室，满屋的灰尘伴着呛人的六六粉味道，让人睁不开眼。教室半个黑棚掉了下来，黑棚上面有防寒的锯末子，里面伴着防虫的六六粉，刺鼻的气味几乎让人窒息。冲进去后，我立刻四处寻找学生，在倒数第二排发现一个男孩倒在那里，一个房桁挡在了我与孩子之间。喊了几声没动静，显然已被呛晕。当我们齐力把房桁抬起一些以后，我迅速用自己的腿支在了房桁下面，根本没考虑自己的腿能不能擎住这根房桁，就是想不能让房桁对学生产生二次伤害。学生被拉出来后还是处在昏迷状态，我急忙找来附近锅炉房的三轮车拉着学生飞速地向医院奔去。那时的我已经被六六粉和灰尘呛得鼻涕一把泪一把的，但是为了孩子，全然不顾这些，一步没停飞快地到了医院楼外。跟车一起来的老师一直呼喊着那个孩子，到了医院他总算睁开了眼睛，我们也松了一口气，这是一路吸了新鲜空气后醒过来了。经医生查看已无大碍，我们提着的一颗心总算放了下来。我想，当学生面对危险时，作为老师的我们谁都会义无反顾地去保护学生，张丽莉就是我们的榜样，为了保护学生而奋不顾身，以致失去了双腿。

二、身为农村小学校长，把全部身心投入学校建设和发展，努力造福一方百姓

自参加工作以后，我先后在市直小学担任过班主任、教导主任和副校长等职务。2009年，可以说是我教育生涯的一个转折点，当年的9月份我被教育局党委任命到爱民乡中心小学任党支部书记、校长。我深知这是组织和领导对我的信任和认可，我非常珍惜这次为教育事业奉献青春和热血的机会，暗下决心一定要干出成绩来，不辜负组织、领导和同事们的信任。然而，当我上任的时候，面对爱民小学当时那种原生态的环境时，心里顿时凉了大半截，简陋而落后，和市直任何一所学校都有天壤之别。虽然早就知道城乡学校办学条件有差异，但这种差距着实超出我的想象。多点办学，校舍简陋，教师资源浪费，教学资源浪费，如此下去，怎么能适应农村教育发展的需要？倍感自己肩上的担子更重了。怎么办？当务之急是解决眼前的困难。先向市直的学校要来淘汰的课桌椅，着手对不完善的地方进行修修补补等。然而，这只是权宜之计，因为修修补补只能维持现状，无法改善多点办学的资源浪费和管理困境。多少个难眠的夜晚，我勾画着爱民乡小学的发展和未来。经过深思熟虑之后，我做出了一个大胆的设想——根治唯有集中办学。于是，我开始与领导、老师进行沟通，深入各村，向村干部和学生家长进行调研，并将情况进行整理向市局汇报，与局领导沟通决定建校舍集中办学。经过多方筹划，在2012年的2月开始进行跑项目，3月份开始破土动工。在此期间，一边坚守岗位，昼夜不离场地，一边查访借鉴，与设计院人员研究设计方案。献智慧，把质量。建楼备忘录写了厚厚的一本，一条一条地记录，一条一条地督促、改进、落实，再一条一条地从备忘录中划去。一连几个月没有回家，不顾家人，不分昼夜，拖着疲惫的身体奔波于各地，从而在保证质量的同时于同年的10月新教学楼落成并交付使用。

集中初期，配套设施仍不完善，没有甬路，操场南北落差近2米，除了崭新的教学楼外，校园破旧不堪，晴天全是土，雨天全是泥。没有食堂，师生只能靠带饭、泡面来解决午餐。为此，我着手对校园布局进行了长远规划。一边向上级争取资金，一边同教师一起平整操场，进行操场土方大搬移。本着少动用机械、多自力更生，少花钱，多办事的原则，带领教师到拆扒工地捡红砖铺路，带领领导和男教师把正在改建的市运动会场淘汰的顺水沟篦子挖回来，铺到楼前楼后两条300多延长米的顺水沟，改变了雨水大给操场打沟的现象。与此同时，改建了食堂，购置了设备，让师生中午能吃上热腾腾的饭菜了。

在学校集中之后，学生有了校车和吃饭的费用，增加了远途学生的家庭负担。为了帮助那些贫困家庭的孩子，我开始向各方面去争取对学生的扶贫和捐赠，组织校领导和全体党员对家庭贫困的学生进行一对一的帮扶。我要比老师们多帮扶几个，也选择最困难的，每到换季时都给他们买鞋和衣服，每到开学给他们买文具，"六一"儿童节时给他们买些食品和小礼物。为没条件在食堂吃饭的贫困学生购买保温饭盒，帮贫困学生付校车费，还为贫困的孩子交饭费，自己拿钱给帮扶的学生定做校服、交保险等。我帮扶的其中一个学生失去了父母的抚养，近似孤儿，小学阶段帮他付车费，资助他上学；升入初中后，他距离学校有十里路，我给他买了自行车、防冻护膝、手套、帽子、鞋和手表等；现在帮助他就读一所职业院校，学汽车修理。后来我一个同学听说此事后，说他条件比我好，就接管了这个孩子的伙食费，每月定期转给他伙食费。寒暑假我帮助他找实习的修配厂和打工的饭店，让他对所学专业得到实践锻炼。那几年，我帮扶的还有两个家庭特别贫困的学生，一个做开发商的同学听说后，接管了他们的所有读书费用，在农村每月有校车费和饭费，包括校服费和保险费等，每年每个学生就要交几千元。每逢过年时还亲自去家里看望，送去米面油和衣物等。如今他又接管了我帮扶的一个贫困学生，约定一直帮这三个学生到大学。我的这些善举也感染了身边的人，学校好多老师都在默默地帮助一些贫困的学生；给学校干活的两个老板共同帮扶了一个特困学生；市纪委的一个朋友也帮扶了一个失去父亲的特困学生；教育局的个别领导也经常给贫困学生买来衣物等。这些孩子如果没有大家的帮助，随着学业的增长，很大程度上会面临着辍学的危险。如今，到了实验小学工作，我们全体党员干部也开展了针对贫困学生的一对一帮扶。起初个别人还说实验小学的学生能有贫困的吗？结果经过调查，了解到贫困孩子还是不少的，现在大家都在用实际行动帮扶着贫困孩子。

在爱民小学集中办学后，我开始谋划学校的发展和愿景，结合学校实际提出了"立足乡土文化，培养现代公民"的办学思想，围绕其制定了学校发展规划。一是在规范课程管理上科学调整。为了保证课时安排，上好两操一活，对授课时间进行了调整；二是在建设生态校园上巧妙设计。根据农村的实际，因地制宜，室外设置了运动区、幼儿区、种植区、绿化区。利用树墩做棋盘、毛笔字书写平台、假石柱写文明语；树下用几何图形围成休憩座位；室内楼层文化主题分明，既是文化宣传阵地，又是师生展示平台，还是校史资料；三是灵活图书管理促阅读。在走廊里设立开放图书架，在校园里修建防雨的室外书架，为学生阅读创造了良好条件；四是在挖掘乡土资源上多元设计。建立了"开心农场"和"快乐果园"，作为学生劳动教育实践基地，由教师带领学生耕种果蔬、中草药和新奇特等作物，培养学生亲农爱农观念，学习种植方法和培育技术，也让学生养成了热爱劳动和勤俭节约的好习惯。现在看，与教育部目前提出的加强劳动教育是不谋而合的。每年6月1日，开展"野外寻宝"活动，通过趣味春游，让学生们走进大自然，感受家乡美。2016年暑期开始开展研学旅行活动，第一次的活动还没用到"研学旅行"这个词，那是我们开展之后，国家十一部门同年11月份提出的研学旅行活动。这里有点不谦虚，也不是我们做什么国家就提倡什么，而是从学生发展实际出发，我们早就做到了点子上。我们的研学活动内容设计得非常丰富，不收学生一分钱。三年来，先后带着学生去过农业四化研究所、剪纸博物馆、青少年校外活动中心、政府广场、电商办、火车站、运动场、原野食品有限公司等；到雷炎公园祭扫雷炎烈士，去兴隆大家庭看3D电影；去一中、二中、七中三所高中，让农村孩子体验海伦的"高校"生活。每次，三所高中都会为孩子们准备丰盛的午餐，安排丰富的参观体验活动。在此，也感谢各界对乡村教育的支持和帮助。通过开展这些活动，学生开阔了视野，增长了知识，走出了课堂，走出了学校，走出了农村，走向了城市，走向了社会。五是因地制宜开发校本课程。结合乡土民俗和前人智慧，研发了"节气""辈分与称谓""剪纸""书法"和"中草药的认识"等多个校本课程，并通过校园图板、课堂教学和实践种植等多种途径让学生去体验、去感悟，学用结合，极大地拓宽了学生的知识结构。

十年间，通过一点点建设，一项项完善，一步步发展，爱民小学面貌发生了巨大的变化。学校先后被评为黑龙江省"十佳和谐校园""十佳乡村少年宫"、绥化市教育系统先进集体。我本人被选举为两届市人大代表和第八届政协常委，多年被市委市政府嘉奖；2018年被评为绥化市"四有"好校长；2019年被评为绥化市优秀校长标兵。

三、作为市直学校的管理者，时刻关注教育发展前沿，争做教育改革的排头兵

2019年4月，由于工作的需要我被组织调任到实验小学任校长。回想二十多年扎根教育的风雨征程，有感慨，有欣慰。置身于有着百余年辉煌历史的老校，面对两千名师生期待的目光，心中没有欣喜，更多的是压力、是责任、是沉甸甸的重担。面对新形势，全局谋划教育教研，提升育人水平；夯实学生管理基础，落实大阅读计划，开展轮滑、足球等特色运动项目，狠抓学生养成教育。2019年5月，作为基层学校校长代表，我参加了由教育部主办、北师大承办的全国中小学骨干校长高级研修班。为期一个月的学习，让我这个来自基础教育第一线的教育工作者有机会与众多教育专家面对面地对话，与来自天南海北的教育同行交流分享办学经验。这是一次从来没有过的高强度、高密度、高水平的头脑风暴，丰盈了心灵，丰厚了底气，增强了潜心研究我们的学校、教师、学生，研究我们管理、办学、课堂的洞察力，收获颇丰，受益匪浅。学习期间，针对校园中越来越多的"小胖墩"群体的出现，我做了专题调研，写出了翔实的研究报告，进一步感受到解决校园"小胖墩"现象的紧迫性和重要性。回到学校，立即着手召开领导班子会议，制定方案，着手组建"小胖墩"晨练队，采取科学的运动方法，合理控制"小胖墩"的运动量；谋划"小胖墩"食堂建设，成立"学校干预小胖墩防控实践探索"课题项目组，立项课题现在已通过了省重点课题的立项。经过多方努力将学校一处未动迁的遗留问题解决了，规划了食堂场地。待食堂建成后，学校将通过运动加健康饮食来做好"小胖墩"防控和减少工作，提高学生健康体测达标率。

今天，我能获此殊荣，并在此进行先进事迹报告，既惭愧又感动。惭愧的是身边那么多的人勤勤恳恳、默默无闻地工作，他们很多人要比我做得好、优秀得多。要说敬业奉献，与他们比我就更惭愧了。我感动的是各级领导对我工作的认可和大家的支持帮助。因此，我今后一定会加倍努力，在工作中不忘初心，开拓创新，不遗余力地带好队伍，育好人才。百年实验小学，112年的教育初心不改，为无数学生终身发展奠定了基础。如今，信息时代的新形势，为教育的发展插上了腾飞的翅膀。实验小学，要发展，更要紧跟教育发展的步伐，实现新的跨越。压力不言而喻，压力也是动力，是奋进的目标。"实验"这两个字不仅仅是个名字，他代表的是实验精神，是百余年教育初心不改的传承。有实验百年的底蕴作基础，有历代实验人的精神作支撑，有现在实验人的干劲作保障，我将甄别地继承老一辈实验人留下来的宝贵财富，同时，还要结合当前教育面临巨大变革的需要，与时俱进为我市的教育事业奉献全部力量。

不忘初心 负重前行

2019年海伦市教育大会校长代表万磊发言

喜逢十年后的全市教育大会，正值扶贫攻坚决战时期，能代表基层校长做表态发言，我深感荣幸！感谢市委、市政府尊师重教，感谢社会各界对教育的支持，更感谢组织的信任，任命我为实验小学校长。我深切体会到这是组织对我的重托，是对我的一次重大考验，我深知作为实验小学校长的分量，因为在他的背后是局党委的重托、是全体师生的期望、是两千多名学生家长的期盼。职务不是一种荣誉称号，而是一种使命，更是一种责任。

百年实验小学，112年的教育初心不改，为无数学生终身发展奠定了基础。如今，信息时代的新形势，为教育的发展也插上了腾飞的翅膀。实验小学，要发展，更要紧跟教育发展的步伐，实现新的跨越。压力不言而喻，压力也是动力，也是奋进的目标。"实验"这两个字不仅仅是个名字，他代表的是实验精神，是百余年教育初心不改的传承。有实验百年的底蕴做基础，有历代实验人的精神作支撑，有现在实验人的干劲作保障，我们一定会甄别地继承老一辈实验人留下来的宝贵财富。同时，我们也要结合当前教育面临巨大变革的需要，与时俱进。在如今教育面临巨变的时机，能不能结合教育现状，有效地关注学生学习和发展的过程，实现学校教育与现实世界的有效联系，培养学生的创新能力和实践能力，让我们的教育更好地服务于学生、服务于社会、服务于国家，充分发挥育人的作用，发挥实验学校的引领作用，这就要求我们必须将国家对教育提出的相关要求真正落地生根，形成常态。

一是将"立德树人"落地生根。国家兴办学校，举办教育不仅仅是知识的传授，更重要的是化民成俗、移风易俗。我们将制定"积分制"德育管理方案，深化课程育人、文化育人、活动育人、实践育人的举措。强化学生良好行为习惯的养成，着力在坚定理想信念、厚植爱国主义情怀、加强品德修养、增强综合素质上下功夫。坚持德育为先，坚持全面发展，坚持面向全体，坚持知行合一。通过教育，形成良好的道德风尚和社会习俗，让立德树人真正落地生根。

二是将体育运动常态化落地生根。健康是一笔巨大的财富，是人生的本钱，是学习和工作的基础。坚持健康第一，开齐开足体育课，继续开展校园足球，组建篮球、乒乓球和速滑队；广泛开展校园普及性体育运动，坚持师生大课间跑步运动；继续开展运动会和体育节活动；实施"小胖墩""小眼镜"学校干预防控计划，通过学校的干预，有效地防止和控制"小胖墩""小眼镜"的发生，让学校的体育回归初心、回归本来。

三是将教师专业化发展落地生根。市委、市政府为我们盖了大楼，配套了现代化的内部设施。硬件硬了，软件也要硬。卓越的高素质教师队伍就是学习发展的软实力。我们要有良师，更要有名师和大师。我们将分层次规划教师专业成长。以新时代教师素质要求为导向，将"四有"好老师标准、四个"引路人"和四个"相统一"等要求细化落实到教师培养全过程，着力培养"学高为师、身正为范"的卓越教师队伍。

四是将校长的使命落地生根。随着教育发展水平的不断提高，公众对教育质量的要求也越来越高。站在教育变革重要节点上，给了我们诸多抢占先机的条件，前方任重而道远。作为新时代的校长，我将审时度势、科学预判、合理规划学校短期和长期的发展目标及发展方向。同时，要加强自身专业精神、专业知识与专业能力的培养和提升。我将不忘初心，牢记使命，捧着一颗心来，不带半根草去，把握好学校的发展方向，继承实验的优良传统，办好均衡而有质量的教育。

各位领导、各位同人，教育是国计也是民生，行走在教育振兴的路上，我们低头要有坚定的脚步，抬头要有清晰的远方。我相信，在各级各部门领导的关心和支持下，我们实验人将在实验中探索，在探索中奋进，在奋进中创造，在创造中超越，为海伦的基础教育做出更大的贡献！

倾心尽力　扶贫攻坚

万磊同志，共产党员，现任海伦市实验小学党支部书记、校长。该同志自调任实验小学担任扶贫工作以来，带领单位帮扶人积极开展工作。他常说"自己就是农民的儿子，自己也困难过，以前也接受过别人的帮助，现在条件好了也应该帮帮那些需要帮助的人"，他曾经在农村学校工作过十年，非常了解农村百姓的生活现状。

身为校长，对贫困家庭学生的帮扶。2012年，他在爱民乡中心小学工作，那时国家还没有这样全面地进行脱贫帮扶工作。那年由于学校集中办学，学生有了校车和吃饭的费用，增加了远途学生的家庭负担。为了帮助那些贫困家庭的孩子，他开始向各方面去争取对学生的扶贫和捐赠，组织校领导和全体党员对家庭贫困的学生进行一对一的帮扶。他要比老师们多帮扶几个，他选择最困难的学生，每到换季时都给学生们买鞋和衣物等，每到开学给他们买文具，"六一"时给他们买些食品和小礼物。为没条件在食堂吃饭的贫困学生购买保温饭盒，帮贫困学生付校车费，还为贫困的孩子交饭费，自己拿钱给帮扶的学生定做校服、交保险等。他帮扶的其中一个学生失去了父母的抚养，近似孤儿，小学阶段帮他付车费，资助他上学。升入初中后，距离学校有十里路，给他买了自行车、防冻护膝、手套、帽子、鞋和手表等。现在帮助他就读一所职业院校，学汽车修理，开始的一些费用也都是他资助的。后来万磊的一个同学刘勇听说此事后，就接管了这个孩子的伙食费，每月定期转给他伙食费。寒暑假帮助他找实习的修配厂和打工的饭店，让他对所学专业得到实践锻炼。农村工作那几年，他帮扶的还有两个家庭特别贫困的学生，被一个做房地产生意的同学李英汉听说后，接管了这两个孩子的所有读书费用，在农村每月有校车费和饭费，包括校服费和保险费等，每年每个学生也要交几千元，每逢过年时李英汉还亲自去家里看望，送去米、面、油和衣物等。如今李英汉又接管了万磊帮扶的一个贫困学生，约定一直帮这三个学生读到大学。万磊的这些善举也感染了身边的人，学校好多老师都在默默地帮助一些贫困的学生。如董安福和常玉军同志共同帮扶了一个特困学生，刘建峰同志也帮扶了一个失去父亲的特困学生，他们都是保管每个学生全年所有学习费用。这些孩子如果没有大家的帮助，随着学业的增长，很大程度上会面临着辍学的危险。如今，到了实验小学工作，他们全体党员干部也开展了针对贫困学生的一对一帮扶。起初个别人还说实验小学的学生能有贫困的吗？经过调查，了解到贫困孩子还是不少的，现在大家在他的带领下都在用实际行动帮扶着贫困孩子。

身为帮扶责任人对贫困户的帮扶。2019年，他被教育局党委调任到实

验小学工作，同时也承担共合镇共祥村贫困户的帮扶工作。作为一名领导干部、一名共产党员，他始终对农村百姓怀有深厚的感情，对帮扶工作具有强烈的事业心和责任感。在帮扶工作中，他能积极主动开展工作，经常深入贫困户家中，掌握每户的基本信息、致贫原因，与他们嘘寒问暖，为他们答疑释惑，让他们全面了解党的扶贫政策，真心实意帮助他们解决生产、生活中的具体困难，并给予及时的、必要的物质帮助。让贫困户得到了实惠，拉近了群众与党和政府的距离，同时，也消除了个别贫困户心中的怨气，化解了矛盾。

在他帮扶的贫困户中有个五保户杨树合，无儿无女，他个人为杨树合送去不同季节衣物，简易饭桌，并要些桌子摆放物品，冬季送去电暖气，怕贫困户担心电费高，还给付了电费等。贫困户宋明祥妻子孙淑菊因哮喘病住院两次，他工作虽繁忙，也抽出时间利用早晚和假期买些水果去医院探望，让贫困户感到温暖。帮助协调贫困户杨树林家安上了自来水，他个人出钱维修了不安全线路，自费为他妻子王文凤买来稀缺的点滴药品。杨树林是一位非常勤劳的贫困户，家里养了一些鸡，在夏季鸡蛋滞销时又为他家销售了全部鸡蛋，秋冬季帮助销售鸽子20只，小公鸡和老母鸡30多只。在王文凤住院期间，他去看望并带去温暖的问候。看到杨树林冬季穿的外衣很单薄，就把自己的棉服送给了他。2019年10月1日，因王文凤打点滴不能做饭，他买来肉和菜在杨树林家共同包饺子，观看中华人民共和国成立70周年大阅兵。经过帮扶工作的相处，与贫困户建立了深厚的感情，贫困户也当他是亲人，经常给他拿些蔬菜、鸡蛋和小鸡等，每次都不好推让。当收下这些物品后经常说："我们是来帮扶的，怎么能要他们的东西呢！"心里暖暖的他就买些贫困户不舍得花钱买的或农村不好买到的水果、月饼等食物送回去。贫困户杨树林经常说一句话："他是真扶贫、扶真贫"！

他自己单位的工作虽然很忙，但也能挤出时间，或者占用休息日，起早贪黑，按照上级扶贫要求做好扶贫的各项工作。刚去扶贫，由于村里条件很简陋，他还为村里捐了桌椅，购买了打印纸和硒鼓。他走在扶贫路上时间不长，却为村里和贫困户做了一些实实在在的帮扶工作，能与贫困户打成一片，真正做到了心系群众，为我市的扶贫工作贡献出了自己的力量。如今，全国都已经脱贫了，他还在默默地帮助一些贫困户。

"小胖墩""小眼镜"体质健康管理的实践探索与研究

黑龙江省海伦市实验小学　万　磊

提要："小胖墩"和"小眼镜"是近几年来经常提到的两个名词，也是我们在学校经常看到的两个群体。这两个群体的人数正在逐年增多，已经影响到了他们的健康成长。为了防控"小胖墩"和"小眼镜"，教育部2008年印发了《中小学学生近视眼防控工作方案》的通知，2017年国务院办公厅印发了国民营养计划（2017—2030年）的通知。在全国人民代表大会和政协委员会上，一些代表和委员也非常关注"小眼镜""小胖墩"，他们强烈呼吁要加强青少年健康教育和防控工作。行政部门和学校要采取积极有效的措施进行防控和干预，引导家庭积极参与相关的防控工作。

关键词：小胖墩；小眼镜；防控；干预；行政部门；学校；家庭

背景：基于肥胖已经成为世界的公敌，可怕的是"小胖墩儿"逐年在增多，肥胖低龄化超级严重。中国已经走进"肥胖时代"，少年儿童一代更是首当其冲，而人们对此却还没有给予足够的重视，"就在我们到处呼吁要消灭'豆芽菜'的时候，越来越多的'小胖墩'出现了。"肥胖对于儿童和青少年来说是各种疾病的根源，不但影响正常的智力发育，引起高血脂、脂肪肝、高血压等生理疾病，而且也会造成自卑、自闭等心理疾病，还会造成性发育障碍。

高血压就盯上了"小胖墩"，高血压一直被认为是中老年人的"专利"，然而在发布的《中国心血管病报告2014》显示，儿童高血压患病率近年呈持续上升趋势，目前我国3%—4%的儿童已患上高血压，且年增长率为0.47%。"高血压是心血管最重要的危险因素，血压从115/75mmHg开始，随着血压的增高，心血管病的发生发现也随之增加。高血压易诱发冠心病、心衰、房颤等多种致死疾病，每年造成我国过早死亡人数高达200万。"国家心血管病专家委员会主任委员高润霖指出，近年来儿童高血压的患病率也呈持续上升趋势，因此，预防高血压等慢性病一定要从儿童做起。

《中国心血管病报告2014》显示，在儿童高血压的危险因素中，肥胖与其关系最为密切，肥胖儿童中近三成患有高血压，超过一半血脂异常。高润霖指出，无论哪种类型的超重和肥胖，其高血压患病风险是正常儿童的1.5—2.2倍。专家指出，凡是体重超过正常值20%的儿童，尤其是体重增长超过身高增长速度的孩子，都容易发生高血压。

肥胖儿童数量直线上升"瘦小离家老胖回，乡音无改肥肉堆，儿童相见不相识，笑问胖子你是谁。"这首被改过的唐诗有点调侃，却道出一个事实：肥胖已经成为一个严重的公共卫生问题。《报告》提供的一组数据让人心忧：1985—2005年，我国主要大城市0—7岁儿童肥胖检出率由0.9%增长至3.2%，肥胖人数由141万人增至404万人；估测该群体目前肥胖儿童数约476万人，肥胖率约为4.3%。1985—2014年，我国7岁以上学龄儿童超重率由2.1%增至12.2%，肥胖率则由0.5%增至7.3%，相应超重、肥胖人数也由615万人增至3496万人。

如果不采取有效的干预措施，至2030年，0—7岁儿童肥胖检出率将达到6.0%，肥胖儿童数将增至664万人；7岁及以上学龄儿童超重及肥胖检出率将达到28.0%，超重肥胖的儿童数将增至4948万人。根据《北京市2015年度中小学生营养与健康状况报告》显示，北京市中小学生生长发育处于全国较高水平，但仍存在膳食结构不尽合理、高强度身体活动少、睡眠不足，肥胖超重等健康问题，每7名儿童里就有1名是胖墩。

据统计，超重、肥胖儿童发生高血压的风险，分别是正常体重儿童的3.3倍和3.9倍；发生高甘油三酯的风险，分别是正常体重儿童的2.6倍和4.4倍；发生高密度脂蛋白胆固醇偏低的风险，分别是正常体重儿童的3.2倍和5.8倍。肥胖儿童成年后发生糖尿病的风险是正常体重儿童的2.7倍，儿童期至成年期持续肥胖的人群发生糖尿病的风险是体重持续正常人群的4.3倍。儿童代谢综合征患病率也呈现正常儿童、超重儿童及肥胖儿童逐渐升高，儿童期至成年期持续肥胖的人群发生代谢综合征的风险是体重持续正常人群的9.5倍。

肥胖还会影响青少年男性性发育，导致睾丸容积小，阴茎短小，乳腺增生等问题。11岁的"小胖墩"小强，身高1.66米，体重却有76公斤，超出了标准体重的50%。男孩两只睾丸的容积面积平均值是0.97毫升，这只是正常值9.17毫升的九分之一；仅仅相当于七八岁男孩的发育水平。经医生诊断，小强因过度肥胖已经影响到性发育。

北京大学公共卫生学院和联合国儿童基金会联合发布《中国儿童肥胖报告》，这是我国首部儿童肥胖报告。不看不知道，一看吓一跳。专家警告：如果不采取有效的干预措施，到2030年，7岁及以上学龄儿童超重及肥胖检出率将达到28.0%，超重肥胖的儿童数将增至4948万人。到2030年，由超重及肥胖所致成人肥胖相关慢性病直接经济花费将增至每年490.5亿元。

儿童时期的胃口会影响人的终生，而儿童期肥胖不仅会对其当前的身体发育造成严重影响，而且还将增加成年后肥胖相关慢性病的发病风险。俗话说："小时候胖不叫胖，长大了胖压倒坑。"很多家长生怕孩子吃不饱，一股脑儿地让孩子拼命吃。尽管一口吃不成胖子，但每天这么吃下去，难免成了"大胃王"。肥胖一旦发生，逆转较为困难。世卫组织2014年成立了"终止儿童肥胖委员会"，2016年出版《终止儿童肥胖委员会的报告》，提出了终止儿童肥胖的科学建议。而此前的国际肥胖工作组的专家呼吁，通过立法手段（包括国际间通用法律）来阻止垃圾食品和软饮料向16岁以下儿童进行市场销售。

另外，我国约有3.61亿儿童青少年（22岁及以下），占全国总人口的25.8%。当前，儿童青少年健康问题主要还包括视力不良检出率居高不下。全国人大代表、湖北荆州市实验中学教师徐华铮，这位在义务教育一线与孩子打了35年交道的语文老师，近年来在学校和外出交流时发现，中小学校的"小眼镜"越来越多，而且年龄段有逐渐降低的趋势。徐华铮的担心得到了权威数据的印证。世界卫生组织的一项研究报告显示，我国青少年近视率居世界第一。去年7月，教育部发布的我国首份《中国义务教育质量监测报告》也显示，仅在四年级、八年级学生中，视力不良检出率就分别达36.5%和65.3%，其中八年级学生重度不良比例超过30%。可见学生视力不良问题非常突出。

"孩子视力不好，不仅影响学习效果，影响孩子们的职业发展，对社会的负面影响也会越来越明显。"徐华铮查阅大量资料发现，近视对于择业也有很大影响。"教育部《普通高等学校招生体检工作指导意见》明确，飞行技术、航海技术、消防工程、刑事科学技术、侦察、海洋船舶驾驶等专业对视力都是有要求的。"徐华铮对此深感担忧，"孩子的视力问题得不到及时有效的控制，未来学习相关专业、从事相关职业的人就会越来越少，甚至会面临'后继无人'的窘境。"于是，在十三届全国人大二次会议上，徐华铮带来了一份关于保护青少年视力健康的议案。

心系"小眼镜"问题的不止徐华铮一个人。全国政协委员、江苏省锡山高级中学校长唐江澎告诉记者，他所在的学校，刚升入高中的学生中近视率就高达88%。他有时会带着客人去参观学校20世纪30年代的老照片，"我说看这个老照片你最感动的是什么？就是那些照片上你找不到一个眼镜。"听到这个之后，我到了我校的毕业生相片墙去查看，果然是这样，没有一个戴眼镜的同学，真叫人感叹啊！

去年，习近平同志就针对"小眼镜"问题作出重要指示。为贯彻落实习近平同志重要指示精神，教育部联合国家卫生健康委员会等八部门研究制定了《综合防控儿童青少年近视实施方案》，并向相关部门和社会广泛征求意见。方案指出，青少年近视综合防治的关键在于"一增一减"——增加户外活动时间，减少学生的用眼负担。《方案》同时还对降低我国青少年近视率提出了阶段性目标，"到2023年，力争实现全国儿童青少年总体近视率在2018年的基础上每年降低0.5个百分点以上。""到2030年，实现全国儿童青少年新发近视率明显下降。"

如今儿童肥胖的人越来越多了，因此很多家长都为此十分担心。其实儿童肥胖是一种疾病，除了肥胖、近视等，其他青少年健康问题也不容忽视。据《中国义务教育质量监测报告》，以四年级、八年级学生为监测对象，发现学生肥胖、近视和睡眠不足问题突出。因此，预防青少年肥胖和近视尤为重要，必须要引起社会、家庭和学校的高度重视。

基于以上背景和原因，我们应及时为"小眼镜、小胖墩"开处方进行预防和干预。"我国约有3.61亿儿童青少年（22岁及以下），占全国总人口的25.8%。当前，儿童青少年健康问题主要包括视力不良检出率居高不下、超重肥胖和营养不良并存、心理健康障碍呈上升趋势、龋患严重、慢性病低龄化等，且学校传染病发病率持续上升。"代表委员的呼声：全国人大代表、福建省疾控中心主任郑奎城担忧地说，"必须把增强儿童青少年体质、促进儿童青少年健康作为国家战略。"郑奎城认为，儿童青少年健康问题归因为四点：一是各级政府和相关部门对儿童青少年健康问题认识不足、重视不够，部门之间缺乏配合协作；二是儿童青少年健康工作相关政策法规不完善，执行力度不够，且缺乏长期工作规划；三是儿童青少年健康专业机构和专业人员严重不足、服务供求失衡，特别是学校卫生工作队伍不健全、人员不稳定；四是中小学生体育活动普遍不足，体育活动内容简单化且操作性不强。

不断攀升的近视率需要社会、学校、家长、学生多方面的高度重视。在今年政协首场"委员通道"上，全国政协委员、北京同仁医院眼科中心主任王宁利表示："以前的近视眼防控可能是某个学校、某个部门的事，现在我们部署的是国家战略、全社会行动。"

在徐华铮看来，《综合防控儿童青少年近视实施方案》为全社会共同行动保护好青少年视力提供了重要遵循。但是为把方案落到实处，各部门要采取具体防控措施，将工作做细做实。例如，改进创新眼保健操，对提出的制度、要求的实施过程进行监测、考核、问责。结合自己多年的执教经验，唐江澎建议不仅要保障学生参与社会活动的时间，更要跟进建立配套的评价机制。"但最根本的，还是要真正实现教育均衡。"他认为，义务教育阶段均衡化发展，孩子不用从幼儿园开始就陷入高强度的学业竞争，才能从根本上实现"减负"，一定程度减轻孩子的用眼压力。

党的十八届五中全会战略部署制定了《"健康中国2030"规划纲要》，是为推进健康中国建设，提高人民健康水平。《纲要》在全民健康是建设健康中国的根本目的中提道：要覆盖全生命周期，针对生命不同阶段的主要健康问题及主要影响因素，确定若干优先领域，强化干预，实现从胎儿到生命终点的全程健康服务和健康保障，全面维护人民健康。那么，作为学校将在"小胖墩和小眼镜"方面怎么去防控和干预，给我们提出了新的课题。

结合我校校情谈谈关于"小胖墩"和"小眼镜"的防控和干预想法与

措施。为了对我校的"小胖墩"和"小眼镜"的防控进行整体干预，制定了《海伦市实验小学"小胖墩""小眼镜"体质健康管理工作实施方案》：

一、建立"小胖墩""小眼镜"身体健康素质档案

在市疾控中心、学校卫生室的指导下，完成建档。定期对学生的身高、体重、血压、视力进行监测，及时掌握相关变化，并把监测结果及时通知家长。

二、改善环境，加强教育，关注用眼卫生

1. 优化用眼环境，包括调适好教室灯光、增加学校绿色植物、调整桌椅高度（因人而异）、减少学生使用电子产品时间等。

2. 上课时，任课教师要随时纠正学生不良坐姿和读写姿势，帮助学生养成良好习惯。可以借鉴北京市朝阳区实验小学的做法，在课堂上戴着彩色的爱眼丝带写作业。视力好的同学是佩戴绿丝带；视力较好的使用黄丝带引起警示；视力欠佳的同学则佩戴红丝带。学生将丝带跨到脖子上与手腕连接，一方面可以提示学生自我调整不良坐姿；另一方面也是在暗示老师随时关注并提醒孩子正确的读写姿势，给予视力正在下降的学生更多的关注。

3. 确保每天上好课间操、眼保健操和体育课。每天坚持做两次眼保健操，班主任和任课教师都需正确掌握眼保健操的穴位和节拍，及时纠正学生错误手法。校医要经常检查各班做眼操情况，做好检查记录。学校每天组织学生体育锻炼，确保学生在校每天锻炼一小时。

4. 建议边缘学生家长为学生配置坐姿矫正器和护眼仪等。

三、对"小眼镜""小胖墩"实施"运动+饮食"管理干预机制

1. 学校组织体育教师开展对"小眼镜""小胖墩"的晨练活动，每天在上课前30分钟，活动以有氧运动走步为主，结合学生体质状况逐步增加自选内容，包括跑步、跳绳、呼啦圈、篮球、足球、乒乓球、羽毛球、跳皮筋等，学生根据自己的喜好选择适合自己的活动项目。

2. 学校计划为肥胖学生提供有针对性的科学营养膳食，晚饭可由班主任监督，家长报告制，进行科学饮食。

3. 学校发放致家长一封信，从饮食习惯上进行干预，呼吁家长从运动、饮食、用眼卫生等方面对孩子进行体质健康管理。家长要主动营造良好的家庭氛围和家庭关系，教育孩子远离"垃圾食品"，减少孩子读电子读物和玩电子游戏的时间等。例如指导孩子进行锻炼，减少油脂类食物摄入，控制孩子喝碳酸饮料是预防小儿肥胖的重要途径。平时，妈妈应尽量用不含糖的果汁和清水来代替。在吃饭前，妈妈让孩子喝点果汁，一杯果汁进肚，小小的胃容量也就不多了。

4. 对学生和家长进行营养教育和健康教育，宣传营养知识，引导正确的食物选择，对已经肥胖和超重的学生应提供相应的防治措施。让家长了解诱发"小胖墩"的两个常见误区：误区一，孩子营养越多越好。"你看人家孩子，白白胖胖的多可爱。"在中国传统的观念当中，小孩子就该养得白白胖胖才健康，不少家长最喜欢在外比孩子是否白胖。"在因肥胖前去就诊的儿童中，近半数是由于过度喂养。儿童肥胖直接的影响就是在青少年时期也容易肥胖，而且易导致孩子脂肪肝、高血压、高血脂、智力和性发育障碍。"专家建议，家长们过度喂养孩子，一味追求体重的快速增长会干扰孩子对饱的感觉，容易导致孩子肥胖。其实儿童饮食重在均衡搭配营养足够，不需要过分补充。误区二，肥胖不算病。相当一部分家长觉得孩子胖胖的很可爱很健康，如果不是孩子因为肥胖出现各种问题，根本不会想到带孩子去医院治疗。"过度饮食、遗传、内分泌失调、运动缺乏等许多原因会导致肥胖，所以青少年如果出现肥胖，应尽早到医院对肥胖原因进行判断并治疗。""小胖墩"免疫系统受到抑制，抗病能力差，容易患呼吸道感染，导致"成年病"年轻化，如糖尿病、脂肪肝、高血压、高血脂、冠心病等；还有性发育障碍，男孩性发育滞后，女孩性发育早熟；耗氧量高，比正常人高出30%—40%，体内氧气"入不敷出"，表现为无精打采、嗜睡、易疲劳、注意力不集中，影响学习效率从而使成绩下降；皮下脂肪过多，影响形体美。专家强调，目前并不鼓励对青少年进行药物治疗，主要还是加强对饮食的干预调整，进行心理辅导，提倡健康的生活方式。

四、实施体质健康监测奖励机制

1. 校医每月一次对"小胖墩""小眼镜"身体健康素质相关指标进行监测，对单项或多个指标取得进步的学生给予不同的奖励，提高学生参加锻炼和合理控制饮食的积极性。

2. 根据学生体质健康情况，每学期末要评选"体质健康进步之星"，促进学生养成良好的用眼卫生、体育锻炼和健康饮食习惯。

3. 将防控近视和肥胖纳入教师考评范围，学校定期抽查，如果班级"小眼镜""小胖墩"人数上升，那在评选优秀班级方面将没有优势。相反，如果"小眼镜""小胖墩"人数下降，将获视力和体质最优班级荣誉，并得到奖励。

五、形成"小胖墩""小眼镜"体质健康管理长效机制

成立领导小组，将"小胖墩""小眼镜"体质健康管理工作纳入学校工作计划，抓好工作落实，不断积累工作经验，形成管理特色，使此项工作长期有效开展。

此外，学校还将通过加强体育课程和活动改革、推进学生课外体育活动和大课间活动的开展、加强学生健康教育和学生常见病防治、进一步减轻学生过重的课业负担等工作，达到提高学生体质健康水平的目的。为了民族的兴旺和祖国的未来，让我们团结起来，齐抓共管，不断提高学生的体质健康水平，为少年儿童的健康成长而共同努力。

结语：《中国青年报·中青在线》记者陈剑在2018年9月19日刊登了北京市朝阳区实验小学关于《防控"小眼镜""小胖墩"学校出妙招》一文。八年来，该校学生的视力不良检出率从55.03%下降到了43.80%，通过几年的研究，学生的体质健康优秀率从2013—2014学年度的29.76%，提高到了2017—2018学年度的44.36%。这所学校在防控"小胖墩""小眼镜"的一些实践做法值得我们去学习，也正是因为想出好招、妙招去具体落实，才有了如今这样的一个防控成绩。相信，在行政部门的领导和支持下，在社会、学校、家长的共同努力下，将会很好地防控我国"小胖墩""小眼镜"的发生率，使全民体质健康有一个飞跃的提高，为全面建成小康社会、实现中国梦做出积极贡献。

参考文献

1. 国务院办公厅日前印发《国民营养计划（2017—2030年）》；

2. 教育部印发《中小学学生近视眼防控工作方案》；

3. 中共中央、国务院于2016年10月25日印发并实施《"健康中国

2030"规划纲要》;

4．2015年5月31日，《"小胖墩"数量惊人，儿童成慢病"后备军"》人民日报中央厨房·健康37℃工作室，王君平。

第三节　走进大学校园　接受文化洗礼

首都培训更新观念　乡村教育转变思路

教育部"农村校长助力培训班"（2013）首都师范大学培训

海伦市爱民乡中心小学　万　磊

感谢市教育局能给我这样的一次学习机会，使我很荣幸地参加了教育部组织的"农村校长助力培训班"（2013），我选择的培训机构是首都师范大学，带着对首都高校的向往，于2013年12月2日开始了此次培训。首师大的领导高度重视，配备了较强的培训管理队伍，班主任是德高望重、大家非常敬佩的基础教育学院副院长王海燕老师，秘书团队都是研究生。为了让我们能够在这短暂的培训时间里得到最大的收获，他们煞费苦心，安排了非常丰富的培训内容，做到了理论联系实际，并且还有返岗跟踪。回想这些日子，收获颇丰。

经历了25天紧张而充实的集中学习，其中讲座13次，参观学校7所，2次交流讨论，小计9天、各自2所影子学校的培训。25天的学习虽然让我成为二无一少的学员（无周末，无家人，少午休），但我很幸福，因为天天忙着听课、参观和写作业，其中15次个人作业、8次小组作业，还有来自全国五湖四海13个省份的51个同学（河北5人，甘肃10人，重庆6人，贵州7人，江西3人，黑龙江5人，山西4人，湖南3人，内蒙古3人，新疆1人，吉林1人，青海1人，陕西1人，海南1人），更有藏族、维吾尔族的好兄弟，这也是此次学习的另外收获。

在首师大的学习期间，有名家精彩的讲演，有北京校长的经验介绍，有成功学校实例的生动渲染。在聆听中思考，在观摩中感悟，在交流中积累。这次的培训让我感到，从来没有哪次学习让我这样满载而归，从来没有哪次培训如此震撼我，从来没有哪次进修让我如此陶醉！

通过近两周的影子学校的深入学习，我对比了影子，并挖掘了自己学校的资源。我们的不足：一是师资队伍力量薄弱，年龄偏大，老龄化严重，平均年龄47岁，年龄大的老师都是非师范毕业，多数是接班、民办转干等，教师队伍缺乏活力。教师的总体数量能够满足目前教学规模的需要。但是，部分学科师资紧缺，如英语、音乐、美术、体育学科。由于，教师的这种现状，导致学校的发展缓慢，特色建设更是无法开展；二是学校刚刚集中办学，在建设上欠缺较大，配套设施尚未达到齐全；三是，经费短缺，限制了很多工作的深入开展。我们的优势：一是我们有一个团结进取的领导团队；二是我们刚刚集中办学，学校就是一张白纸，通过这次的学习，让我有了较系统的规划和设计；三是市里、局里和乡镇的大力支持；四是我们有一支积极向上的教师队伍，新调入些青春活力的年轻教师。五是有原生态的农村乡土文化和乡土资源。

教育部"农村校长助力工程（2013）"首都师范大学培训班留念

2013.12.3

返岗后，我将这次的学习收获用到学校的工作实践中，结合学校的优势，克服不足，先制定一个适合我校的发展规划。通过规划的制定，确定我校的办学理念，并以这个理念来明确我们的校训、校风、教风、学风。把学校的文化进行系统化的建设，按照办学理念，系统地设计我们的校园文化建设，还要进一步完善我们的校本课程，以及我们的特色开发。

3月初，问卷调查（领导、教师、学生、家长和社会人士）初步确定学校的办学理念，与这次学习班的相关专家和老师沟通，让他们帮忙来确定我们的办学理念。中旬，明确学校的校训、校风、教风和学风。3月下旬，进行校园文化的设计，确定学校的特色建设，进一步完善我们的校本课程。4月份，将对3月份的各项任务进行筹划，并进行具体实施和建设。

通过这次珍贵的学习，我还没等返岗就有了好多想法，我将会把这次学习做到学以致用，我的办学思想已经有了很大改变，我的管理态度也发生了很大的转变。待我到工作中将结合实际，边工作、边思考、边改进。

我会把这次的培训，作为我从事教育管理者的一个加油站，我将用实际行动来回馈教育部，回馈教育局领导，回馈为我们培训付出的各位领导和老师们！

用良知做新时代的教育　用情怀办新时代的学校

教育部102期全国小学骨干校长高级研修班

海伦市爱民乡中心小学　万　磊

很荣幸能有机会参加全国小学骨干校长高级研修学习，得知市教育局推荐我参加此次培训时，悲喜交加。悲的是因自己4月8日刚刚被市教育局党委调整到我市最大的一所市直小学工作，刚刚接任这所学校棘手的工作接踵而来，学校和局里的活动也是非常集中。喜的是这样培训学习机会实在是难得，全省就两人，真是幸运！为了能保证正常参加学习，抢前抓早，多方努力解决了一些棘手的工作，同时又布阵排兵，把学习前后的重要工作和大型活动一一布置和安排。保证了我于5月14日顺利在这所中国基础教育的"黄埔军校"报到，接受教育界"国家队"的培训。这让我更加珍惜此次学习机会，借此次培训向专家学习、向其他学校校长学习，从而进一步提升自己的办学理念，提高自己的管理水平。

学习心得（一）：《坚持借技术之力实现智慧教育》

5月30日，聆听了北京师范大学教育技术学院、现代教育技术研究所副教授吴娟的讲座，主要内容是《面向数字原住民的教学创新》。通过学习让我感触颇深，非常赞同她的观点，必须借技术之力实现智慧教育。如今一些专家和领导认为学生的近视是电子产品造成的，我认为，电子产品不能背这个黑锅。学生近视的原因是多方面造成的，学生的课业负担过重也是一部分原因，学校的作业量控制了，校外辅导班的作业量加重了，始终在书本前读书写字能不近视吗？包括有些学校的课外活动减少，减少了学生的远眺时间，能不近视吗？所以，我不赞同学校禁用电子产品，不能因噎废食，学校不用了，孩子就真的不用了吗？另外，如果在学校用，会在老师的指导下进行学习用、正确地用、限时地用。那么孩子在家用主要就是玩网络游戏、看动画片、社交工具、学科App和机构网课等。如果学校禁用了反而更增加了孩子在家接触电子产品的欲望和好奇心。我的观点与老师的一致，传统的东西不能搬着死死不放，我将在学校建设智慧课堂，坚持借技术之力实现智慧教育。

学习心得（二）：《用良知做新时代的好教育好学校》

人民群众对美好生活的向往，其中首先应该包括对我们教育的期盼，期盼新时代有更好的教育。通过毛亚庆教授的讲座让我对新时代好教育有了总体的了解：第一，教育需要重新定位。不仅要多出人才，快出人才，更重要的是要出好人才。主要体现教育的中国特色社会主义的方向性，落实好"立德树人"根本任务。第二，对人发展的理解要变化。不仅要成为"某种人"，更重要的是要"成为人"。第三，对教育的理解要变化。对教育的理解不仅要"观物"更要"观人"。在新时代要解决好"观物"的立场对教育理解所带来的偏差，这种立场认为"人是掌握知识的容器"，更多关注了人认识世界、改造世界的理性认识能力，注重了知识与学生发展的外在关联。"观人"的立场强调知识不再只是人的认识问题，而且也关系到人的存在问题，需要教育把握"现实的、活生生的、具体的、历史的人"。第四，教育价值的取向要变化。要更加凸显公平并兼顾有质量。第五，教育管理的机制要变化。政府职能从"缺位""越位"到"到位"转变。第六，思考教育的方式要变化。看待教育发展的思维方式要从"点"到"面"转换。

　　新时代好教育好学校就是要回归本真的教育，人的发展是身体、心智、情感的发展。教育是发展人的，也就是如何保持人的平衡发展、协调发展，促进人形成健康的身体、健全的心智、积极情感，是教育必须考虑的问题。毛教授告诉我们新时代好学校该注意什么。第一，共享与自我彰显的学校办学理念构成了学校的灵魂，学校的灵魂应建立在学校相关群体达成了共享的学校发展愿景，形成了共同成长的办学理念上，树立起将学生视为一个自我生命的生成者、实现者，使每一个人获得最大可能的充分发展的观念。第二，开放与互动的人际关系构成了学校的血肉，学校管理者、教师和学生的关系不再是彼此孤独的、分割的、个体化的"原子"，而是彼此开放、互动的有机体。第三，科学与民主的学校运行机制构成了学校的管理骨架，不仅关注制度化、程序化的管理过程，还关注通过民主的方式使人的尊严和价值得以彰显和实现。第四，追求理性的获得与人性的提升的教育教学质量构成了学校的命脉，学校教育质量与效益的获得基于人的社会性发展，引导学生在获取知识的过程中实现精神理念的提升和人格锻造。

所以，教育的发展要重新定位，教育不仅是人的理性提升，更要滋润人的灵魂，使人的思考与想象的能力得以提升，使人更具有人性。教育发展的评价标准也将变化：升学率的提高不再等同于学校的全面进步；学生分数的获得不等同于学生的全面；同时，教育发展的方式也将随之变化：从数量到质量，从外延到内涵；从数量扩张的增长模式到质量提升的发展模式。

新时代的好教育好学校给我们教育工作者提出了更高的要求，学习是有限的，返岗实践工作是无限的，我将以良知为指引，办出好教育好学校。

领悟新精神　开启新征程

"中国好老师"公益行动计划北京培训学习

海伦市爱民乡中心小学　万　磊

按照"中国好老师"公益行动计划办公室的要求，于2017年11月4—5日参加了"中国好老师"公益行动计划教育帮扶专项行动签约仪式暨培训会，同时在绥化市育才小学领导的精心安排下，于11月2日与北京双榆树第一小学对接学习交流，并在双榆树第一小学丁校长的协调下参加了"学校影响力2017"校长论坛会议，聆听北京名校校长的工作经验汇报，可以说这几天的学习交流受益匪浅。

在双榆树第一小学的那天，学校为我们安排了很丰富的学习内容。先听了两节课，创意思维数学《拼图达人》和一节英语绘本课，通过这两节课，看出了赵老师和项老师的过人的素质和高超的驾驭课堂的能力。同时也看到了超脑麦斯软件的优势，充分培养了学生的动手能力、观察能力和创新能力。两节课后，聆听了丁校长关于《问题导向变革实践文化内生——新优质学校建设工程》的汇报，他结合几个方面谈了学校的优势与办学特色。强化顶层设计，规划引领发展；创新管理模式，激活发展动力；基于培养目标，构建"育·树"课程。通过他的汇报，我看到了一个与时俱进、求真务实的优秀校长。之后，我们观看了活动实践课程：课本剧《寻找食物的小乌鸦》；好书共赏；《少年中国说》。从中展示了学校实践课程的成果，特别吸引我眼球的是武术社团孩子们的表演，值得学习和发扬。午饭前我们又参观了学校的校容校貌、文化建设和各功能室，我一路走一路拍照，午饭时手机都要拍没电了，真是收获多多。

经北京双榆树第一小学丁校长介绍，我们有幸又参加了由北京教育科学研究院基础教育科学研究所组织的"学校影响力2017"北京名校长工作经验汇报会。

3号去望远楼宾馆报到，取会议材料等，参加"中国好老师"公益行动计划教育帮扶专项行动签约仪式暨培训会，从组织上和食宿条件上就能看出组委会对这次活动的重视。会议期间全体参会人员进行了合影，举行了结对学校的签约仪式，颁发了帮扶行动参与校证书。会上北京师范大学校长董奇博士进行了讲话，教育部教师工作司司长王定华博士做了专题报告，内容是《学习贯彻党的十九大精神开启新时代教师队伍建设新征程》。主要从坚持党对教师队伍的领导，确保新时代中国特色社会主义的办学方向；加强师德师风建设，构筑引导扣好人生扣子，引领社会良好风尚的中国教师力量；培养高素质的教师队伍，夯实满足人民日益增长美好生活需要的优质教育基础；深化教师综合管理改革，破除影响教师队伍建设的体制机制弊端；补强乡村教师队伍短板弱项，努力让每个乡村孩子都能享有公平而有质量的教育；倡导全社会尊师重教，增强教师的职业荣誉感、获得感、幸福感，让"四有好老师"不断涌现。

"公益行动"专委会副主任刘永胜针对《如何开展教育帮扶工作》进行了指导和讲解，给我们提供了很多实践方面的建议，让我们无论是帮助还是接受帮助都有很好的借鉴。会上有11个学校分享了他们的经验，参会人员分成26个组进行了分组讨论，部分代表进行了分享发言。次日，聆听了教育部基础教育课程教材发展中心研究员、教育部《基础教育课程》杂志主编，教育学博士付宜红的专题报告《落实核心素养，深化课程改革》。她从六个方面进行了深入的阐述，核心素养概念从何来？怎样界定核心素养？为什么提核心素养？我国学生发展核心素养框架提出的依据？如何认识核心素养概念的提出与当前深化基础教育课程改革？核心素养如何落实？

通过参加"中国好老师"公益行动计划活动，在北京的几天学习，真正体会到了活动的宗旨"你帮我，我帮他，大家帮大家"，从不同层次看出，从京城到我们农村，进行着不同层面的教育帮扶活动，我校能成为该活动的基地校我深感荣幸。我们将结合学校的实际、教师队伍现状，有计划地、积极地与帮扶校绥化市育才小学开展活动，力求尽早地提升领导干部的管理水平和教师育人能力，为我们的基础教育做出应有的贡献。

办一所有灵魂的学校

黑龙江省小学校长"双百工程"第一阶段培训

海伦市爱民乡中心小学 万 磊

2017年11月24日，我接到市教育局师资股通知，领导说经过局长办公会决定，让我11月29日去哈尔滨市参加校长培训。当时，我就纳闷儿，什么培训需要这样推选啊？接到的通知也很简单，只有报到时间、地点和老师的电话，感觉很神秘的一个培训。当我坐上火车去哈尔滨的途中，在师训宝里看到了省教育厅关于印发《黑龙江省中小学校长"双百工程"实施方案》的通知。这才知道是省厅为深入贯彻《国家中长期教育改革与发展规划纲要（2010—2020年）》《国家教育事业发展"十三五"规划》及《黑龙江省教育事业发展"十三五"规划》，加强校长队伍建设，全面提高我省中小学校长队伍整体素质，建设一支高素质、专业化的校长队伍，提升龙江教育品质，而组织实施的这个"双百工程"项目。了解后自己一下惊呆了，明白了局里为什么要通过局长办公会确定培训人选。这个培训不同于任何一次培训，层次高，针对性强，时间长，为期五年。很高兴能得到局领导的认可，也很荣幸有这样一次难得的培训机会。报到之前我就暗下决心，抓住这绝好机会，努力提高自己的办学思想和理论水平。

29日下午按时报到了，来到了会务组，见到了班主任吴老师，更没想到的是，被老师确定为小学校长班的班长。得知担任这个角色我有些诚惶诚恐，自己的能力和理论水平确实有限，给100名来自龙江各地名优校长当班长，压力大啊！我不担心事务上的工作，最怕学习和理论上的带头。所以，我在这几天的集中培训中，积极与老师沟通，帮助老师和学员们处理一些班务，建立了班级QQ群，方便文件和学习内容的转传，又统计打印了全班的通讯录。平时及时查看师训宝和微信群，根据大家的需要，尽量为大家服好务。在学习时更是倍加努力，一边听、一边记、一边照相，有时候担心落下学习内容，就尽量减少喝水，免得上厕所。早晚再温习和巩固所学内容，通过师训宝进行答题、反思，在学习专家讲座之后，我还能学习学员们的心得体会。自己不但向专家学了先进的理论，也向身边的校长们学了好多实实在在的办学实践经验。

11月30日，在黑龙江省基础教育行政干部培训中心的精心组织下，黑龙江省中小学校长"双百工程"第一阶段集中培训正式启动了，紧张而充实的学习正式开始了。在这短短的五天学习中，让我受益匪浅，感觉时间过得太快，有意犹未尽的感觉。原以为出来学习，放下单位繁忙的事务，可以轻松些，就像柳海明教授说的"学几个词儿，认识几个人儿，再养养神儿"。来时还带了一本书，结果这几天学习下来，我那本书就报到当晚和第二天早上看了几页，一直躺那睡觉了！这都因为我们的培训学习很有吸引力，时间紧凑，内容丰富，专家引领，高屋建瓴。

这次培训，让我感触最深的就是牡丹江立新实验小学校长隋桂凤的讲座《校长应有自己的教育理念》，这里面她提到前国家教育学会会长郭振友提出的："立身、立行、立言"，这是校长的使命。反思自己，九年的校长生涯，从"立身"来说，具备为人师表，能够做到师生的楷模。从"立行"来说，做了不少实实在在的工作，也大胆实践了不少敢为人先的创新举措。但是，听了隋校长的讲座，我不正是缺少"立言"吗？首先，自己没能多读书、多学习。偶尔看看书和报刊也是在看有用之书，挑选与现在自己工作有关的内容去读和学习，没能系统地提高自己理论水平。自己也总以工作繁忙和应酬多为借口，没有安下心来去读书和学习。这次培训和返岗后的学习让我有了新的学习态度，就是要勤奋和努力。勤奋不是马不停蹄，而是要有效地利用好自己手头的时间。这些日子，单位的工作和各种会议也比较多，我也忙里偷闲把《论语》读了一半，而且还做了笔记。从这一点看出，有没有时间完全取决于你的态度，想学习和看书，一定就能有时间。所以，我已经下定决心，通过培训来努力提高自己的理论水平和办学水平。其次，没能在实际工作中去总结和提炼经验和做法，突破不了第三个层面"立言"。平时不善于反思和学习，发现不了问题，只顾忙乎自己学校的小天地。即使是一些好的经验和做法也没有得到分享，没有形成自己的语言，没能很好地以点带面，带动其他兄弟学校。今生达不到"三不朽"，但也要努力去学习，努力去总结和反思。

几天的培训，我们聆听了几位专家的讲座，于维涛教授以《中小学校诊断与规划发展》为主题，结合几个小故事，让我们明白：育人要讲良心和情怀，成绩要讲科学，管理要讲使命和责任；无论是校长，还是老师，喊破嗓子，不如做出样子；新老师、新学生、新学校可有模式？教学不能有模式论，教学有法，教无定法。温恒福教授讲了《我国学生"核心素养"培养的新挑战与新要求》，副标题应该是《为民族复兴和人民幸福提供人格保障》，其中，我对他提出的培养高效能的积极中国人很感兴趣，也很赞同。积极人是全面发展人的基础，积极的人身体更加健康；积极的人成长发展得更加充分与全面；积极的人运气更好，而且可以转危为安，祸中得福；积极人更容易成功；积极人生活得更加幸福；积极人能够更多地服务他人与贡献社会。总之，成为积极人是民族复兴与每位学生成功与幸福的需要，是我们的使命与责任。

　　哈市师范附属小学石瑾娜校长和哈市花园小学曹永鸣校长，分别结合自己的办学思想和办学实践进行了讲座——《办一所让孩子们喜欢的学校》和《从优质学校迈向理想学校》。办一所孩子们喜欢的学校，与我曾经的想法有些接近，我想把学校办成师生都喜欢去的地方。所以，认真听和详细记了。石校长说："一个好校长，是整个社会的道德楷模，是教育使命和教育理想的坚守者，是学校教学模式的设计者，是学生和老师的领路人，是中国教育创新和突破的发起者；校长要有大的教育观，要带动其他兄弟学校，也要给自己学校留下一种精神、一套制度、一批名师；校长的宗旨就是要办好老百姓家门口的好学校。"曹校长的"种子教育"的思考与实践给了我很多的提示：落实核心素养，让核心素养落地，让孩子成为最好的自己；要用心去做教育，理想的学校，是由看到人，到看见人；育种=育人，教育就像养花，一边养一边看，一边静待花开。让我最认同的是：四个不完美（学校、教师、家长、孩子的不完美）不影响我们共同去追求完美，要用我们的智慧把这四个不完美变成完美。

让我最敬佩的就是德高望重的孟凡杰厅长，一支笔，一块白板，一上午。他讲座的题目是《从十九大精神看中小学校长的教育使命》，这是一位极具批判精神和教育情怀的教育专家，他引领我们学习领会十九大报告中的教育思想，中华民族的伟大复兴的基础工程是建设教育强国，教育是托起强国梦的保障，兴教才能强国！并能直接剖析教育中存在的问题。让我们这些教育工作者要言行一致，表里如一，知行合一，积累智慧，从实践中去总结和提升自己的办学思想和理念。校长要提高自己的专业领导能力：一是要有职业良心，不能把校长当官做；二是校长的学习素质，做不到就不是好校长；三是具备课程领导力，让课程成就学校；四是学习的领导力，评价能力，应会评价师生。

最后给我们讲座的是东北师范大学原副校长、博导柳海民，内容是《努力做一名教育家型的校长》，这个内容不正是"双百工程"的培养目标吗？他说：教育家不是评出来的，也不是报出来的，而是干出来的、做出来的。教育家要有成功的教育实践，有大家认可的语录，有自己的话语。

教育思想和教育理念的形成和提出是一个过程。过程的飞跃需要三个方面的努力：一是博览群书的外脑启发；二是丰富亲历的教育实践，以及在此基础上的教育思想的系统化；三是深刻思考下的概括凝练，将生动的教育实践上升为理论。

黑龙江省中小学校长"双百工程"的实施是省厅的英明举措，为了能保证做好此次培训的各项工作，姜同河副厅长在启动会上就认真领悟十九大对教育的总体部署进行了细致的解读。同时，他又讲了基于什么原因要开展这个"双百工程"，最后，对培训提出了明确要求。他重点告诉我们一线校长们，要研究真问题，要真研究问题。为了不辜负省厅对我们的期望，我定将倍加努力学习和深入实践研究，为龙江的教育做出自己应有的贡献！

学校管理是根　办学理念是魂

黑龙江省"双百工程"小学校长办学思想学校品质建设研修
海伦市爱民乡中心小学　万　磊

当我接到今年"双百工程"培训的通知时异常兴奋，盼了一年的学习机会终于来了。尤其是去北京师范大学学习，作为一个从事小学基础教育的校长，能有机会走进这所中国基础教育的"黄埔军校"深感荣幸。同时又能让自己感受做回学生，实现上大学的梦想，真是人生一段美好历程和回忆。

通过几天的集中学习，我受益匪浅。省基础教育行政干部培训中心为我们又一次提供了迅速成长的平台，此次研修的主题是办学思想与学校品质建设，专家接地气的讲座、高屋建瓴的引领、切合实际的问题解决、同伴成熟经验的分享，无不让我求知若渴。不由自主地在内心里流露出——感谢！珍惜！

回顾几天的学习，让我又重温了十九大精神，尤其听了毛亚庆教授讲的《新时代与好教育好学校》之后，让我对中国特色社会主义进入新时代中的"新时代"有了全面的认识，对于教育的目标有了全面的了解。新

时代的"新"，新在哪里？首先，意味着不同以往，突现在中国社会主要矛盾已经转化，体现为人民日益增长的美好生活需要和不平衡不充分的发展之间的矛盾，表现为人民对美好生活的向往成了中国社会未来的奋斗目标。另外，也意味着这是未来一段历史时期中国社会相对稳定的发展追求，不仅需要中国经济的发展由高速增长阶段转向高质量发展阶段，也需要中国社会的发展整体"升级换代"，需要基于中国社会发展新的历史定位，重新再出发。2012年11月，党的十八大刚刚闭幕，习近平同志就郑重宣示："人民对美好生活的向往，就是我们的奋斗目标。"由此体现在教育的目标就是："努力让每个孩子都能享受公平而有质量的教育。"

　　人民群众对美好生活的向往，其中首先应该包括对我们教育的期盼，期盼新时代有更好的教育。通过毛教授的讲座，我对新时代好教育有了总体的了解：第一，教育需要重新定位。不仅要多出人才、快出人才，更重要的是要出好人才。主要体现教育的中国特色社会主义的方向性，落实好"立德树人"根本任务。第二，对人发展的理解要变化。不仅要成为"某种人"，更为重要的是要"成为人"。第三，对教育的理解要变化。对教育的理解不仅要"观物"更要"观人"。在新时代要解决好"观物"的立场对教育理解所带来的偏差，这种立场认为"人是掌握知识的容器"，更多关注了人认识世界、改造世界的理性认识能力，注重了知识与学生发展的外在关联。"观人"的立场强调知识不再只是人的认识问题，而且也关系到人的存在问题，需要教育把握"现实的、活生生的、具体的、历史的人"。第四，教育价值的取向要变化。要更加凸显公平并兼顾有质量。第五，教育管理的机制要变化。政府职能从"缺位""越位"到"到位"转变。第六，思考教育的方式要变化。看待教育发展的思维方式要从"点"到"面"转换。

新时代好教育好学校就是要回归本真的教育，人的发展是身体、心智、情感的发展。教育是发展人的，也就是如何保持人的平衡发展、协调发展，促进人形成健康的身体、健全的心智、积极情感，是教育必须考虑的问题。毛教授告诉我们新时代好学校该注意什么。第一，共享与自我彰显的学校办学理念构成了学校的灵魂，学校的灵魂应建立在学校相关群体达成了共享的学校发展愿景、形成了共同成长的办学理念上，树立起将学生视为一个自我生命的生成者、实现者，使每一个人获得最大可能的充分发展的观念。第二，开放与互动的人际关系构成了学校的血肉，学校管理者、教师和学生的关系不再是彼此孤独的、分割的、个体化的"原子"，而是彼此开放、互动的有机体。第三，科学与民主的学校运行机制构成了学校的管理骨架，不仅关注制度化、程序化的管理过程，还关注通过民主的方式使人的尊严和价值得以彰显和实现。第四，追求理性的获得与人性的提升的教育教学质量构成了学校的命脉，学校教育质量与效益的获得基于人的社会性发展，引导学生在获取知识的过程中实现精神理念的提升和人格锻造。

所以，教育的发展要重新定位，教育不仅使人的理性提升，更要滋润人的灵魂，使人的思考与想象的能力得以提升，使人更具有人性。教育发展的评价标准也将变化：升学率的提高不再等同于学校的全面进步；学生分数的获得不等同于学生的全面发展；同时，教育发展的方式也将随之变化：从数量到质量，从外延到内涵；从数量扩张的增长模式到质量提升的发展模式。

新时代的好教育、好学校给我们教育工作者提出了更高的要求，学习是有限的，返岗实践工作是无限的。我将按照庄严院长的要求，结合本次学习收获，找到恰当的途径将习近平同志对教育的论述、社会主义核心价值观和中国梦体现在实际的教学工作中，不辜负我市教育局给我这样的学习机会，不辜负行政干部培训中心的精心安排，努力为我市的基础教育工作做出应有的贡献。

做有灵魂的校长

黑龙江省中小学校长"双百工程"正职校长第三阶段培训
海伦市实验小学　万　磊

盼望着，盼望着，中小学校长"双百工程"正职校长第三阶段的培训终于来了。真心期盼这次培训，源于工作的调整，四月份我被党委任命到市直的实验小学工作。以前参加培训学习时关注更多的是农村教育，工作调整后急需汲取营养，所以对于我来说很急切，带着自己对新学校的办学思考向专家和校长学员们请教。这次培训后在我脑海里经常浮现的是"感谢、感动、感恩，细心、细致、细化，落地、实用、解渴"等，为我在新的工作岗位上提供了新的启发、新的思路，可谓是一次高质量的"充电"。

在这次培训中让我最感动的是孙东生副省长的讲座，虽有稿，但是没用稿，用朴实无华的语言、用自己亲身下校走基层的实际调研，为我们上了一堂既有高度、又有深度、更有温度的好课。"怎么当个有灵魂的校长？"一是要有情怀。要有家国情怀和教育情怀，教书育人，校长是灵魂，没有情感就别做这个了。历朝历代知识分子都与家国情怀紧密相连，几千年来读书人最大志向就是报效国家。我们不能让小我绑架了自己的灵魂与家国情怀，选择了一种生活态度和生活方式就要耐得住寂寞，要有"衣带渐宽终不悔"的坚守。二是要有定力。要的是与时俱进的，不能是不思进取的定力，还要有对校长认知的把握能力，对应的是时尚，但不能跟风。我们要研究什么是主流主线，不能翻烧饼，错了就回不来了。教育要反对公益主义和功利主义，对于传统文化要有甄别地传承，要去其糟粕，传承不是复古。要注重创新，让知识生活化，从知识找到生活，对人最有用的是方法，让人走得更远的也是方法，不是知识。我们正面临前所未有的挑战和困难，作为历史的一个过客，不能选择历史、抱怨历史，给后人留下一个什么样的摊子？作为校长的我们要思考，给我们的平台都不要嫌小，要只争朝夕时不我待，倒推自己还有多少时间能服务于师生了？我们是领导，也是操盘手，我们的态度、思想和理念直接决定着一个学校和师生的未来。三是有本事。本事也就是能力，作为校长要有社会沟通的能力，这是今天办好学校不可或缺的本事和能力。还要有总结提炼的能力，要懂一个学校文化的传承性，每一段都有历史价值，再把自己的灵魂融入学校里，用今天的文化符号呈现给大家。一个环境里是否有正气，主要是看一把手，要有正事儿，设计正事儿，让大家都忙起来，然后再提升校园里的理念。作为校长还要有学习能力，思维逻辑与变化不同步，只有改变提高我们的能力，校长要读有用之书，还要读社会进步、科学进步等书籍，更要了解和掌握最新的高层教育相关的政策和文件。特别是在人工智能和互联网时代，要利用人工智能来改善学习，促进教育公平，完成纷繁复杂的评价等。反思你的学校电脑和互联网利用了多少？

　　面对省长提出的"要做个有灵魂的校长"，我要反思，面对他众多的提醒和质问，我更要反思，这些我是怎么做的？我将尽快来梳理自己的学校，把这些提醒落实，把这些质问用行动回答好。"没人、没钱、没办法"这只能是让人瞧不起的理由，想做只有一个理由，不想做有一万个理由。我将把握住现今教育变革的好时机，学透相关政策，厘清学校办学思路，确定学校的办学理念，规划出学校发展愿景，克服困难，抓好落实。

我将不辜负各级领导的期望，努力工作，力争为我市乃至区域的基础教育贡献自己的力量。

新时代教育与校长的使命责任

黑龙江省中小学校长"双百工程"正职校长第四阶段培训
海伦市实验小学　万　磊

2020年11月11日，黑龙江省中小学校长"双百工程"学员200余人齐聚北京，参加了"双百工程"第四期国家教育行政学院高级研修班的培训。如今，全国仍处在特殊的"抗疫"常态化时期，此次培训能在线下顺利进行，实属不易。同时，能接受国家教育行政学院组织的培训，更是难得。我为自己能成为"第二母校"国家教育行政学院中的一员而欣喜若狂，这里不愧是学校领导干部的最高学府，"教育管理干部的摇篮"。这次学习时间虽短，但收获颇深，这都源于国家教育行政学院培训部的学习内容的设计和组织，真正体现了"关注问题解决、关注智慧养成、关注方式创新、关注合作共赢"的理念。

通过此次培训，我最想表达的是感谢！首先，感谢黑龙江省教育厅为我们龙江中小学校长创建的这样一个为期五年高层次的培训项目，为我们搭建了这样一个持续提升自我空间的宽广平台，让我明白"教育路上无轻载，不忘初心砥砺行"；其次，感谢国家教育行政学院在我省"双百工程"第四期培训中所做的努力和付出，无论是丰富紧凑的课程安排，还是合理布局的课时编排，都能深深地感受到国家教育行政学院对这次培训的尽心尽力、全力以赴；第三，感谢教育专家为我们带来的精彩讲座，具有专题性、针对性、时代性和前瞻性，高屋建瓴、一语见地；第四，感谢班主任和班委们在本次培训中为我们每位学员提供的服务，细致周到、用心用情。感谢每位学员培训期间高度自觉的严管严控。这一切的一切，让我们此次京城的培训顺利、平安、圆满，正如刘处长对我们这支队伍的评价——我们是骨干中的骨干！

此次培训历时四天，聆听八个专题报告，我们享受了一次精神引领的饕餮盛宴。回首时，每一个场景都历历在目，每一句真言都铭记心间，每一个事例都值得细细品味，每一个精神都需要心领神会。记忆最深的是鲁桂成大使的报告，没有华丽的辞藻，没有精心包装的语言，用自己的工作经历和爱国情怀给我们讲了《民族梦·个人梦》，激励和鼓励我们如何实现个人价值。人贵有志，就是有梦，有梦就会有动力，有了动力才会去做准备，才会抓住机遇。如今正是教育百年未有的变革时期，作为新时代的校长我们不能错过这样的机遇和机会。黄贵珍教授给我们讲了《新时代校长的责任使命与担当》，这是在教育新时代的新理念、新要求和新发展下的一个重要讲座，她利用大量的案例举证、政策和文件的解读、数据统计分析等让我们这些新时代校长们更好地肩负起责任使命与担当，更好地了解校长使命和学校发展的辩证关系，字字珠玑、切中肯綮。对于我们在座的每一位来说，这不仅仅是一次讲座，更是一次"洗礼"。

校长作为学校发展的舵手，如何把眼光放远，面向未来，切实提升学校教育品质，培养一代新人，适应新时代需要，是当前的重要课题。教育的新时代，也是改革的新时代，更是创新的新时代。全面发展强调整体性思维方式，反映在教育里，不再是只看一个点——升学率，而是要看到鲜活的生命。"为什么现在强调生命教育？因为强调整体地看待孩子，把孩子当作一个完整的生命体""校长首先要改变内心的时代，改变看待事物的方式。用整体、关系的思维方式看待教育，就是要看到一个点的变化会对其他方面产生什么影响，整体把握自己学校的发展，包括从静态管理转向动态管控、从要素管理转向生态治理等。当下中国的好学校，第一，要坚持党的领导，培养德、智、体、美、劳全面发展的学生；第二，要体现时代要求，为富强中国而教，为走向文明中国而教。因此，在时代要求上，好学校就是那些能够培养出未来社会需要的创新人才的学校。我们越来越感觉到，学校首先要培养一个中国人。《人民教育》总编辑余慧娟认为，值得教育人高度关注的时代变化有四点：经济水平大幅度提升、信息技术无孔不入、智能技术快速发展、人类安全空前脆弱。在这样的时代变革中，当代校长应该思考的首要问题是"培养什么人"。"在'立德树人'的过程中，价值观教育非常重要。要让中华优秀文化成为学校的精神标杆。校长一定要有大视野、大胸怀、大使命感，要有国家意识、民族意识。在追求释放个性的时候，不要忘记国家情怀、社会责任的涵育"。

"伟大的思想只有付诸行动才能成为壮举。"做好新时代的校长，目前对于大多数人而言，工作内容不会发生颠覆性改变，依然是围绕立德树人，加强教师队伍建设，深化课程改革……但是因为融入了新的时代精神和时代要求，很多优秀校长的工作思路和方式方法正在悄然变化。校长是一所学校的灵魂，在学校的治理与发展中，校长的素养、品格、眼界、格局和管理水平、运作能力等，都直接影响着学校的发展。面对新时代我国教育的战略部署，每一位中小学校长不仅要有深刻的思想认识、时不我待的紧迫感，更要有明确的价值取向、责任感和行动力。坐而言，不如起而行。路虽远，行则将至；事虽难，做则必成。返岗后，我将把所学、所悟、所得运用到实际工作中，相信只有亲历"实战操作"的得与失，方能深刻体会"纸上谈兵"的深与浅。

最后，让我们共同战"疫""上下同欲者胜，风雨同舟者兴"，祝福我们的祖国早日花开春来，山河无恙！祝愿我们的祖国早日实现2035目标描绘的教育发展的远景蓝图，开启新时代教育现代化建设的新征程！祝愿我们的龙江教育蒸蒸日上！祝愿"双百工程"同人在新时代教育中绘出"喜看稻菽千重浪，欣听花果做滔声"的丰收壮景。

第二章　在生命的过程中探索教育之道

黑龙江省海伦市实验小学教师　谷东梅

　　谷东梅简介：1987年7月毕业于黑龙江省海伦师范学校，先后在海伦市东方红小学、海伦市实验小学任教。35年的教学生涯中，一直担任班主任工作。在三十多年的教育教学工作中，记录了大量的教育教学随笔和感悟，这一章收录的是其中的一部分。先后创建了搜狐博客：hljgdm.blog.sohu.com梅花朵朵，班级博客hlsysb.blog.sohu.com十班孩子在成长。家庭教育指导师，心理咨询师。

　　连续多年被评为海伦市优秀教师、海伦市师德师风先进个人、绥化市优秀教师、绥化市名优教师；黑龙江省特级教师，黑龙江省模范教师，黑龙江省数学学科骨干教师，黑龙江省师德师风先进个人，荣获第十一届黑龙江省中小学青年教师现代园丁奖，全国课程标准实验教科书小学数学优秀教师，绥化市第一届中青年专家，绥化市第二届、第三届优秀人才。

在生命的过程中探索教育之道

黑龙江省海伦市实验小学　谷东梅

　　到今年7月，她已经从事小学教学工作整整35年了。漫长的35年教学生涯，正好可以分成三个阶段，第一个十年的主题是青春和梦想，二十岁的她初登讲台，浅显的语文和数学知识如何以生动的形式让孩子接受，她接受着一个个刺激和挑战，把一个生字讲成一个故事；把因数和倍数的关系演绎成母子和母女；整除的关系比喻成血缘关系。带着这样的热爱，她曾经把9个月的女儿抱进教室，为了给学生上早自习，让学生抱着孩子，她讲课。带着这样的热爱她和那个年代的所有教师一样，把生病的孩子交给父母，从没

有因为个人的事耽误学生一节课。甚至一
边打点滴一边批改作业。也许是因为这份
执着，开启了提升和收获的第二个十年。
第二个十年是在学习、出课、参赛中度过
的。出示省地市级赛课教研课几十节，参
加了两期全省骨干班主任高级研修班，被
评为优秀学员。在此期间主持了两项德育
工作课题研究，课题研究报告发表在研修
班博客桃花朵朵。被评为优秀课题主持
人，同时建立了自己的博客梅花朵朵。这
期间获得了全省模范教师、小学数学科特
级教师等光荣称号。对于一名四十几岁的
教师而言，这样的收获似乎是功成名就
了。可是她却在思考、在找寻自己与一名
特级教师的差距，她一节一节地观看吴正宪老师的教学视频，她感慨于吴老
在不接触学生的情况下所上的一节节常态下生成、娓娓道来中豁然开朗、舒
畅婉约自然简朴的数学课。她为自己设定了新的目标，那就是追求每一节常
态课的成功。为此，她从2010年9月开始，从人教版小学教材的第一册第一
课，一课不落地记录了整整五年、十册教材的教学随笔。每一课都由教学分
析、教学过程、板书设计、教学反思、学生日记五部分组成。其中的教学过
程详细记录了课堂上师生对话的全过程。无论在怎样繁忙的情况下，哪怕是
耽误自己的休息时间也从没间断过。这样的坚持带给她的是第三个十年的沉
淀和积累。让她真正意识到数学教学之道，就是打造教路顺着学路走的、有
利于学生可持续发展的智慧课堂。只有老师具备一定的驾驭能力，才能引导
学生有话可说、有疑可问、有感而发、最后有话可写。创造了集思维能力、
记忆能力、表达能力、操作能力、合作能力、质疑能力、探究能力等多种能
力全面发展的高效课堂。主持的课题《小学数学教学中学生言语发展的研
究》以89分的好成绩通过省专家组的验收。互动生成、和谐平等、教学相长
是她数学课堂独特的风格，大胆质疑、积极探索、敢于挑战、善于讲解、注

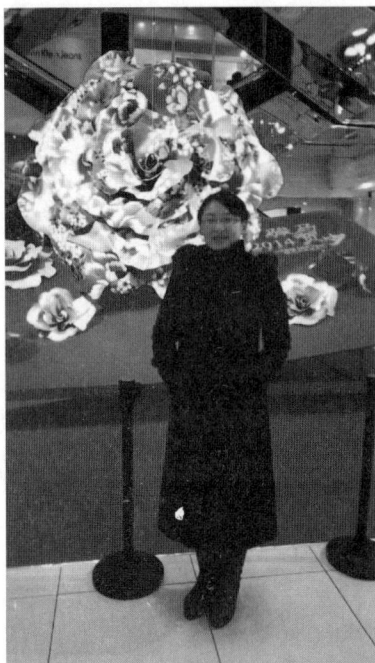

重细节、条理分明是她的学生的数学素养。

她用教育工作者的真性情演绎着：教育是道，道就是生命的过程。

第一节　教学感悟

优中见实　创中见优

2009.9.27

26日放假，25日晚，我把48页的第4题和第6题留作创新作业。

今天的第一节课，我就选择学习解决这两道题。同时检查创新情况，了解学生的创新意识和能力。

首先，我请同学们回忆，第一个创新题要求我们做什么？小君举手，几秒钟后有几十个人举手。我让小淳回答，她准确而又完整地说出了这道题的要求。

你能在下图中围出几种周长是24厘米的长方形或正方形？

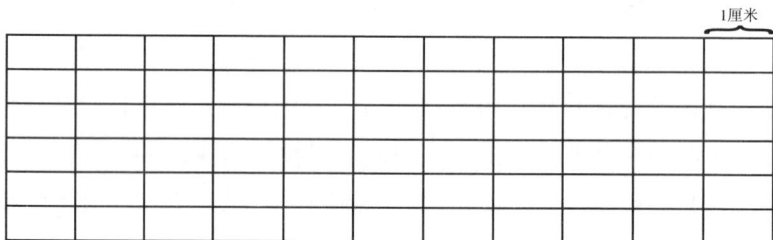

你能在下图中围出几种周长是24厘米的长方形或正方形？

我把问题板书到黑板上，问："或"是什么意思？

学生回答：可以画长方形，也可以画正方形。

我又问：在完成这道题时，你觉得画什么图形容易呢？

学生答：画正方形容易。

我问：怎么画？

学生答：每条边画6厘米。

我问：怎么想的？

学生说：四六二十四。因为正方形的四条边都相等。

然后，我一一让学生说出画出的长方形，每个学生只能说出一种情况。

我把每一种情况画在黑板上，标出长和宽，并让学生用三种求周长的方法求出长方形的周长是不是24厘米。学生们把各种情况都说出来了。最后，我问，还有吗？小思说，长6厘米，宽4厘米。有人直接说出20厘米。我画出图后，请大家算一算，被否了。

最后，我请学生们观察黑板上每一个周长是24厘米的长方形的长和宽，为了突出，我把长和宽的数据都圈了起来，并一一连线。（11⌒1）（10⌒2）（9⌒3）（8⌒4）（7⌒5）（6⌒6）你发现了什么？当我一个环节一个环节递进后，发现的孩子由少到多，最后，他们已经不自觉地喊了出来：一个长加上一个宽是12。

我问：12和24是什么关系呢？

学生们说：12是24的一半。

我说：这说明，已知长方形的周长，画出长方形是有方法的。什么方法呢？

学生说：先求出周长的一半，接着得出长和宽。

接着，我出了一道周长是20厘米的长方形怎样画的问题。学生对如何穷尽进行了热烈的讨论。

最后学生又出了一道周长是30厘米的长方形怎样画的问题？学生们的探究欲望更加强烈。这一次，每一个学生都穷尽了所有的情况。

最后，师生对方法进行了总结。

第二节课，我在批改作业的时候，发现小慧等几名同学把所有的情况都画出来了。我觉得学生的创造力在逐步提高。特别是第2道创新题，图中的长方形分成了两部分，想一想，哪个部分周长更长？

右图的长方形分成两个部分，
想一想，哪个部分的周长更长？

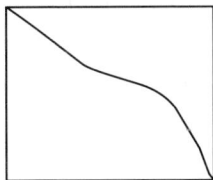

小怡进行了这样透彻的分析：这两部分周长相等。因为两部分的直角边分别是长方形的长和宽。长方形的特点是对边相等。中间的曲线部分公用，所以这两部分的周长是相等的。

教学反思：一个人的行为是受思想支配的，思想的巨人不会是行动的矮子。教师的行为更加有所不同，那就是行为的结果影响的不仅仅是自己，而是一个个有思想的孩子。老师站得高，孩子们就是站在巨人的肩膀上。今天的教学，使我更加认识到了教师思想的重要，这思想来源于什么？就是学习，就是提高，就是反思。只有站到学生需要的角度去思考教学，你的教学才会是真正对学生的成长有利的，才会是使学生受益终身的。那么，这节课我给予学生什么了呢？

第一，我给予他们机会，发展自己潜能的机会。

从那么多的学生能把题的要求背着说出来，我知道，几乎全体学生都积极地参与到了探究活动中，有的研究得肤浅，有的研究得深入；这只能代表他们各自的潜能或态度的差异。但是，我知道，有结论，不管是什么样的结论，都是兴趣使然。

第二，数学规律的探索已经深深地吸引着他们，今后的创新他们会更加投入。

在这节课的深入探究中，他们的兴致告诉我，数学规律的发现和探索就像电脑游戏一样，原来是这样精彩纷呈，收获不断。对于他们来说，数学学习对他们将越来越有吸引力。

意动与顿悟

2009.9.28

昨天，把这道题留作创新作业。

今天，上课伊始，我提问的是，说一说，这道创新题是怎样要求的？大家似乎被问住了，但只过了一会儿，馨怡就准确流利地把题目的要求叙述出来了。

接着，我在黑板上点了一个点，说，小红家在左上角，那么学校在什么位置？学生说，在右下角。我用另一个点画出了学校的位置。然后我请学生回忆，从小红家到学校的路线。第一条和第三条学生很快就画出来了，可是第二条，却没有一个人描述准确，有拐三次的，有拐弯处的位置找错的。又让学生看了一次书，这次有很多同学找出了准确的路线，但还有几名学生看热闹。终于把第二条路线画上了。至此，这道题完整地呈现在黑板上了。

从小红家到学校有下面几条路可以走（如下图）。你能说出哪条路近，哪条路远吗？

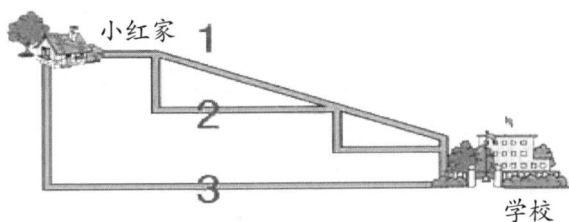

接下来是探究的过程。

第一步，比较第一条路和第二条路的远近。

师：大家看第一条路和第二条路，要比较它们的远近，主要比较哪部分？

生：到黑板上准确地指出了要比较的部分。

师：大家看，哪一部分长一些？

师：你们想过是为什么吗？

生：？

师：请大家剪两条一样长的丝带，以一条为三角形的一条边，用另一条作为三角形的另外两条边，看看，怎么样？

生：围不成。

师：这说明了什么？

生：三角形两边之和一定大于第三条边。

生：所以第一条路比第二条路近。

第二步，比较第二条路和第三条路的远近。

师：接下来大家观察，第二条路和第三条路哪个近？

生：第三条近。因为拐的弯少。

师：大家换一个角度观察，看，老师把第二条路的所有水平先画出来，你发现了什么？

馨怡和美玲激动万分：合起来等于第三条路的水平的这条边。

美玲到前面指出了一遍后，我看出了学生们的激动，我说，看看，你还能发现什么？这次，很多同学发现，第二条路的几个小竖线加起来等于第一条路的竖线。

师：现在，可以得出什么结论？

师生：第二条路和第三条路一样远。

师：刚才大家都认为第三条路近，这说明你们看到的仅仅是表面现象，这个教训告诉我们，思考问题要注意什么呢？

生：挖掘，想的要深刻。

师：我们遇到问题不能只看表面现象，要做深入思考。昨天不深刻，今天会深刻一些，明天会比今天更深刻，这就说明你在成长。

教学反思：这节课就讲了这样一道题。这篇文章的题目是学生的感悟给我的灵感。这节课，我仍然是以训练学生的记忆力进入主题的。我仅仅从一个点开始引导他们回忆，这样做的目的并不仅仅是训练注意力，更是检验孩子们对问题思考和探究的程度，没有充分的理解和探究，是不会反映出这道题的本来面目的，因为我的检验不是机械地背诵，而是深入地理解。所以，这一过程学生们收获的是学习的方法，对学生终生学习有益的方法。

让操作和思维同构共生

2009.10.7

拉一拉，看看会怎么样。

在四边形一节的课后，有这样一幅图，三个小朋友手中分别拿着：

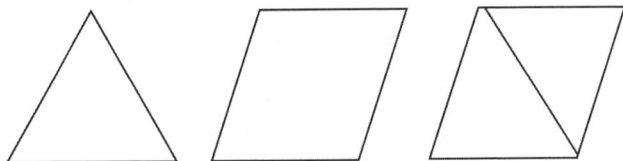

意在通过实践操作活动感受三角形的稳定性和四边形的易变性。为了更好地完成这节课的教学，我事先布置学生制作了这三种学具。可以说，在我的想象中这是很难做到的事，没想到，今天学生拿来的作品让人感到吃惊，有用吸管做的、有用筷子做的……全班有80%的学生做了。形形色色，美不胜收。

我把这些学生分批请到讲台上，让他们先拿起手中的三角形，用力去拉，得出结论：不变形。

再让他们拿出自己制作的四边形，用力去拉，得出结论：容易变形。

提出问题：如果让四边形不变形，可以怎么办？有学生提出，沿着对角线加一根，使它变成两个三角形。

最后，拿出第三个图形，学生操作，果然，形状不改变。

教学反思：在课前布置学生制作学具只不过是一个偶然的想法，可是却收到了意外的效果。一是发现孩子们对动手的作业尤其感兴趣，这与我的想象是相悖的。二是学生在自己动手的过程中对知识的体验和感受是任何语言都替代不了的。这节课，老师并没有说几句话，可是对于每一个学生来说，对三角形和四边形性质的了解是终生难忘的。那些没有制作学具的孩子们，我从他们的眼中读出了遗憾、读出了羡慕。这种教育的感染和期待的力量更强大。

探索实践：数学教学的动态之美

2009.10.20

四月份有30天，如果有5个星期六和星期日，那么4月1日是星期几？

备课：这道题在思维训练中是用周期问题推导出来的，余下的两天是4月1日和4月2日，所以4月1日是星期六。这样的思路我总觉得好像是强加给学生的。所以，我认为应该引导学生感受其中内在思想。

失误：但是，第一节课因为自己的思路不清晰，在设计4月份月历的时候，我直接把29日定为星期六，30日定为星期日，逆推，结果一下子得出了结论。在后半节的教学中，我也觉得很茫然。我知道，这节教学没有成功。

再次尝试：在过了一周之后，我重拾此课，我让同学们回忆上一周，哪一道题很难理解，理解得还不够透彻，学生们真的把这道题提了出来。

我把这道题板书到黑板上，问大家这道题的答案。学生说，星期六。我告诉大家，这是这道题的结论，但是，还有比结论更重要的，是什么？学生们说，是这道题的思考过程。

师：大家想，4月1日是星期几，有几种可能？

生：有七种可能。（一、二、三、四、五、六、日）

一、画月历，观察发现

师：我们从周几开始推导？

生：4月1日是星期一。

师：假设4月1日是星期一，大家画出这个月的月历。

（画完之后）

师：观察月历，你发现了什么？

生：后一个数比前一个数多7。

师：你能说得更清楚一些吗？

生：周几的下一个数比上一个数多7。

生：加上7天还是星期几。

师引导学生完整地表达：某一天是星期一，加上7，得到的日子还是星期一……

师边在月历上画边引导学生观察，得到大家的认可。

师：再观察，仅仅是加7有这样的结论吗？

生发现，加14、加21、加28都有这样的结论。

观察7→14→21→28

14、21、28都是7的倍数。齐说7的乘法口诀，说出7的倍数。（不顺畅）

再说7的乘法口诀，再说7的倍数。

师：那么，刚才的结论可以怎么说？

生：一天是星期几，加上7的倍数，得到的那一天还是星期几。

二、再画月历，再观察

师：好，我们再画一个4月份的月历，看还有什么规律？想一想，怎么画？

生：假设4月1日是星期二。

师巡视。完成后，发现什么？

生：1日是星期二，29日也是星期二。

2日是星期三，29日也是星期三。

生：题中说，有5个星期六和星期日，这里只有4个星期六和星期日。

引导观察。

师：看看，有5个星期几？

生：5个星期二和星期三。

师：想想，为什么有5个星期二和星期三呢？

生：因为1日是星期二。

看到有些同学茫然，再指生重复发现的几个规律，如果你还不明白，我们可以在下一个月历中验证。

师：再画月历。怎么画？

生：4月1日是星期三。

学生完成月历，发现规律。

绝大部分同学已经理解了以上的规律，师顺水推舟：下面再画，会出现什么情况？有什么结论？

生：4月1日是星期几就有5个星期几。

那么，4月份有5个星期六和星期日，4月1日是？

水到渠成。

师：哪位同学能提出一个问题？

生：3月份有31天，有5个星期六和星期日，3月1日是星期几?

生很快说出：星期六。

师趁热打铁：那么31日是星期几？

3月1日是星期五，那么31日是星期几？

教学感悟：数学是思维的体操，教师的引导显得尤为重要。而这种引导绝不是牵着学生鼻子走，而是要设计出给学生足够思考空间的问题，这是思维训练的关键。提问切忌支离破碎。只有这样，知识才能真正成为学生主动获取的，才是学生真正的发现。

享受数学　享受生命

三年级上册听《搭配中的学问》一课的感悟

2009.10.20.星期二

　　李老师上的这节课，可以说，把握住了教材的主旨，她先让学生猜自己的年龄，给出1和3这两个数字，再通过和学生交朋友、和学生握手，提出问题：怎样握才能不重复？让学生从中感受到搭配的有序性。然后出示两件上衣和三件下装的学具、教具，让学生动手摆。学生汇报。再指生板前演示。她只让学生演示了一遍。听到这里，我马上意识到演示的次数少了。因为，这里应该是教学的重点，只有演示清楚了，才能把摆的过程抽象为连线的过程，再抽象为数学符号即乘法算式。所以，此处的演示和把演示再现为语言的过程尤为重要。这是教者忽略的一个地方。另外，在学生还没有完全明确第一种搭配方法的时候，就指学生说出另一种即以一条下装分别和上装搭配，结果是，在完成练习题的时候，有一位同学连错了，老师很有耐心，把这个学生叫到板前指导，我很明显地看出，这位学生是两种搭法混淆了。这样的结果是，练到最后学生们还是不能把类型题游刃有余地完成。说明理解得不深不透。

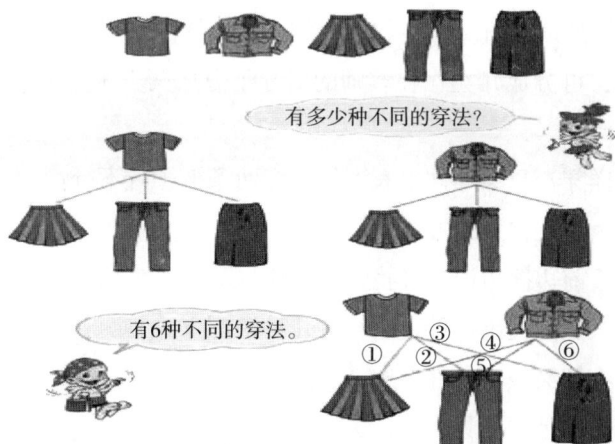

听课感悟：想到太多的公开课，教者为了过于追求课堂结构的完整性，练习数量的量化，却忽视了学生理解的深刻性。而恰恰这深刻性是起决定作用的效果，也是课堂效率。

再研究《搭配中的学问》

课后我和教者进行了交流，下午，胡老师再上这节课，可以说有了很大程度的完善。所以我想到，其实教研活动真应该这样，就是对前面的课进行反思和完善。

胡老师的课是这样的：

一、握手

1. 让学生数听课教师的人数。出现了几种答案。

2. 问：怎么数的？（有的有序，有的无序。）

3. 怎样数又对又快？（从前往后、从后往前、从左到右）

4. 师和听课教师握手。学生观察。

5. 问：刚才，我是怎样握的？结果怎么样？（生答师板书：没有序，有的重复，有的遗漏。）

6. 怎样握不重复、不遗漏？（在学生的指导下，老师又和听课老师握手。）并完善板书：有序不重复不遗漏。

二、搭配衣服

1. 创设为参加优秀小学生评选照相，挑选衣服的情境。出示一件上衣和三件下装。

（1）先摆放成一行。学生叙述找到了什么样的衣服？

（2）问：可分成几类？在教师的引导下分成两类（上装、下装）分别摆。

（3）怎样穿？只穿一件上衣不行？穿两条裤子行不行？

（4）那么有几种搭配方式？

（5）生板前边摆边说。又找几个人说。

2. 发散：她又找出一件上衣，有几种搭配方式？

（6）问：她又找出一件上衣，有几种搭配方式？

（7）学生自己用学具演示，边摆边说。

（8）指生板前边演示边说。先把一件粉色上衣和一条蓝色裤子搭配，再把一件粉色上衣和一条红色裙子搭配，再把一件粉色上衣和一条粉色裤子搭配。

再把一件蓝色上衣和……

（9）教师在学生说得比较清楚的情况下，引导学生怎样简练表达？

生：把一件粉色上衣分别和3件下装搭配，有3种搭配方式，把一件蓝色的上装和3件下装搭配，又有3种搭配方式，一共有6种搭配方式。

（10）又有一名学生是这样搭配的：先把一条蓝色的裤子和2件上装搭配，有2种搭法。再把一条红色的裙子和2件上装搭配，还有2种搭法。最后把一条粉色的裤子和2件上装搭配，又有2种搭法。一共有6种搭配方法。（这里学生的叙述特别到位。）

3. 把摆的方式简单地表示出来。

（11）生连线。分别把刚才学生叙述的两种方法连出来。

（我想，如果此处直接渗透几个几的思想，就顺畅地完成了由图→线→式的数学模型的构建过程。）

4. 由政治课温饱问题引出早餐搭配问题。

引导学生用简单的方式如：①②③④……代替各种物品的连线。

5. 观察：2、3与6的关系；3、3与9的关系；4、3与12的关系。

提示：如果3种饮品、4种饮品……在这里揭示几个几的意义。

6. 回到握手。如果老师和60名同学握手，要握多少次？

那么一共12位老师，要和60名同学握手，一共握多少次？

听课感受：教学需要探讨、研究。大家的智慧才是大智慧，研究才会有更大的提高。更加感到前面的李老师的课更有研究的价值。只有不完善，才会引发人的思考。其实，本节教学除了完成"图→线→式"的构建过程，更重要的是千万不要搞花架子，一定要把自己的思路和设计在每一节课上落实到位。时刻想着不是为听课者讲课，而是为每一个学生服务！

*把简单的问题阐述深刻

*把复杂的问题演绎简单

上《搭配中的学问》一课

上个月，听了两节《搭配中的学问》，从中受到很大的启示。今天，自己再讲《搭配中的学问》，觉得既轻松又自然。可见，听课、切磋、交流可以使每节课得到提升，同样，也可以使每个人得到提升。

一、导入

师：这节课学什么？

生：数学广角。

师：重在一个什么字？

生：角。

生：广。

师：这个"广"字，意在训练学生思维的广度。

二、探究新知

1. 在语言描述中贴出图片

师：出示一件蓝色的上衣图。

问：你看到了什么？

生：一件衣服。

生：一件蓝色的衣服。

师：更确切地说，是一件蓝色的什么？

生：一件蓝色的上衣。

老师把这件蓝色的上衣贴在黑板上。（此处意在训练学生语言表达的准确性，使学生精准地描述一件事物。）

接下来，在出示、描述、粘贴的过程中把2件上衣、1条裙子、2条裤子贴成一行。

2. 分类

师：看黑板上这些图，可以分成几类？

生：2件上衣、1条裙子、2条裤子。

师：哪两类可以归为一大类？

生：裙子和裤子。

师：裙子和裤子可以统称为什么？

生：下装。

老师在学生的叙述中将衣服分为上装和下装。摆成上、下两类。

三、搭配

1. 自主搭配。给学生足够的时间和空间自主探索。

师：那么，看一看，一共有几种搭配方法？

（举手的不多，再给时间，举手的多了起来。）

提问：一个一个都说6种。

2. 汇报搭配方法

（1）指生板前演示。敬媛边演示边说，说得很好。又找一学生演示，其他同学手指、感受。边演示边说过程。再找第三名同学……强化搭配的方法。

（2）连线。在学生意犹未尽的情况下，教师提示：我们刚才的演示过程，可以用什么方法简化一下？

生：连线。

师：那怎么连？

生在本上边连边说。

指几个学生板前连，边连边说。老师用不同颜色的笔画线。

（3）变式，语言的简化。

师：先把一件粉色上衣和一条蓝色裤子搭配，再把一件粉色上衣和一条红裙子搭配，再把一件粉色上衣和一条粉色裤子搭配。

这三句话能不能简化为一句话？

生：先把第一件上装和3件下装搭配，有3种方法。（用一种彩笔画出）

生：再把第二件上装和3件下装搭配，有3种搭法。

师：要求一共有几种搭法？就是求什么？

生：2个3是多少？2×3＝6（种）

（4）深入理解算式：3表示什么？每件上衣有3种搭法。2表示什么？有2件上衣。

四、扩展

1. 又出示一件上衣，如果有3件上衣有几种搭配方法？

$3 \times 3 = 9$第一个3表示什么？第二个3表示什么？

2. 想：如果一共有15种搭法，可能有几件上衣、几件下装？如果一共有27种搭法，可能有几件上装？几件下装？

玉丽家开商店，一共有81种搭配方式，可能有几件上装、几件下装？

3. 老师非常喜欢同学们的表现，想和每一位同学握一次手，一共要握多少次？

$$1 \left.\begin{array}{c} \\ \\ 59 \end{array}\right\} 1 \times 59 = 59$$

我和王老师都和每位同学握手，一共要握多少次？

$$2 \left.\begin{array}{c} \\ \\ 59 \end{array}\right\} 2 \times 59 = 118$$

数学组的10位老师和每位同学握一次手，一共要握多少次？

$$10 \left.\begin{array}{c} \\ \\ 59 \end{array}\right\} 10 \times 59 = 590$$

全组的20位老师和每位同学握一次手，一共要握多少次？

$$20 \left.\begin{array}{c} \\ \\ 59 \end{array}\right\} 20 \times 59 = 1180$$

口算，$20 \times 59 = 1180$学生不会，提示，$2 \times 59 = 118$，118个10是1180。

教学感悟：《搭配中的学问》，涉及排列和组合的知识，其问题的实质，是"图→线→式"的抽象过程，即由感性的认识到理性的思维的过程。我认为，在这一提升的过程中，精准的表达起到了决定性的作用。思考→行动→表达，是一个人的思维获得完善的全过程。作为教师，在教学中有意识地完成这种迁移和深化，把感性的认识内化为学生的一种思想、一种数学素养。这才是思维的目的，是数学教学的目的，是新的教育理念的目的。

咬定青山不放松 坚定数学教学的本体

三年级上册 多位数乘一位数口算与笔算

2009.10.28

多位数乘一位数的口算：12×3，一位数乘两位数，先用一位数乘两位数十位上的数，$10 \times 3 = 30$，再用一位数乘两位数个位上的数 $2 \times 3 = 6$，$30 + 6 = 36$。

多位数乘一位数的笔算：

1. 关于竖式的讨论：回想加减法的竖式：相同数位对齐。

回想除法的竖式：除号里面是被除数，除号外面是除数。

想一想：乘法与什么运算有关系？那么，猜一猜，乘法的竖式可能怎样写？

学生一致认为：相同数位对齐。

2. 关于算法的实践。

想一想：加法的口算从哪一位算起？（高位）笔算呢？（个位）

推想：乘法口算从高位算起，那么乘法的笔算呢？（个位）

尝试列竖式。并自主说出笔算的过程。

3. 关于笔算过程的质疑。

3写在哪一个数位上？（十位）

3为什么要写在十位上？（3同十位上的1相乘，得到的是30，这个3表示的是3个十。所以要把3写在十位上。

4. 理解的基础上完整表达。

两位数乘一位数，先用一位数乘两位数中个位上的数，二三得六，对齐个位写6；再用一位数3乘两位数中十位上的数，一三得三，对齐十位写3，所以$12 \times 3 = 36$。

教学感悟：数学学习要体现数学知识的联系性，口算与笔算是纵向的联系，加法与乘法就是横向的联系。这种知识的联系性的自然体现，会使教学变得轻松自然。

在之后的教学中，真正体会到了，对算理的表达和阐述对知识的理解和掌握非常有利。而且对后继的学习很有促进作用。

附：24×9的笔算怎样说？

两位数乘一位数，先用一位数去乘两位数个位上的数，四九三十六，向十位进3，对齐个位写6。

再用一位数乘两位数十位上的数，二九十八，18加3等于21，向百位进2，对齐十位写1，百位写2，所以$24 \times 9 = 216$。

感悟：在计算教学中，让学生清晰准确地说出每一步，对学生学习品质、学习能力的培养都很重要。

很多课，很多时候，我都会想起挖不到水的挖井人……

呈现方式：透视教学理念的迥异

小红、小刚、小丽演小红帽、大灰狼、猎人的节目，他们的角色还可以怎样变化？

1. 小红演小红帽，有两种演法：小红演小红帽，小刚演猎人，小丽演大灰狼；小红演小红帽，小丽演猎人，小刚演大灰狼。

2. 小刚演小红帽，有两种演法：小刚演小红帽，小红演猎人，小丽演大灰狼；小刚演小红帽，小丽演猎人，小红演大灰狼。

3. 小丽演小红帽，有两种演法：小丽演小红帽，小红演猎人，小刚演大灰狼；小丽演小红帽，小刚演猎人，小红演大灰狼。

答：一共有6种演法。

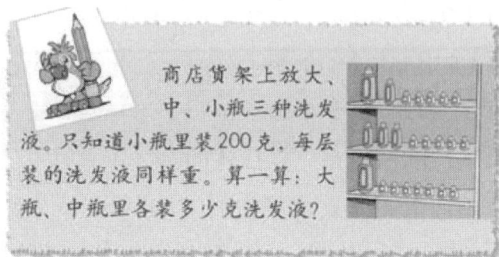

第一层和第二层都有5个小瓶，5个小瓶是同样重的。另外第一层有一个大瓶和一个中瓶，第二层有三个中瓶，因为每层装的洗发液同样重，可以看出一个大瓶等于2个中瓶。第三层有7个小瓶和1个大瓶，可以看出一个中瓶等于2个小瓶。

中瓶：$200 \times 2 = 400$

大瓶：$400 \times 2 = 800$

答：大瓶里装800克洗发液，中瓶里装400克洗发液。

第二道题是三年级上册最后一道题，也是思考题。从暑假到"十一"，我在布置作业时，一直给学生主动探索解决这类创新题的机会。昨晚，我才第一次把这道题作为作业留下去，看到馨怡的作业，我感到这个孩子是因为一次次认认真真地进行探究才取得今天这次作业的效果的，她用铅笔把图形画得相当清晰，分析得如此透彻，是因为在一次次的认真分析、研究之后，她已经挖到了一口井，这口井已经涌出了不尽的泉水。

因此，这节课的教学中，在让学生们充分读题的同时，我请馨怡把这道题的图画在黑板上，果然不出所料，她既没拿书也没拿作业，是默画的。在学生们读完题之后，我问："你们发没发现馨怡画图有什么特别的地方？"珈硕说："是背着画的。"我问："她为什么能背着画下来呢？说明了什么？"生："说明她印象深刻。"师："还说明什么？"生：？师："说明这幅图在分析这道题的过程中起的作用大不大？"生："大。"师："到底有什么作用呢？"

请大家观察图，一行一行地观察，你发现了什么？

生：每一行有大瓶、有小瓶。

生：第一行有1个大瓶、1个中瓶、5个小瓶。

生：第二行有3个中瓶、5个小瓶。

生：第三行有1个大瓶、7个小瓶。

师：文字对每一行的瓶子是怎样描述的？

生：每一行洗手液都同样重。

师：每一行的瓶子不一样，每一行的重量一样，我们从中能发现什么呢？听馨怡给大家讲一讲。

张：第一行的5个小瓶和第二行的5个小瓶一样。

师：你们接着发现。

生：第一行的一个中瓶和第二行的一个中瓶一样。

师：再继续看。

生讨论。

第一行的1个大瓶＝第二行的2个中瓶

板书：一个大瓶＝2个中瓶

师：看看，一共3行，2行2行观察发现规律，看看一共有几种观察方法？

生：3种。（1、2）（1、3）（2、3）

师：再看看，从哪两行可以再发现规律？

生：1行和3行。第一行的5个小瓶等于第三行的5个小瓶。第一行的1个大瓶等于第三行的1个大瓶。那么，第一行的1个中瓶等于第三行的2个小瓶。

板书：1个中瓶＝2个小瓶

……

总结方法：解决这道题我们先做了什么？观察图→发现规律→解决问题。发现规律是解决这道题的关键。

教学反思：表面看，在这节课上，教师说了许多题外话，而恰恰这些题外话、一些看似无关紧要的话，却渗透给学生一种数学思想。忽然想到《读者》中一些近似白开水的文章，无雕琢、无装饰，却给人以深刻的启迪，订阅量高居榜首。这也许就是自然的力量，也正是思想的力量。

小学数学教学中求异思维的培养

2009.12.24

很长时间以来，一直在领悟这样一句话：一个勤劳的母亲，会培养出一个懒惰的孩子。从另一个方面说，就是一个懒惰的母亲，会培养出一个勤奋的孩子。在生活中、在教学中，不断地体会，深刻地感悟其中的道理。一个勤劳的母亲，之所以会培养出一个懒惰的孩子，其原因是，她总是害怕孩子做不好；而所谓的懒惰的母亲，却信守这样的理念，任何人任何事都有一个过程，那就是从不会到会、从不懂到懂、从笨拙到成熟的过程，之所以会培养出勤劳的孩子，是因为她懂得成长是一个不断体验、不断失败、不断尝试的过程。问题的根源不是母亲的勤劳与不勤劳，而在于母亲的不同的育儿理念。

而对于一位老师来说，不同的理念会造就不同的学生。当今时代，教师的职业道德，已经不仅仅是用十条禁令来衡量，更深层次的职业道德应该是用是否保持学生的求知欲望，是发掘还是扼杀学生的内在潜能来衡量。对于教师来说，不仅仅要有人格修养方面的德，还应具备业务素质方面的德。

在教学中，我深刻地体会到，当我们把教学目标放在"分数"这两个字上的时候，我们就会站在传授者的角度，完成"教知识"的任务，当孩子们在我们的引导下，都掌握了问题的结论的时候，那种表面的收获却是以牺牲少数学生的内在潜能为代价的，这种内在的潜能包括学生的学习兴趣、包括各种能力，创新能力、求异能力，而也许就是这仅仅的几个人就有爱因斯坦就有爱迪生。当我们把目标放在"成长"这两个字上的时候，我们就会把每一个孩子都看成个体，看成一个个鲜活的生命，我们就会自觉地在教学中把自己放在和学生同等的求知的地位，和他们一起去尝试、和他们一起去发现、和他们一起去探索，和他们一起去经历失败的痛苦，和他们一起去分享成功的喜悦。我把它叫作"示弱"。我认为只有教师的示弱，才会培养出强大的学生。

几年之前，我已经意识到这个问题，并且在教学中付诸实施，每一道例题和习题我都是采取各种方式让学生独立探究。然后在小组合作交流的基础上，由学生独立解决，甚至由他们自己讲解。久而久之，孩子们已经养成了独立探究的习惯。但是，由于多年的教育理念，也有过失误。

记得，有一天的中午，突然通知，下周就期末考试，我的课还没有结束。情急之下，我想，趁下午的一节课，把书中总复习的三道难题处理完。于是，我迫不及待地把其中的一道题搬到黑板上：一列火车从甲站开往乙站，6小时行驶480千米，行了全程的3/5。照这样的速度，再行多少小时到达乙站？在学生读题之后，我用我的思路引导学生分析，大约五分钟，学生们都掌握了这道题的解法，（480÷3/5-480）÷（480÷6）。待到我又想用这种方式讲下一道题的时候，我发现了学生的懈怠，于是我问："这道题你们是想让我讲还是自己做？"他们竟然异口同声说："自己做！"我无奈之下，只好让他们自己做。结果，他们有的快有的慢，有的独立有的在别人的提示下做出来了，可是整整用去了二十分钟。为了巩固这几道题，我留了家庭作业，第二天，我在检查作业的时候发现，纪光宇是这样写的：方法一：（480÷3/5-480）÷（480÷6）

方法二：480÷3/5÷（480÷6）-6

方法三：（1-3/5）÷（3/5÷6）

他竟然想出了三种方法，更让我震撼的是，当我看到作业的最后，竟附着一张小纸：

方法四：6÷3/5-6

看着这份作业，高兴之余我陷入了深深的思考。我清醒地意识到，虽然今天学生的作业都是对的，但我对这道题的教学并不成功。因为我的急于求成，不知道还有几个孩子的求异思维被扼杀了。

在谈求异思维的培养时，有太多的理论，书上网上有太多的论述，但是，我不由自主地想起我的这段经历，如果让我发自内心地说，那就是遵循最自然的规律，了解学生的需求，了解每一个学生最想要的是什么。从学生的角度去考虑自己的教学，让自己首先是一位学生。这样，不仅是求异思维，学生的任何一种内在的潜能都会得到有效的发挥，自然生成。我把它叫作"绿色教育"或者"原生态的教育"。

思想的提升、心灵的感受是数学课堂的价值

2010.2.1

2010年1月28日，凭着自己对数学教学的解读上了一节公开课，和我本人一样，追求的是"自然、本真"。

教育之自然

听了香港著名医师林傲梵先生的课之后，我开始从另一个角度思考我

们的教学，林先生像聊天一样的讲座让我悟到教育"润物无声"的深刻含义，林先生在不经意间使多年的病痛患者恢复健康让我感到"大师"的魅力，不张扬、一切尽在不言中，一切尽在随意中、一切尽在自然中。事实上，这种自然这种随性，却是大师多少年潜心钻研、多少年从每一个病人的身上思考病情的变化、联系多方面的细微因素的结果啊！这是一种自然疗法，我忽然明白，我们的教育的最高境界就应该是这样的自然的教育。无粉饰、无雕琢、无打磨。自然的才是长久的，本真的才是永恒的，纯粹的才是最实用的。它和拍电视剧绝不是一个概念。

教育之做人

在课前，为了表达见到学生的高兴和感激之情，我和学生们进行了一次握手活动。上课伊始，学生们根据这次活动提出了数学问题，"一共握了多少次手？"可是同学们猜测、研讨之后却发现，来了23人，我却握了26次手，学生们帮我找到了错误的原因，因为我握手的时候没有顺序才发生了错误。在这节课结束的时候，我请求学生给我一次机会，让我有序地和他们握手。我这样做，是把在学生看来教师为了达到教学目标而设计的有意的行为，变成了一种知错就改的无意的行动。

教育之思想

这节课，是关于搭配的知识。学生在研究"两件上装和三件下装一共有多少种穿法"的时候，先是通过物品的一一摆放得出结论方法，接着采取连线的方式，最后从搭配图中发现了用乘法算的方法。在学生发现了简单的方法之后，我没有停留在简单的技能的获得，而是引导学生想，从摆到连到算就像登上一个又一个台阶一样，思考得越深入，方法越简单。在学生完成了几道挑战性的题目之后，我又引导学生回首思维的发展过程，摆是动手，连是动笔，而算是动脑，当我问到"这实际上是什么在升级？"时，学生们有的说："能力。"有的说："智力。"有的说："思维。"有的说："思想。"听到他们幼稚的并不成熟的但对于他们来说却是深入的具体的思考，我看到了我的教育理念前面的一丝光亮。我引导他们，牛顿从一个苹果落地发现万有引力，实质上就是源于他注意到了事物之间的联系，对细节的联系和思考，往往是成功者与失败者的最基本的差距。

教育之态度

为了教学的层次性、多样性和活跃性，我设计了一个有趣的文字搭配，给出三个字"读好书"。在学生们能够独立写出其他五种搭配方法之后，我设计了一个挑战性的游戏，就是由五个人同时完成后面五种搭配，可是，第一轮的尝试却出现两处错误，在我的内心对我的这一设计提出质疑的时候，学生们却坚持要第二次，在第二次因为一处失误没有成功的时候，他们仍然坚持第三次。第三次，我请他们自由组队，并且允许他们相互关注，结果大获全胜。看到他们脸上洋溢出的喜悦，眼里放出的光芒，我明白，这是我这节课意外的收获。在全课总结的时候，有那么多人谈道："只要坚持不懈就会成功。"这并不是我原本要给予他们的东西，而是他们不经意间的收获，这也许才是对他的一生真正有价值有意义的东西，不是知识不是技能，却是财富。

教育之心灵

见过太多的公开课，学生们被带来，配合之后又被带去，没有人了解他们的心里想什么，不知道这一节节课对他们有着怎样的意义。为了让学生感受到什么，我设计了这样一个环节，我说，为了感谢你们，全场的老师都想和你们每个人握一次手，我感受到学生异乎寻常的兴奋，他们积极地提问、积极地估计有多少人，在我提议只要列出算式就可以的情况下，竟然没有一名同学停止，他们每一个人都投入还没有学到的23乘500的计算当中，并且告诉我，他们预习了。当他们把最后的结论呈现给我，并踊跃地寻求简单的代替握手的方法的时候，我感受到了孩子们对和谐的渴望和体验、对付出和回馈的渴望和体验，对爱的渴望和体验。

在回来的车上，我从他们的眼里、口里、脸上读懂了他们三年来从没有达到的兴奋，从家长打来的电话中，我更进一步感受到他们内心的激动。

我想，我多想，当你们把我所教的知识忘得一干二净的时候，给予你们对你的人生仍然有帮助的东西。

层层递进　深悟算理

（在除数是一位数的除法的笔算教学中感悟计算）

2010.3.19

一、深悟算理（摆小棒）

二、理解方法（不能在笔算时摆，怎么办，口诀试商）

三、语言表达（摆的过程以及试商的过程都要通过语言准确地表达）

四、口算、估算、笔算相互促进、相互联系。（比如能口算的先口算，能估算的先估算）

五、持之以恒，坚持训练到位、坚持训练到底，形成叙述式口算、叙述式估算、叙述式笔算。即过程性计算的再现。

梯度缓冲

教材安排的除数是一位数的除法笔算，例1$42 \div 2$→例2$52 \div 2$被除数是两位数的除法，是由浅入深的，而被除数是三位数的除法，却直接进入$238 \div 6$，被除数的最高位不够商1，在教学中，其他班级在教学例3时都出现了问题。我仔细思考产生问题的原因，觉得还是梯度大，学生难以顺畅达到教学目标。所以，在学生熟练而又扎实地掌握了两位数除以一位数的笔算、口算和估算方法的基础上，我进行了$246 \div 2$、$369 \div 3$等系列化的练习，让学生在两位数除以一位数的方法的基础上，类推出难度不大的三位数除以一位数的笔算方法，为$238 \div 6$这类题目的学习打下基础。

一、在操作中，对算理深刻领悟

计算教学虽然不是概念，但是每一类计算的第一节课教学，实际上也是在学生头脑中建构模型的过程。只有对算理充分而又深入地理解，学生才能从根本上掌握算法，从而达到深刻、有效、持久的理解掌握而不是机械地记忆和模仿。除数是一位数的除法的笔算也是从动手操作开始的。在操作活动中，学生需要明确操作的步骤，并且要把4个十平均分成2份的过程图像在除法竖式中展现出来，也就是把操作的过程与除法竖式的步骤一步一步融合。这样，抽象的除法竖式计算在学生头脑中建立起来的是感性的认识。

二、脱离操作，在笔算过程中寻求方法

在图和式相融之后，学生头脑中达到了感性认识和理性思维的统一，但是出现的矛盾却是，不可能出现一个问题就摆一次小棒，那么，怎样才能得出每一次分得的结果呢？那就是怎样试商呢？师生共同探索出用口诀试商。这样，学生在头脑中完成的是一个由感性直观的操作到抽象的算式，直到寻求试商方法，从而完成了把感性认识完全上升到理性认识的全过程。

三、强化表达，动作、思维、语言的完整统一

人的思想是要靠行动来表现的，而人的思想和行动则完全是要靠语言来表达的。而且，人的语言又会反作用于人的思想和行动。所以语言表达这一关尤为重要。在操作的同时，就注意有条理地对操作的步骤完整准确地表述：先……再……，由操作转移到算式，边操作边表达：先把4捆小棒平均分成2份，每份是2捆小棒，再把2根小棒平均分成2份，每份是1根小棒。边写竖式边表达：把4个十平均分成2份，每份是2个十，在商的十位上写2，2个十乘2等于4个十，对齐十位写4，4个十减去4个十等于0，0不写。再把个位上的2落下来，2除以2等于1，在商的个位上写1，1乘2等于2，对齐个位写2，2减去2等于0，所以42÷2＝21。语言的表述与手的书写协调的活动，每道题逐一地训练下来，学生头脑中建立的笔算过程已经成为一种条理化、程序化、思维化的数学模式，出现的误差极小，甚至达到了消灭误差。

四、口算、估算、笔算的有机联系

三种计算方法是相互关联、相互促进、相互统一的。比如：估算$52÷2≈20$或30，实际上也是一种笔算的试商过程，所以语言和思维的表达不可忽视：二二得四，所以把52看做40，$40÷2＝20$，所以$52÷2≈20$。比如口算$38÷2$，想：$20÷2＝10$，$18÷2＝9$，10加9等于19。这种思维和语言的表达，同样是在为笔算的试商做准备。所以说，数学知识最重要的内涵就是整体性和联系性。

五、凡事贵在坚持、难在坚持、成在坚持

一种教育思想，或者说一种教育观念和方法，只做一时，即便有效果，也不会产生实际的价值。只有坚持做下去，才会真正发现教育思想、教育方法的成功与失败。三年的实践证明，这种在操作中领悟算理、在算式中发现方法、在表达中形成技能的口算、估算、笔算一体化的计算模式，在一次次测试满分率居高不下的结果中得到充分的验证。

错误，竟带来如此的精彩

2010.3

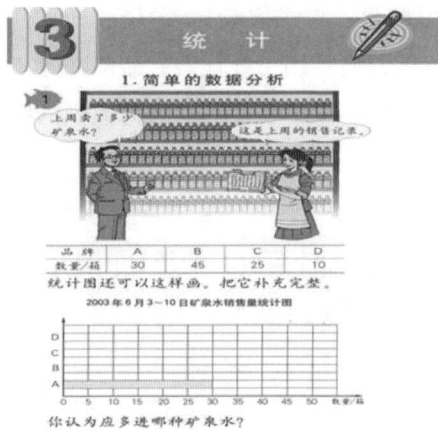

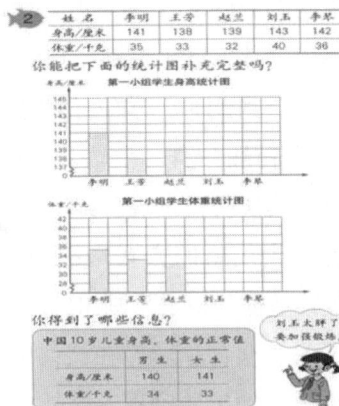

一、以旧促新独立完成

三年级下册学习了统计，重点是通过数据分析，确定垂直线1个格代表多少。例2中给出的身高数据在138～143之间，体重数据在32～40之间。通过引导学生分析，由于例1旧知识的牵引，学生们自主讨论后，首先确定每一个格代表1，这个意见一提出，就遭到反对，因为需要画出150个格，太长了。因此，又改变了主意，选定一个格代表10，我因势利导，那么，今天的作业，就自己画出第一小组同学的身高和体重统计图。

二、发现问题引发矛盾

第二天上课，我就检查作业效果，我问：谁在昨天画统计图时发现了问题？（画？）有许多学生眼前一亮，有的人急于表达，说："画的时候条形的高度太近，非常难找准确的数据。而且条形的高低、长短不能一目了然。"

三、分析问题解决矛盾

出现了问题，也就引发了矛盾，我在黑板上写了"矛盾"两个字，那么，这个矛盾如何解决呢？那就是要对数据进行分析。

我把141、138、139、143、142这组数据写在黑板上，师生共同对这组数据分析，发现：①138以下的数据没有；②数据之间最大的差是5。

四、师点拨

那么怎样才能把这组数据清晰、明显地表现在统计图上，一眼就看出数据上的差异呢？学生又想到一格代表1厘米。可是要画150个格。在这样的矛盾中，学生终于想到，138以下的可以省略，用折线代表省略的部分。我感觉到，到此时，学生才顿悟到书中的折线是什么意思。因为他们的眼睛放出了奇异的光彩。

五、再次实践发现差异

让学生用新的方式再次画统计图，并把前后两次画的统计图进行对比。发现数据分析之后画出的统计图更清晰、更明了。

教学感悟：让学生在试误中发现求知中的矛盾，让学生完全经历一个对知识自发加工的过程，这样的过程，会使学生更加明确知识的产生和由来，能更多地问一问"为什么"，培养学生主动自觉思考的习惯。

让教路顺应学路走（24时计时法）

2010.4.19

第一节

一、1日＝24时（地球自转一周是1日）

二、时针转2圈

三、第一圈半夜12时（0时）—中午12时

第二圈中午12时—半夜12时（第一天的结束，第二天的开始）

四、今天是4月19日，什么时候手机上的数字变成4月20日？

五、用凌晨、上午、下午、晚上描述什么时间在做什么，练习说一段有意义的话。

第二节

1. 回顾

2. 第一圈用哪些词描述？（凌晨、上午）

第二圈用哪些词描述？（下午、晚上）

3. 这种用限制词描述的方法叫作普通计时法。

4. 想：普通计时法有什么特点？

①只用到数字1—12

②用到修饰词

5. 今天学习24时计时法

想：24时计时法用到哪些数字？

6. 边画钟面边出现13—24

7. 想：24时计时法，第一圈1—12，第二圈13—24。

8. 有什么问题？

生1：普通计时法与24时计时法有什么区别？

生2：普通计时法只用到数字1—12，有修饰词。

24时计时法用到数字1—24，没有修饰词。

生3：普通计时法与24时计时法有什么联系？看钟面找联系。

内圈的数与外圈的数有什么关系？→内圈的数怎样才能得到外圈的数？

9. 普通计时法怎样转化成24时计时法？

板书：　　普　　　24时

①生说一个用普通计时法计时的时刻，学生们思考用24时计时法怎样表示？

②怎样思考的？（第一圈不变，第二圈加12）

10. 24时计时法转化成普通计时法。

提示学生，当听到24时计时法表示的时刻，重点想，是第几圈？

总结：第一圈不变，第二圈减12。

一名学生说时刻，一名学生回答，回答时阐述是第几圈，然后再确定时刻。

阐述是第几圈的过程，是分析、思考、发现的过程。

教学感悟：通过这样的两节课，可以说我和学生们对钟面进行了剖析，在孩子们的头脑中对普通计时法和24时计时法有了清晰而又深刻的认识。这样对知识准确的把握，才真正会使孩子们举一反三，对于有关这一部分知识的问题，会做到游刃有余、触类旁通。

曲径通幽处　柳暗花明时

2010.4.23

24时计时法这一部分知识教学的难点是计算经过的时间，我在用了两天的时间夯实两种计时法的区别与联系以及相互转化的方法之后，用周三至周五三天时间完成了这一部分的新知和所有的习题。

一、例题切入

在学生反复阅读例题之后，我提出问题：你发现了什么？

生1：不统一。

生2：一个是普通计时法，一个是24时计时法。

师：存在什么问题吗？

生3：无法计算。

师：怎么办？

生4：把普通计时法转化成24时计时法。

生5：或者把24时计时法转化成普通计时法。

师：你认为转化成哪一种计时法计算起来简便？

生6：24时计时法。

师引导学生用动作表示起始时刻、结束时刻、经过时间。●——●列式完成，口述口算过程。

二、创造尝试

1. 多种方法的延伸：在学生明白了用例题的计算方法解决问题之后，我让学生看书发现，还有什么发现？用文字描述。①看钟面。②画线段图。在学生用文字描述之后，让学生回去看懂，琢磨这两种方法。虽然到今天还没有反馈，但有个悬念的感觉很好。

2. 创造性解决问题：

课后习题有2个层次，第一个层次是求当天的经过时间，第二个层次是求经过2日的经过时间。

我把第一层次的几道题留作周三的家庭作业。

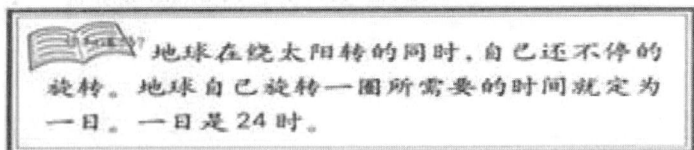

练 习 十 三

1.

用的是哪种计时法？

照样子填一填。

18:06   23:38

下午6:06   晚上8时 _____   凌晨4:45

2. 和平街新设一个邮筒。需要在邮筒上标出取信时间。已定每天取3次信，早上8时30分第一次取信，以后每隔4小时取一次信。请你标出每次取信的时间。

取信时间
第一次：
第二次：
第三次：

3. 春蕾画展每天的开放时间是8:00～17:00。这个画展每天展出多长时间？

地球在绕太阳转的同时，自己还不停的旋转。地球自己旋转一圈所需要的时间就定为一日。一日是24时。

第二天，54页2题，我没有像以往那样认真看学生的作业，更加注重的是学生课堂上的表现，特别检查的是思维作业，并完成在课堂作业本上。①送信时间：师：应重点理解哪句话？（每隔4小时送一次信。）追问：你是怎样理解的？逐步引导学生说出：第二次送信的时间比第一次多（或者说晚）4小时。第三次送信时间比第二次晚4小时。

春风饭店营业时间一题，师：这道题主要考查我们什么知识？生1：把24时计时法转化成普通计时法。追问：从哪里看出普通计时法？生2：下午，晚上。

第二问，这一天营业多长时间？

师：这一个问题要求的是什么？必须知道哪两个条件？怎样解决？

生边说边在作业本上认真完成。

第三问，自己提出问题。

生3：下午休息多长时间？（起始时间？终了时间？）

晚上和中午哪个时间长？

3．引发矛盾。

当出现阳阳从晚上9时睡到第二天早上6时，求小红一共睡了多长时间的题目时。

①师：发现什么？

生4：普通计时法？

师：从哪里看出来的？怎么办？

②师：已知什么？求什么？

生5：已知起始时间和终了时间，求经过的时间，做动作。

③师：怎么办？

生6：用终了时间减去起始时间。

④师板书21时 ●—●6时6时 - 21时？为什么？

生7：经过了昨天和今天。

生8：经过了2天。

师：那怎么办呢？

到此，我又把第二层次的问题留为周四的作业。

三、柳暗花明

周五：把睡眠时间一题板书在黑板上，再次用正常思维分析，再次引发矛盾：怎么办？开展讨论。

生9：先算昨天睡的时间，再算今天睡的时间。（或者说先算第一天睡的时间，再算第二天睡的时间。）

师：那么，第一天从21时睡到什么时刻？

生10：24时。

师：为什么？

生11：因为24时是一天的结束。

学生根据以上的理解求出第一天睡的时间。用同样的方法求出第二天睡的时间。（从几时到6时？0时，因为0时是新一天的开始。）下面学生分三步解决这个问题。

在学生掌握特点和方法之后，让学生看书，回顾昨天的作业，55页6题，看列车时刻表求运行的时间，想一想，哪一个车次的火车运行时间和这道题类似。学生在理解了始发站、终点站、开车时刻（开点）、停车时刻（到点）之后，找出有2个车次的列车运行的时间经过了2天。

在解决这两个问题中巩固方法。

四、将错就错

第7题，球赛19时30分开始，经过155分钟，什么时间结束？

引导学生思考已知什么？求什么？边读题，边动作演示。（已知开始时刻和经过时间，求结束时刻。）怎样求？（用开始时刻＋经过时间＝结束时刻）

19时30分＋155分

可以读出学生的眼神中有疑问。让学生继续做。得出答案19时185分。

怎么了？

生：钟面上没有这个时刻。

师：哪里出现了问题？

生："分"出了问题。

师：怎么办？

生：155分＝2小时35分

师：2小时怎么得到的？35分怎么得到的？

生：2×60＝120   155－120＝35

再做：19时30分＋2小时35分＝21时65分

又怎么了？够1小时。等于22时5分。

出题练习：246分＝？

五、预设

怎样求经过时间？（当天的、经过2天的）

怎样求终点时刻？

怎样求起始时刻？

会出现什么情况？（大于60分转化成"时"。）

教学感悟：今天，我利用第一节课的时间，完成的是"柳暗花明"之后的内容，一直到结束，仅仅一节课的时间。这节课的顺畅、水到渠成，让我感到一个字——"爽"。上完这节课，我和同事便赶9点的火车去哈尔滨开课题结题大会，以上所有的文字，都是在我感动中、在颠簸的列车上记下的。在激动中，我捕捉到过去的两天所做的铺垫，我觉得对于今天的成果，过去两天的铺垫是不容忽视的。这样仅仅三页的知识，如果没有恰当的方法，要想使学生真正明白，仅仅三节课的时间是不够的。我在这三节课的教学中问得最多的是"发现了什么""怎么办"，把自主权完全交给他们自己，而且当出现难点时，比如6减21，出现矛盾冲突时，我没有压堂、没有急于点拨，而是把产生的问题留作家庭作业，这样的作业是具有挑战性的，而且足以唤起孩子们探究的欲望。正因为有这样的效果，才会有今天淋漓尽致的一堂课。

我也沉浸在"将错就错"将孩子们带进迷茫的世界的兴奋中，我好喜欢他们紧缩的双眉。

我想到，《士兵突击》中袁队长对老A的解释，1是扑克游戏，老A是藏起来的，直到最后才露出来；2是"欺骗"的意思。老师，做到一定的境界，自己就成了老A，把问题的答案也玩成了老A，不是吗？

第二节　教育感悟

"戒尺"的温度

惩罚是教育的一部分，人非圣贤，孰能无过？特别是孩子，他们是在不断地试误中成长起来的。惩罚不是简单而随意的教育行为，应该以教育为出发点，以人的发展为目的，以规则为准绳，只有建立在尊重基础上的惩罚才能教育人、培养人。

首先，惩罚应以"博爱"唤醒"良知"。

没有爱就没有教育，爱是一切教育活动的源泉，也是惩罚的出发点。陶行知先生"四块糖"的故事是教育的典范，在对孩子的四次惩罚和奖励的过程中，一次又一次地体现出一位教育工作者对学生的真爱。由于对学生人格的尊重产生了对学生行为的理解，在对学生理解的基础上发生的教育行为，真正唤醒了孩子对错误的认知。这样的教育故事之所以成为教育的经典，就是因为教育行为的背后饱含的是陶先生对教育工作和对孩子的深刻解读。对孩子发自内心的爱，这种爱博大无边。

其次，惩罚应该以"感动"促动"心灵"。

一位教师因为要兑现违反纪律受到惩罚的诺言，让犯错误的两个学生都闭上眼睛，教鞭沉重地打在桌子上的声音，使两个孩子因为同伴替自己受苦而使内心受到极大的谴责，这样没有伤害到身体，而使学生的内心受到极大震撼的教育行为，是教育者的智慧。

一位老师，当一个屡教不改的学生再一次犯错误时，老师把教鞭交到这个孩子的手里，请他惩罚作为老师的教育失职。让学生打自己的手板，这样的教育行为，是教育者对教育的虔诚。

再次，惩罚应该以"规则"约束"行为"。

魏书生的教育特色是民主，最大的特点就是学生管理学生，由学生自己建立班规，违反哪条哪款该做怎样的处理，都有明文规定，并设立了公安局、检察院，按照法律程序，依法治班，这应该是教育管理的最高境界。教育是"人"的行为，但是人大不过法。法由人定，人自觉守法，自觉执法。

当教育者满怀着对学生的爱，满怀着对孩子成长的期待，满怀着对教育的虔诚，那么，我们手中的戒尺就带上了温度，带上了感动，带上了希望。

在实验小学与护城小学"手拉手献爱心"活动中的发言

尊敬的各位领导、老师、亲爱的同学们：

今天，有机会来到这里，高兴之余激动之余，更多的是感动。坐在这烧着炉子的教室里，我猛然想起一篇高考作文——《坚守》。我感动于你们坚守的意志，感动于你们执着的精神。一位老师感慨地说："仅仅十分钟的行程，却是这么大的差距。"我们发自内心地希望，我们的祖国经济早日腾飞，我们的教育事业早日发展，城乡的距离早日缩小。

说到经验，真的没有什么，无论是"三算"教学，还是九年义务教育，直至新课改，我们都是站在同一个起跑线上。几年的课程改革，我们已经实现了教师角色的转变，从知识的传授者转变为学习活动的组织者、参与者、合作者。但是，怎样创造性地使用教材，怎样才能真正做到"用教材"而不是"教教材"一直是我感到困惑的问题。直到这学期开学，我走进教室上第一节课，我才找到感觉。义务教育教材为我们提供了丰富的教学资源，每节课都创设了生动有趣的情境。为了利用这些情境，我们需要制课件或画挂图，可是，这些条件并不是我们都具备的。很多教师包括我常常为之苦恼。这学期第一节课是《上下》，走进教室，我突发奇想，就利用教室里的资源。我引导学生们观察教室，启发他们用"上""下"说话。学生的潜能真是无限的，他们居然说出：国旗在棚的下面，国旗在黑板的上面。我很惊诧，不经意间，教学目标已经达到，教学难点已经突破，教材设计的《南京长江大桥》就作为作业留给他们了。当一节课轻轻松松下来之后，我终于悟道：这就是专家们所说的创造性地使用教材吧。这才是真正的用教材。对于我们这些被传统的教育方式禁锢的老教师来说，要接受新理念，必须战胜自我，超越自我。

让我们以"手拉手"活动为契机，携起手来共同学习、共同研究、共同进步、共同成长，成为一名学习型的教师，成为一名研究型的教师，成为一名创新型的教师，成为一名快乐型的教师，成为一名幸福型的教师。

班主任培训汇报发言

尊敬的各位领导、各位老师：

大家好！

2008年1月15日，对我来说是一个特殊的日子，经过了层层选拔，我成为黑龙江省中小学班主任高级研修班的一员。坐在市委党校宽敞的会议室内，我很激动。回想一路走来的历程，我的心久久不能平静。在那简单而又短暂答辩的过程中，我已经感觉到了这次培训的与众不同。在与任何一个人都素不相识的情况下，仅仅3分钟的时间，考查的不是记忆力，不是枯燥的理论，而是一名班主任对教育工作的深刻体会和深刻感悟。参加这次研修的有校长、德育校长、德育主任，还有一些中小学班主任，可以说人才济济。整个培训历经六天时间，省教育厅副厅长孟凡杰在开班式上做了重要讲话。孟厅长讲话总的指导思想是：观念决定思想，思路决定出路，思想决定方向。孟厅长讲了三个方面的问题：一是为什么当前强调班主任工作；二是怎样才能当好现在的班主任；三是怎样支持让班主任成为专家型的教师。孟厅长站在世界教育的制高点，对国内外的教育形势做出了深刻的分析，提出了要当好现在的班主任首先要了解自己的教育对象，了解掌握学生的身心特点，从育人的角度去对待教学，最重要的是要有智慧的爱：主要体现在三个方面：一是对学生的尊重，坚持孩子无过错原则；二是体现在细节上，注重问题的捕捉、突发事件的处理以及爱心的积累涌动，使之成为学生成长的动力，让学生感到爱后的幸福；三是教师要智慧地爱，要爱得有效果、有原则。这种原则是合乎规律，能取得效果、达到目的，是爱的可贵之处，是爱的水平、爱的高度。孟厅长的讲话使人如沐春风，真实地感受到教育工作者的责任和义务。接下来的五天时间，我们聆听了广东教育学院中小学教育专家李季教授的讲座。

《做智慧型的班主任——班主任专业成长之路》，北京教育科研研究院，中国班主任个案研究第一人王晓春教授的讲座《问题生的界定和分类以及问题生的诊疗》，北京教育学院心理学硕士迟希新教授的讲座《新时期班主任素养与自我定位》，听取了典型校长、典型教师从校本教研、班级建设以及问题生的转化等方面的经验介绍，参观了阳明小学校园文化建设的现场，晚上在组内进行了互动交流。可以说这六天的学习是充实的、愉快的。正如我在答辩中所说的，我并不希望自己成为一个培训者，而非常渴望自己成为一个被培训者。现在我就把我的收获汇报给大家：

再论班主任的十"心"

一、爱心——民主智慧

李镇西教授说："没有爱就没有教育，而有了爱不等于有了教育。"教师给予学生的爱应该是智慧的爱，魏书生称作民主的爱。有这样一项调查：90%的教师称热爱学生，而90%的学生说感受不到教师的爱，这种施爱错位的现象比比皆是，这说明仅仅有爱，如果不转化为学生认同的方式，达不到目的，仅凭责任感和爱心起不到作用。从学生最喜欢的十一种老师中我们可以找到施爱的感觉：1．麻辣老师：他们时尚、活泼、幽默、喜欢与学生网上沟通；2．严而有度；3．像妈妈；4．实习老师；5．美女；6．风趣幽默；7．有宽容心；8．充满爱心；9．以身作则；10．真才实学；11．帅哥。

二、赏识心——期待激励

李镇西教授认为，教育的方式除了赏识还是赏识。班主任要善于赏识和激励学生，学生独特的特长、取得的一点成绩、付出的努力和善意、对教科书的质疑和对教师的超越，以及智能方式、学习方式都值得我们给予认同、给予激励。赞赏是自我期待、自我激励和自我发展的动力。如果我们转换关注点，我们的期待就会不同，我们的期待不同，态度就会不同，态度不同我们的教育后果就一定不同。

三、学习心——阅读超越

一个人的精神发展史实质上就是一个人的阅读史，一个民族的精神境界，在很大程度上取决于全民族的阅读水平。米缸里米的高度是老鼠的生命高度，厚度决定高度。在每天不断的阅读中，我们会树立为学而教的现代教学观：以学习为教育教学的出发点，以激发学习动机、促进有效学习、提升学习品质为教学目标。在阅读中我们可以寻找优势学习方式：培养学习力（动力、能力、活力、毅力），指导学生学会有效学习，改变学习心智模式。寻找学生优势智能与学习方式，在阅读中我们会转变自己的教育理念，那就是学习方式比学习成绩更重要。

四、了解心——耐心期待

有这样一个教学案例，一位老师在他的课堂上请学生们画出他们心目中的老师，一位小女孩把老师画成了一只蜈蚣，同学们都七嘴八舌，老师很冷静，让小女孩解读一下她的画，小女孩说："老师每天做的事太多了，要上课、批改作业、还要搞卫生、家访，好像有好多好多的手……"这个案例告诉我们，孩子的行为背后，总有他认定的想法，请试着了解他，不要急于批评他。我们在班级工作中太容易下结论，太容易定性。当遇到这一情景，当特别想批评的时候，忍一次，详细了解事情的原因，然后比较自己的心理感受有什么不同。

五、同理心——换位思考

一位妈妈带孩子去商店，可是孩子却不停地哭闹，妈妈不理解，这里这么多好看的东西，孩子哭什么，这时孩子的鞋带开了，当妈妈蹲下身子给孩子系鞋带时，她猛然发现从孩子的角度看到的都是人的腿……发挥同理心是了解孩子的第一步，蹲下身来，站在孩子的立场去看、去想，您才能了解孩子眼中的世界。

六、倾听心——积极关注

在一个幼儿园里，下课了，老师给一个小男孩穿鞋，小男孩说："这双鞋不是我的……"老师赶忙脱下已经穿好的一只鞋，小男孩接着说："是我哥哥穿不了才给我的。"这个案例告诉我们要以耐心的态度、关注的神情积极倾听，让孩子有完整表达的机会，并同时给予温馨的回应。

七、快乐心——苦乐同乐

在生活中，搞平衡，往往是以牺牲自己为代价的，一位班主任的情绪、情感、人生观、价值感往往影响着他所有的学生，要让学生快乐着你的快乐，幸福着你的幸福，我们必须学会调整自己的心态，做到：静中静非真静动处静得来才是性天之真静，乐处乐非真乐苦中乐得来才是心体之真机。班主任的快乐法则：1. 目标驱动；2. 横向比较；3. 适时遗忘；4. 入世融通；5. 责任分解；6. 学会放弃。风来疏竹，风过而竹不留声，雁度寒潭，雁去而潭不留影。做君子事来心始见，事去而心随空。生命是一个过程，体会快乐，感悟快乐，拥有快乐，给人快乐，享受快乐，这才是人生的真谛。

八、责任心——贵在坚持

一名班主任，在自己的岗位上，一干就是十几年甚至几十年，他们对这份事业由好奇到了解直至眷恋。有很多班主任一放寒暑假就患病，那是因为在日常工作中，他们总是绷得紧紧的，总是有一种责任和压力在心头。做班主任是一份良心活，特别是小学的班主任，像老黄牛一样，每一天都在勤勤恳恳、默默无闻地耕耘着，早晨要提前半小时到校搞卫生，上完课还要在课间和学生活动在一起，晚上要把最后一个学生送走才能急急忙忙回家做饭，而备课、批改作业等大量的工作都要带到家里，贪黑起早，有的老师为了不在工作期间手忙脚乱，在假期里就写完了教案。因为他们心里装着学生，因为小学生的教育既艰巨又复杂。品德教育、习惯养成、思维品质、节俭意识、认真态度、感恩之心……这就是塑造灵魂的工程。要关注细节，要尊重人格，要了解孩子的特点，每天有说不完的话，每天要和"小皇帝"们斗智斗勇，有时候还要面对不解和误解，不断调整自己，因为你选择了班主任的同时也选择了责任、选择了奉献。

九、创造心——超越自我

很多从事班主任工作多年的人，往往都固守着自己一成不变的理念和方式，而这恰恰是这次班主任培训需要解决的问题，你的爱不被学生认同，你的做法不被学生理解，原因是现在的时代不是过去的时代，现在的学生不是过去的学生。时代在变，我们的观念必须改变。新时期班主任的定位：1. 知识传授者；2. 终身学习者；3. 主动探究者；4. 有效沟通者；5. 积极助人者；6. 健康人格的塑造者。班主任角色的流变：teacher–（通识的，面向群体的以传授知识为目的）—tutor（个性化的，针对个人的，以因材施教为宗旨的）—mentor（引领的，促进全面发展，培养健康完善人格）。班主任的路径：蜘蛛（从自己的目标抽丝）—蚂蚁（见什么搬什么）——蜜蜂（辛勤创造）。班主任工作策略的变革：变强制灌输为积极引领，变理论说教为行动影响，变强权命令为心理影响。

十、自信心——教育无罪

作为一名班主任，有时会遇到素质不高的家长，他们以溺爱、纵容为教育手段，这样的孩子目中无人、为所欲为，面对这样的孩子，我有时在与家长沟通时退缩，但是一份责任却沉甸甸地压在心头，于是我便采取同理的方式，站在让这样的家长能够理解的角度，与他沟通，没想到真有效果，在我放下电话十分钟后，这个孩子用他家长的手机给我打来电话，一再保证以后再也不随便打人了，虽然他已经在我面前保证了很多次，也不敢保证他能不能做到，但我很有成就感，终于能与这样的家长沟通了。有了爱和责任，就有了正义，采取正当的方法，我们应该相信真爱无过。

我很欣赏黑龙江省教育学院综合教研室中小学德育研究室王慧婷老师的话：创新的前景是美好的，自我的修炼是终身的。让我们共同走在全省班主任研修的路上，让我们共同走在班主任成长的路上，让我们共同走在快乐的人生路上。

行动案例——善行与感恩

2008.7.5　20∶43

又一次回到了一年级，第一学期，充分感受着小天使们的天真和可爱。每一天每一个孩子的言行举止都让人感到，人性的率真和美好。张馨怡在上间操的时候，自己偷偷回到教室，等到大家回来，她又做起了眼部运动，无论谁叫她，她都不搭理，眼睛无神地按照一定的节律转着，把我吓坏了，以为进来了坏人吓着了她，忙给她的妈妈打电话，她妈妈来了，看到孩子的模样，长长地出了一口气，告诉我："孩子在做护眼操。"我才放下一颗悬着的心。看来这孩子是个难题了。老师说什么她也不听，从来不和其他学生拉手，站队总是自己躲到最后。小贾琪上课就知道玩儿，什么也不学，当有一天，她肚子疼，我抱了她一会儿之后，她竟然变了，上课发言，作业也认真多了。

在劳累和忙碌中度过了第一个学期，第二学期开始了。我照例每天早早地到校打扫卫生，可是我发现，不管哪位同学来了，都坐到自己的位置上，而且，我告诉他们去扫扫地，也没有人动。这些孩子怎么了？我反思自己，终于明白，是我已经干习惯了。于是，我确定这学期的教育主题就是善行与感恩。

第一步：我设计了一棵没有树叶的大树，准备了许多树叶，如果在家里帮助爸爸妈妈或其他人做事，就由爸爸妈妈在树叶上写上做的事，孩子自己写上自己的名字，贴在班级的树枝上。如果在学校帮助老师或同学做事，就由老师写上，贴在善行树上。

第二步：在汶川地震中，小朗铮给解放军叔叔敬礼的照片感动了许多人，我把这张照片打印出来，贴在班级的墙上，请同学讲他的故事，讲自己的感受。

学生们变了，当每个孩子走进教室的时候，他们会很快地放下书包，找到自己的一份工作，而且垃圾有人倒了，废纸有人收了。

第三步：每人贴一棵小善行树，自己在自己的小树上展现感恩的成果。自己写上自己做的事和自己的名字。

经过一个学期的实践，完成了感恩教育的目标，学生由被动为主动，由他律为自律，在他们幼小的心灵中播下了关怀、感恩和互助的种子，当这学期的最后一天，他们把那一棵棵长满绿叶的小树捧回家的时候，绿树映衬着张张笑脸。张馨怡已经融入了集体，柴梓也不打闹了，再也接不到家长告状的电话了。

这项行动，是去年寒假培训给我的启示，从中我深刻地感到，教育要关注细节，教育要从小事做起，教育要有持之以恒的态度。

班主任之歌

2008.11.8

从事教学工作二十年，同时也从事了二十年的班主任工作。二十年来，一直以教学工作为主，一直觉得所有的班级工作都是为了教学工作服务的。因此，在工作中更多地关注了学生的行为结果，忽略了学生行为的生成过程；更多地关注了整体划一，而忽略了孩子的天性和养成；过多地关注了工作的效果，而忽略了关注每一个孩子的个性生成过程。因此，工作中，对班主任工作的感受，就是一个字：累。

看过每一场电影或电视剧，总有一首贯穿始终的扣人心弦的主题曲，让人在词与曲中一次又一次感受故事的情节，感悟人生的悲欢离合。事实上，我们的一生，无论做什么，都是一场戏，这出戏的主题曲由我们自己在演奏。从事了二十年的班主任工作，我现在深深地感受到，在不同的时期，我在扮演着不同的角色，也演奏着不同的旋律。而恰恰是这多彩的节奏构成了一个班主任鲜活的成长史和工作史。

一、懵懵懂懂，激昂的青春，最大的奉献

到了这个年纪，我真的很感慨，无数的人赞美青春，那是因为青春的无穷力量是任何时候都比不了的。那时候，不懂什么是班主任工作，也不知道该怎样做班主任，但是，那时却有一股向上的热情，不可阻挡。于是，毫无顾忌地拼命学，不打招呼就去听老教师的课，不用考虑其他直接就向老教师求教。每一天、每一节课都能悄悄地在教室的后门观察学生科任课的表现，每节的课间，都能站在窗前看到学生们的活动，由于观察到位，总是能对学生提出明确要求，久而久之，学生们能够做到，铃声一响，几秒钟之内，队伍站得整整齐齐，受到了学校领导和老师的一致好评。在全校队列比赛中，以整齐划一的表现获得冠军。班级的学习成绩也以高于第二名5分名列前茅。如果为这段工作谱曲的话，应该是激昂的、亢奋的，也是自豪的。

二、持之以恒，黄牛的精神，无私的奉献

随着这届学生的毕业，我仍然用自认为学到的班主任工作方式去工作，满以为应该得心应手，可是，由于年龄的增长，加之学生状况的变化，十年下来，虽然我的工作业绩显赫，但是有两个感觉越来越强烈：一个是"累"，一个是"倦"。可以说，每一天，从早到晚，跟踪观察、解决问题、说教明理、表扬鼓励。学困生、品行差的学生、单亲子女问题等等，我觉得自己就和一头老黄牛一样，机械地、周而复始地做着永远也做不完的工作，而且每天都觉得没有做完，每一天，都在耗着自己的心血。可以说，这一时期的工作是辛苦的、低沉的、甚至是乏味的。

三、更新观念，破茧的精神，无穷的乐趣

当我走进全省骨干班主任高级研修班，经过两次一个月的培训，听了全国著名教育家、著名班主任的讲座，我一下子明白了，班主任是什么？它是一门艺术。要由苦干型的班主任转化为智慧型的班主任、幸福型的班主任。换一种心态，换一个角度，换一个方式，换一种思维，一切都是全新的。特别是看到一篇文章《班主任的四个境界》，文章中说：第一个境界是班主任自己管，第二个境界是班干部管，第三个境界是班级公约管，第四个境界是心灵公约管。我看到这篇文章一下子豁然开朗，之所以觉得累，是因为思维没有打开，只有思想的改变，才有行为的变化。

我开始调整自己多年不变的模式，首先，根据二年级学生的特点，以问题的形式建立了班级公约共十三条：1. 你今天帮助别人了吗？2. 你今天按时到校了吗？3. 你今天认真完成作业了吗？4. 你今天每次站队都迅速整齐吗？5. 你今天每节课间都及时到操场做有益活动吗？6. 你今天桌堂和地面都保持干净吗？7. 你今天上课积极发言了吗？8. 你今天得到老师的表扬了吗？9. 你今天快乐吗？同时，建立了小干部责任制，并且对小干部进行了岗前培训。这样进行之后，我最大的感受是：轻松快乐。我再也不用到教室偷看，也不用课间观察，而违反纪律的人数却大大减少，我坚持做的就是每天早晨带领全班学一遍心灵公约，隔几天请学生们对照心灵公约评价一下自己，我已经丝毫体会不到班级管理工作的"累"，取而代之的却是不尽的快乐。当每天进行放学三部曲后，看到教室里整齐的桌椅，看到一张张椅子整齐地放进桌堂下，看到一个个整洁的桌堂，我很欣慰；每一节课间，看到教室里桌面干干净净，桌子整整齐齐，我很欣慰；每节课前，听到悦耳的歌声，我很欣慰；每天检查作业，看到越来越多的学生按程序进行，我很欣慰；每天早晨和中午，看到孩子们有序打扫、交作业、自觉晨读，我很欣慰。这是齐大辉教授"五子登科"的启示，这是"细节决定命运"的启示。我有闲暇组织他们进行跳绳比赛、英文朗读比赛，真是其乐无穷。如果为这段经历演奏，那是深沉的、宁静的、甜美的、又意味深长的。

我不能不感慨，人生的意义是什么呢？归根到底，是一个人的思想，而思想的变化来源于学习。

收　获

2008.11.8　09：58

参加了两期的班主任培训，我由开始的兴奋、激动慢慢转向沉思、凝重。两个月的咀嚼、消化和实践中的感悟与反思，让我对班主任、对教学、对人生有了全新的认识。正像在遴选答辩时所说的，我并不希望成为培训者，但是，我真地渴望成为被培训者。万玮老师的洒脱，齐大辉老师的深沉，哈尔滨实验中学德育校长的真挚，王晓春老师的淡然，在培训中让我流下了感动的泪水。世上真有这样一群为教育而生、为孩子而生的人，我曾经为自己的傻而遗憾，可是认识了他们，我懂得了自己生存的真正意义，那就是做自己喜欢的。两个月，我在沉思中感悟，在宁静中思索，我不断地在日记中记载着我的感受，我觉得自己活得很丰富、很自信、很充实，从未有过的自信。感谢这次培训，我真的好希望自己能有更多的机会聆听更多专家的声音，也许不可能了，但是我很满足。在每位专家的讲座中都有做人的内容，其实教育的本质就在于教人做人，同时也是让自己学会更好地做人。

一堂公开课的启示

2009.9.12

从9月1日到9月8日，因为送去南方上学的孩子，我请了8天的假，9日到11日上了三天的课，很明显地感到孩子们的状态大不如前，课堂上紧张而活跃的状态没有了，取而代之的是懒散，我的一句话要重复几遍，还是有人不听；练习时书写的速度没有了，一道笔算万以内的加法原来2分钟全班都做完，现在要6分钟、甚至有人达到8分钟。师生间互动的效果减弱了，很多人对我的思路不像以前反应的那样灵敏。特别是各科课堂上，随便说话的多了。诸多的表现，让我感到学生习惯的培养、人格的塑造真的是一个长期而又系统的工程。就在这样的情况下，校长通知我15日要为"城乡手拉手"活动出示一节公开课，去掉双休日只剩周一一天的时间，学生的这种状态，让并不害怕听课的我有些担忧。

本打算利用周一进行有效地激发和训练，可是，周一我却作为评定中高和小高职称的评委进行了整整一天的工作，一节课也没有上。没有办法，放学前我请其他老师帮我把我要讲的知识留给学生们预习。

第二天，我到校后对孩子们进行了一番鼓励和动员，就全体带入了大会议室。各乡的老师已经到位了。

这是我教这个班学生以来第一次在这个会议室上课，我意识到应该点化他们一点什么。于是，在上课之前，我说："我们是第一次来到学校的大会议室上课，我想考考同学们，刚才在走进会议室的时候，你发现这里有什么不同，但是游戏规则是现在不能再看了？"

果然有几个人举手"这里比我们的教室大""这里有电扇""这里不许吸烟""这里有很多人"。我注意到，先后共有12人发言，我说："你们知道老师刚才考查的是你们的什么能力吗？"有人说："观察能力。"我说："说对了，能够发现别人没有发现的，这叫作思想，我很高兴看到我们班有这么多有思想的人，并且希望有思想的人越来越多。"

上课伊始，我说："昨天老师已经布置大家预习，大家预习了吗？"同学们的小手都举了起来，我说："同学们的好学精神真让老师感动，那么，谁能说说，你是怎样理解预习的？"学生们开始七嘴八舌发表意见了。有的说："把没学的知识先看看。"有的说："先说说。"有的说："先做做。"有的说："先想想。"我把"看、说、想、做"板书到黑板上。接着检查预习的效果，请学生独立完成预习题目，507-389=？我在巡视的时候，发现有几名同学这样做的：

$$
\begin{array}{r}
507 \\
-389 \\
\hline
128
\end{array}
$$

我请这名学生把他的计算过程板书到黑板上，在这名学生写到十位上的结果时，南面一组的学生发出了笑声，在平时的课堂上没有这种现象，我分析他们笑的原因有两个：一是都预习了，书上写得明明白白，还做错了；二是这么多人听课，还出错。当这名同学写完后，我和对待前几位板书的同学一样，让大家为他的勇敢报以热烈的掌声。我看到了有些同学疑惑的眼神。当我说："下面老师想来评价一件事。"同学们几乎异口同声地说："这道题错了。"我说："我现在不想评价这道题，我想分析一下刚才同学们的表现。"有的学生明白了，"刚才有的同学笑了。"我说：

"世间最美的笑是怎样的笑？"大家说："微笑。""那刚才同学的笑是什么样的笑？"大家一起说："嘲笑。""你们好好想想，应该吗？"我发现，那几个学生已经低下了头。我说："其实我们每个人都是在不断地犯错误之后成长起来的，我们应该给周围的人犯错误的机会，也给他们改正错误的机会。大家想想，我们应该怎么办？"有人说："帮他找出错误。"而为这个错误引发的讨论，恰恰是这节课的难点，连续退位减法中间有0的情况，由于每一个学生都产生了帮助别人的积极欲望，所以他们对这个问题分析得异常透彻，讲得特别明白。

在学生透彻分析后，我又做了这样的引导，大家已经预习了，今天课堂上的状况，你觉得你的预习做得怎么样？学生说："没预习好。"

"光看不行。"我说："还要怎么样呢？"学生们说："要想。"我趁机问："思考什么呢？"学生们思维活跃起来了，有的说："思考算法。"有人说："想为什么这样做。"有人说："要找到这个知识与以前所学知识的不同。"我说："这就是说，我们在预习的时候也要有什么呢？"真有机灵的，他们说："要有思想。"

启示：

1. 这节课，题的容量并不大，仅做了2道题，我回到班级进行了测试，5道题，60人，有50人满分，错一道的7人，错两道的3人，抄错题的1人。我意识到，一节课的效率并不在于结构的完整，也不在于容量的大小，而在于它的实效性。

2. 如果是以前的课堂，为了完成教学任务，学生的笑，会当场制止或课下处理，而我这样处理完全是因为我的教育理念变了。"育人为本，德育为先"应该是这样的体现，教育的第三个境界"教心态"应该这样来解读。而且，测试证明，这种做法不但没有影响课堂的效果，反而提高了课堂的效率。

3. 把"思想"一词引入课堂，从课前的观察到预习的方法，我渗透的是让学生主动发现事物的差异，进而找到解决问题的方法，数学教学归根结底是一种数学思想、数学理念的教育，也是做人的品质、做事的习惯的教育。其终极目标是育人，也是育心。

幸福的感悟

2009.1.29

今天，我去探望一位十多年前的老邻居——一位饱经沧桑的老人。恰巧今天是她的生日，儿女们为她摆了一桌丰盛的生日宴。席间大家说了很多祝福的话，当儿子提议和母亲喝一口时，母亲说了一句："咱俩还用吗？"我蓦然感到，人的一生不管活到什么岁数，有母亲就是幸福。当春节到了，不管有钱没钱，你会不惜一切代价回到她的身边；当你遇到挫折时，你的心里会有一股力量，那是因为你知道一定有母亲的担心；当你承受着巨大痛苦的时候，她会用她柔软而坚实的手抚摩着你的头，告诉你：一切都会过去。

母爱是伟大的，更是神圣的，这是一位集中国优秀美德于一身的普通而又平凡的伟大的母亲。她的一生所经历的是常人难以承受的。她二十几岁嫁给了离开人世却抛下一个女儿的姐姐的丈夫。本来生活很美满，她用自己仁慈善良的情怀关爱着外甥女，抚育着自己的一双儿女。可是在她38岁的时候，丈夫却又撒手而去了。她凭着顽强的毅力支撑着这个家。终于大女儿结婚了，就住在她家院里的房子里。一家人过得很舒心。可是，几年后，大女儿却喝药死了。老人还没有从悲痛中走出来，可爱的外孙子也因得了白血病离开了人世。这是怎样的打击啊？令人高兴的是小女儿工作了结婚了，儿子考上了大学。母亲把所有的心思都用在儿子身上，就在儿子快毕业时，她很高兴。认为可以松口气了，可是儿子却决定考研，他没说什么，就用自己每月49元的退休费，简直就是不吃不用，把儿子供了下来。

如今，儿子已经是博士了，在儿子和母亲碰杯的一瞬间，我感到儿子已经读懂了母亲。整整守了30年啊！如今白发苍苍的老人，还是那样安详，但是我却真真切切地感受到，这是一种精神——坚忍，这是一种心态——豁达，这是一种享受——幸福。

爱的奉献

2010.9.19

早在很多年之前，韦唯的一曲《爱的奉献》唱遍了大江南北，作为那个时代的年轻人，每一次听到这首歌的旋律，都会被深深地感染、被打动，即使时光流逝，这种情怀却丝毫没有改变，而且随着阅历的增长，更加用心去感受每一个音符，用心去捕捉作者和演唱者心灵的震颤。

当我们渐渐长大，当我们有了儿女，我们懂得了父母对我们爱的奉献；当我们的孩子渐渐长大，我们更加读懂了为人父、为人母对儿女爱的奉献；这种带着亲情的爱，我们都是很容易读懂的。可是三年来，从这个班级的家长身上，我却深深地读懂了另一种爱的奉献。

记得一年级的第一次家长会，一宁的爷爷在会上就以他那豁达的态度，张罗着成立家长委员会，为班级张罗一些事情。当时，我感到很意外，因为这样的事在我20多年的教育生涯中还是第一次遇到，意外的同时也想到，也许这只是一时的热情。接着，家长委员会又为班级做了窗帘，接下来的两年中，一宁的爷爷、明泽的奶奶，每学期开学总是非常及时地打来电话，"是不是要搞卫生了？"并且总是带着家政亲自参加劳动，每学期开学从主校往分校运书、运本，每一次换季的大扫除，甚至每次到主校升旗，他们都帮着往回带学生。特别是去年冬天扫雪的事，我本来想我们两位老师带领学生们扫就行了，可是，那一天的上午，一宁的爷爷却带着扫雪的人来了，无论我怎么说，他却坚持，孩子们太小，怕累坏了，他说，哪怕他一个人出钱，也不能让孩子们太辛苦。我当时也无话可说，就这样，一年多的时间，他为班级的活动花了近两千元。

暑假的时候，我听说孙老师做了心脏手术，我的心里很难过，一直惦记着。因为自己的身体也在调整阶段，所以想等自己好一些再去探望这位好心的老人。可是，让人感动的是，开学第一天明泽的奶奶就打来电话，她说孙老师打电话给她，让她帮助班级解决开学初的一些事情，听到这些，我们两位老师和马明泽的奶奶都很感动。

前一段时间，我们终于和明泽的奶奶一起来到了孙老师家，听到孙老师的病情，我们都很感动，他到北京的时候，医院已经下了病危通知，可以说他是从生命线上挣扎过来的，看着从腿上截下静脉留下的疤痕，想到心脏搭桥的风险，我的心里一阵的感伤，人和人真的应该好好珍惜我们在一起的缘分，想到孙老师在那样的情况下，还在想着班级的事情，我和小康说："这是一份让人难以相信却又是那样真实而又纯朴的爱。"他爱他的孙女，他更爱60个孩子，爱我们这个班级。这份爱如此博大、如此深厚，以至于家长会之后全班都为他捐款，这点钱对于他实在不算什么，但是，这却证明每一个人内心深处都有一份真实的、善良的、永远都不会改变的情感，那就是爱和懂得爱，付出爱和得到爱。

再一次听《爱的奉献》，我的眼前出现我的父母、我的孩子、我的学生、我的朋友，还有这些家长们……

在四年级第一学期期初家长会上的发言

2010.9.1

尊敬的各位家长：

今天这次家长会，是在上次家长会之后一年的时间召开的，相信大家会珍惜这次家校沟通的机会，为孩子的健康成长尽我们的一份心、一份力。

首先，让我介绍一下语文老师，虽然她已经和学生们在一起几个月了，但是和全体家长见面还是第一次，校长的意思是希望我们这些老班主任很好地宣传新老师，我不想说更多的，只想说三句话，看到康老师的字，你会感觉到这位老师深厚的语文素养；看到她每一天精心批改的作业，你会感觉到康老师对工作精益求精的态度；相信在未来的日子，也许一年、两年，也许十年，我们会见证一位优秀的语文老师、一位优秀的班主任的成长历程。下面请康老师讲话。

下面请优秀学生汇报表演。首先汇报的是口算。十道口算题写在黑板上，请四名同学叙述这十道题的口算过程。我想，大家一定感到很疑惑，有那么多口算厉害的同学，为什么今天就选了这四位？我已经和学生们解释过了，昨天在留作业的时候，我并没有强调说三遍，结果今天在我检查的时候，只有这四位同学干脆利落地说出来了，而其他的人认为我没有强调，就可以不做了。他们不懂得我们坚持了3年的事情，应该已经成为一种习惯，就像每天早上刷牙洗脸一样，不需要别人去督促，而是习以为常的事情。我选择了这四名同学，事实上是选择了他们良好的习惯和坚持的精神。口算的训练，相信细心的家长已经了解，我采取的是叙述式口算的方式，每天的题量就是十道，升入四年级之前是每天由我出题，这学期开始我请学生们轮流出题，今天黑板上的口算就是小其同学出的，可以看到她出的很有水平，有加减有乘除，有整数运算也有小数运算，那么，每天的训练如何能达到这种程度呢？那就是要了解自己的程度，程度好的少说几遍，程度不好的多说几遍，这样训练的好处有四点：一是训练了孩子的表达力；二是训练了孩子的注意力，在说每道题的过程中，如果稍有溜号，就会停顿说不下去；三是训练了孩子的记忆力，前一步的得数需要在大脑中储存，如果信息丢失将无法进行；四是训练孩子的思维力，不知大家注意没有，刚才每位孩子的算法不同，但是，他们的表述却让我们明白他的运算方法和过程，能够让别人明白，这对于小学生来说，是一种思考力和表达力的飞跃。

接下来进行优秀阅读汇报，（默池复述文章内容，解释我问到的"炫耀"的含义，她有些紧张，闷了一会儿，但这更表现出真实的过程，并说出了故事蕴含的道理）用口算和阅读的展示，就是想让大家明白一个道理：那就是每天挖一口井，记得有一年的高考作文就是这样的三个画面，第一个人挖井，挖了几锹就放弃了；第二个人比第一个人挖得深一些，也放弃了；第三个人在还有一点点就见到水的时候也放弃了；只有第四个人，最后挖到了水。我认为，前三个人的结果都是一样的，有很多时候，只要我们稍加坚持就成功了，而在这种困难的时期很多人选择了放弃。如果日复一日、年复一年地坚持下去，相信每一个孩子都会找到水，这些水会汇成一股源源不断的喷泉，使孩子受益终生。

　　"习惯决定命运"我相信这句话。说到这里，我想到有的家长总是说孩子写作业的时候不投入，一会儿干这个，一会儿干那个。咱们班的学生是我这二十几年来所教的学生中素质最好的一批，表现在，在我的课堂上，不管提出怎样难的问题，孩子们从来没有把我晾在那里，我常常为他们的卓越表现而激动不已。这样优秀的一批孩子，源于你们这样一批优秀的家长，你们是这样的家长，期待孩子成为那样是不可能的。孩子优秀的品质是你们给予的，那么想想孩子的不良习惯是不是也受到你们的影响呢？回想一下，在孩子写作业的过程中你有没有问这问那，有没有一会儿送这个一会儿送那个？有没有因为一点小事就随意改变孩子的作息时间。这样做的后果就是导致孩子的不专注，久而久之就养成了坏习惯。

　　下面再说一个话题，就是自立。昨天发生一件让我非常感动的事情，几个数学组长体育课在班级帮我处理一些事情，婧媛问我："老师，拖地吗？"我一下子没有反应过来，过了好久，我才想起下节课是阅读，不允许搞卫生，于是我让这四个柔弱的女生和我一起拖地，没想到她们干得不但彻底而且相当迅速。我不禁想到，我们那么多的男孩子，连扫地都是在玩，自己的桌堂、地面都不收拾，过去我们在每天搞卫生的时候总是挑选我们印象中的男生，结果会干得越来越好，不会干的一点儿不会。所以这学期，每个人都有自己的职责，自己完成自己分内的事。记得上学期我坚持了一学期的做人之本，鼓励学生在家里做一些力所能及的事，有一些学生在家长的配合下坚持了，有很多家长没有领悟这项活动的内涵，而恰恰是在这项活动之后，在孩子坚持每天洗袜子、刷碗、为父母端洗脚水的过程中，促进了孩子行动力、思考力的发展。这是心智的成长。所以，我想奉劝那些撒不开手的家长，请让你的孩子自己上一次学，让他自己整理一次书包，他能做的事让他自己去做，他不能做的事让他尝试去做，他做不到的事帮他去做，在做每件事的过程中，都会促进他大脑的思考，都会使他积累丰富的生活经验，而这恰恰是和学习相辅相成的。试想，你现在帮他做，你能永远帮他做吗？你有事请爷爷奶奶照顾，如果有一天没有人帮你怎么办。所以，让孩子自立吧，这样即使我们抽不开身，我们也不用担心。不要还是把他们看成小孩子，再有两年他们就要步入青年人的行列，他们的个子在长，他们内在的积淀和丰富尤其重要。

不要眼睛只盯着分数，仔细想一想，全市这届三千多人，升入重点中学的概率是多少？考上一中的概率是多少？全省2万考生进入重点大学的几率是多少？全国几十万同龄人毕业后能找到好工作的概率是多少？能够幸福一生的概率又是多少？把眼光放远一些吧，学会做人是第一位的，先考虑他能不能承担起一个家庭的责任，先考虑他即使在一个小公司能不能承担起自己的那份工作。

请大家记得：成长比分数重要。

让每一个学生都灵动起来

教师的育人工作有两条途径，一条是课堂教学，育人工作渗透在各个学科的知识体系当中。另一条就是班主任工作。如何使自己的班主任工作杂而不乱、繁而有序。这不仅仅是工作的责任心问题，更是班主任的工作艺术问题。作为一名班主任，仅仅有爱是不够的，还要有因爱而学习思考，把对学生深切的爱、对教育事业执着的爱幻化为科学有效的方法和润物无声的技艺。作为一名班主任，如何让班主任工作达到育人的目的，首先应该尊重每一个学生，把每个学生看成能动的、有思想、有能力，特别能打仗，特别能打硬仗，能和自己携手并肩完成班级工作的灵动的人。怀有这种教育情怀的班主任，能让一个班级充满生机和活力。让每个孩子由内而外地动起来。

在几十年的育人工作中，我深刻地体会到，一个优良的班集体，不是管出来的，而是用出来的。只有每个孩子都发挥各自的能动作用，孩子才能真正成为自己的主人，成为班级的主人，一个班级才不会只是两个班主任的班级，而是62个人的班级。

育人的过程也是培养人的过程。一个老师如果只会教书，那么不能称之为好老师。一位好老师应该能够唤醒每个孩子内在的能量，使每个孩子的潜能充分发挥出来，成为班级的管理者、组织者。

在我所教的班级，设有各种职能的班长，纪律班长主管早午自习及课间放学秩序。卫生班长分室内卫生班长、走廊卫生班长、清扫区卫生班长、室外清扫区卫生班长。各区域卫生班长选定后，各区域班长根据自己各自任务挑选自己的组员，班长给各自组员分工，从教室每组地面的清理、每排桌子的摆放到每个窗台每面墙壁，从浇花到擦黑板，从卫生角到图书角，从走廊的地面到墙壁窗户，从清扫区的楼梯到平台，从室外清扫区的每一棵树到每一个花池子，以至于清扫物品的整理摆放，每个人清扫的区域固定，清扫时间固定，清扫效果明确。这样，每天的卫生工作秩序井然，井井有条。学习班长有10人，每名班长负责6个同学，并且座位安排在小组的中间，负责每天收作业、收卷子，了解作业完成的基本情况。由于自己还担任科学课教学，还从各小组选出10位科学班长，每天抽查每位同学科学的背诵情况。这样精准细致的分工，使班级的每一项工作都没有死角，而且每位同学都承担了一份责任，每一项工作都有人监督和管理，班级工作就像一台机器，在每一位同学的努力下，每天都按照固定的程序运转着。对于每一位学生来说，原来思想中的被动意识完全变成了主动承担。孩子们从听从指挥的状态中解脱出来，变得越来越有责任感，越来越有担当。

小学阶段最重要的不是知识，而是习惯，良好的习惯可以使孩子们受用终生。我一直坚持培养我所教的学生的自理能力，整理书包、整理桌堂、整理衣物的能力。教他们把同一学科的书本放在一起，教他们每天把不同学科的作业夹在各自学科书里，教他们桌堂摆放外侧放书本，大在下，小在上，里侧放体育用品。教他们桌旁粘粘钩，挂上垃圾袋，有垃圾随手放在袋子里。为了培养学生的习惯，教师的表率作用至关重要。我坚持每周五下午第二节课间用大袋子收垃圾，每周这个时间串座。我的坚持带动了孩子们的坚持，久而久之，习惯成自然，即使我不在，孩子们也能在这个时间自觉收垃圾、自觉串座。就是我每天课前测试的习惯，班长也会在我没及时赶到的情况下布置完成。特别让我感动的是，在我没上班的时候，班长按照我布置作业的习惯留了作业。

在上一届五年的教学中，为了让孩子养成每天梳理总结所学知识的习惯，我引导学生坚持五年，每天课后写一篇数学日记，凭借自己对课堂学习情况的理解，概括出当天学习知识的主要内容，有时阐述知识形成的过程，有时举例子剖析，对知识进行有效的回顾和反思。

每一届学生从三年级开始，我都训练学生利用好演草纸，为了帮助孩子养成认真分析、计算、检验的习惯，我每天都让孩子们把演草纸订在作业后面，不仅如此，在课堂上不厌其烦地训练孩子做到哪里该用草纸，到演草纸上写什么。一天、两天、三天，一个月、两个月、三个月、一年、两年、三年。久而久之，习惯成自然。

一位好老师应该既当"经师"又当"人师"，教给学生的知识，学生总有一天会忘记，教给孩子做人的道理，做事的习惯，是学生终身受益的财富。教师首先应该有正直无私的人品，有发展的眼光，有对孩子终身负责的愿望。从尊重每一个学生开始，从良好的习惯开始，只有这样，每个孩子灵动的生命才会弹奏出美妙的旋律。

一堂别开生面的班会课

班会主题：学生校外行为教育

案例：某周日一所小学的两名学生和某中学的学生等七人在校外一起玩耍的过程中发生争执，发生了打架斗殴事件，众人将一名中学生打倒在地，并对其拳打脚踢，造成该中学生头部被打伤，胸部软组织挫伤的伤害事故。事发后家长报了案，派出所调查后找到当事人的家长，责成家长对子女进行教育并对受害人进行了经济赔偿。

以上是这次班队会的材料，这个材料中所说的是前一段发生的一个真实事件，学校要求根据这一案例对学生进行安全教育。

我今天第一节课给60名学生按照组间同质、组内异质的原则划分了10个小组，并且在分组后把自己记在问题积累本上的上一段学习中存在的问题进行了组内学习，结果把组内解决不了的问题汇报出来，由提出问题的学生选择解决办法，老师为他们做出讲解，有问题的学生也通过自己的说明让大家了解到他们真正明白了，虽然还有问题还有学生没有明白，但是我特别高兴，因为仅仅一节课孩子们就这样轻而易举地理解并解读了我的教育思想，可见，自己以往的教育观念是正确的，没有走一点弯路。今天的"拔节"是理念的柳暗花明，是思想的曲径通幽，是方法的得心应手，是一个跨越，更是教育境界的真正升华！

从绥棱回来，思想一直活跃着，像音符一样跳动着，有很多的想法有的转瞬间就找不回来了，有很多对过去的教育的思考，总之，像一位老师所说的，现在还不晚。如果说对于班主任培训中一些问题的茫然和无从做起，现在一切都在一瞬间顿悟并清晰。

昨天发到群里的班歌、班规《我们的约定》《相信我我能行》，今天一大早佳琳就在楼门口打印了60份材料并送到我的手上，那一刹那，我意外、惊诧，我也有隐隐的遗憾，老师的思想转得太慢了。所以我只争朝夕，在晨会后就把班歌送到音乐老师手里，请他帮助谱曲。我不想再对这群热情的孩子有遗憾。

于是，当看到这份班会的材料的时候，我的大脑一直在转动，我想到了班会的主题《安全责任教养》。以往的班会都是念材料、讨论、发言，十几分钟就没什么可做了，可是今天，我想看看这种小组学习的情况，我读了材料后，依次抛出了几个问题，每个问题抛出后，都在小组内讨论。并分别由每个小组的1、2、3、4、5、6号总结发言，第一个问题的发言便让我震惊，直到最后，我已经抑制不住自己的激动，"教学相长"这些个小脑瓜，可是真了不起。

第一个问题：如果这里有一位是实验小学的学生，会给学校带来什么样的影响？

第一小组汇报：会影响学校的脸面。

第二小组汇报：会影响学校的名声。

第三小组汇报：会影响学校的知名度。

第二个问题：设想一下，这样的孩子发展下去会怎么样？

汇报之一：如果不改正，会导致犯罪。

汇报之二：会越来越恶劣。

汇报之三：会得到应有的惩罚。

汇报之四：会对社会造成危害。

第三个问题：如果这个孩子就在你身边，你会怎么办？

汇报之一：我们会帮助他，如果不接受帮助就远离他。

第四个问题：怎样帮助他？

劝说；讲做人的道理；告诉他会造成什么样的后果；从自己做起，用自己的行为影响他。

第五个问题：问题产生的根源是什么？

家长管教不严；人之初、性本善，每个孩子生下来都是善良的，父母过分的溺爱导致这样；过分的爱对受爱者来说是伤害；缺乏家庭教育；小时候犯了这样的错，父母置之不理，邪恶的种子长大了；和坏人打交道；从小冲动（我追问：为什么冲动？因为心胸狭窄、自私）；报复心理；没有自制力。

第六个问题：那么我们需要有哪些教养呢？

宽阔的胸怀；自觉的行动；尊重的美德；礼让；尊老爱幼；助人；谦虚；文明；我引申的是，只有有教养的人才会真正承担起属于自己的那份责任，做学生的责任，做儿女的责任，做公民的责任，只有有了这样的一份份责任，才会做一个对社会有益的人。

第七个问题：班级里哪些人有不良的行为？如果你自己认为有，自己把自己的不良行为写在黑板上，然后向这些行为默哀，如果有信心改正就把不良行为擦下去。

这后来的所有程序都是受到孩子们的感染而突发奇想，记得一本书中描写孩子们向错误告别时那种严肃、沉重。可是在这几个孩子的脸上我却看到了笑，是今天的社会与那时的社会相隔太远？还是不同的国度有不同的文化素养？还是家庭的影响根深蒂固？我虽茫然，但不会放弃！

反思：这节课还没有进行完，下课的铃声就响了，我知道，这是继那次《感恩的心》队会之后我上的又一次意外的班会。这种意外来自什么呢？我说来自自然，我找到了生物最自然的成长规律，试想，所有的答案从他们的口中说出的时候，我们是不是想到我们曾经的说教多么苍白！当我发现他们对问题的认识越来越深刻，不再用一句话而使用一段话阐述自己的观点的时候，我们是不是想到我们曾经多么小看了他们！当他们引用情商来论证的时候，我们是否感觉到我们应该做的是点燃和唤醒。

无须遗憾，我们懂得太迟，因为我们身处这样的环境，只能坐井观天；我们该高兴，今天我们开始懂得，我们会从今日起坚定而充满信心地扬帆，陪伴我们的孩子乘风破浪，驶向光明灿烂的美好彼岸。

相信能！你就能！相信自己！相信孩子！加油！

听到生命拔节的声音

从绥棱回来，心情和去的时候一样平静，是因为那方宁静的土地，还是因为那里质朴的人们，还是因为那里求实的教育，说不清楚，没有激动人心，但足以耐人寻味。和绥棱教育的接触应该是第二次了，第一次大概是10年前，绥棱进行说课大赛，邀请我们担任评委，我还清楚地记得，也是这个季节，也是这样的清晨，我和徐淑媛、靖亚芝、李玉梅老师作为海伦教育局选出的评委被绥棱派来的车接到六中（是巧合还是天意？这次我们来的还是六中），一天的评委工作，紧张而又辛苦，数学科评委除了我和徐老师还有一位绥棱林业局的老师，那还是我第一次见到的竞赛场面，绥棱的组织者在我们工作中、工作前和我们没有一点接触，我们三位评委为参赛选手打的分数当场就公布结果，晚上我们受到了绥棱教育局和进修校领导的盛情款待，也就是那一次，我切实感受到了绥棱人的真诚、质朴。在吃饭的过程中，我们不仅知道了选手中有局长的妹妹，而且了解到这是绥棱教育界的重大举措，是全面推行新课程的一个环节，前期工作是所有教师参加的新课程标准书面闭卷考试，从试卷成绩中选出50名选手参加今天的说课。说真的，当时的我没有过多的感觉，可是今天当我从距我们还是几百里的仅仅20分钟车程的邻县归来的时候，我明白了"原来是这样"。

1. 交锋

听了7节课，无论是数学课还是语文课，我们能够感觉到，就自身素质来讲，海伦实验小学的教师绝不逊色于绥棱实验小学的教师，随着听课节数的增加，我们越来越感觉到的差距就是对学生的训练，我在思索，我们实验小学早在2000年的时候就提出了"主动感知——互动理解——应用创造"的教学模式，和绥棱实验的教学模式如出一辙。最近四年，我自己的教学也是以"预习——交流——应用"为线索进行的，所差的就是没有把每一个环节做细，比如，在预习这个环节只是渗透预习的方法，没有学案这样的为学生提供的第一手材料；比如，小组讨论这一环节，虽然已经充分发挥了小组长的作用，却没有把"兵教兵"落实到每一个人；比如，小老师讲课，仅仅限于几个优秀的学生，而且虽然小老师讲得非常明白，有的同学还是心不在焉，我发现在他们心里小老师还缺乏威信。所以我深刻地认识到，我们还需要把每一项工作做细。

2. 提升

有的同事感慨于他们的"真功夫"，我不这样认为，我们每天踏踏实实地努力也是功夫，我认为，我们应该提升的是"理念"。还是"以人为本""以学生为主体的"理念，"教师的角色"一旦转变，我们的功夫就会展现出无穷的魅力，绽放出夺目的光彩。我注意到，每一节课都没有一个字对学生的观点的否定，即使我们觉得是多余的、烦琐的、复杂的，就是没有一个"不"字。我琢磨来琢磨去，终于明白，保留孩子的自信比对知识精确地掌握重要得多，知识有一天会忘记，自信会助人一生。我还注意到，小组学习之后，小组长的汇报，有的小组长提出本组解决不了的问题，有的小组长说："我们组的问题都解决了。"老师没有一丝一毫的怀疑，这种信任是对孩子极大的尊重。也许，正因为这样，课堂上才有自由的争论，才会有学生和老师的针锋相对。也许，这种自由的氛围才可以称为"真功夫"！我想到，三国中的刘备，他本身并没有什么才能，而他的最大的能力就是会用人，我们做教师的其实就应该成为这样的管理者、这样的领导者，无为而治、无为而教。

3. 沉淀

历时一天半的学习已经结束了，留下来的除了浓浓的情意，还有自己深深的思索，回到教室，我有拥抱我的每一个学生的欲望。教学相长，这是绥棱实验的心声，我们的进步和成长怎么会离开这些孩子呢？沉淀思想，践行创新，"纸上得来终觉浅，绝知此事要躬行"，在岗实践，我会真正地走出一条属于自己的教学之路。

窗外霓虹闪烁，夜色温柔地拥着我，一点光，一曲弦，一段墨香静静地守护着自己柔软的心，倏地，一个清脆的声音浸入心间，那是生命"拔节"的声音……

感悟教育人生

——在全市师德师风推进会上的发言

尊敬的各位领导、各位老师：

大家好！今天，我虽然站在这里，但大家知道，其实我和许许多多的老师一样，普通而又平凡。我觉得自己很幸运，有这样一个机会与大家沟通思想，交流对事业、对人生的感悟。

我很欣赏著名教育家魏书生的理念：说了算，定了干；一不做，二不休；一以贯之，持之以恒，绳锯木断，水滴石穿。久而久之，行为养成习惯，习惯形成品质，品质决定命运，一个强大的自我出现了。

参加工作近二十年，我二十年如一日做到的事就是每天及时批改学生的家庭作业，而且必须在第二天中午放学前返还到学生的手里，哪怕是生病打点滴，也要用另一只手把作业批完……当看到学生拿到自己的劳动成果时不同的表情，当看到每一个孩子开始认真地对待自己所做的每一件事情的时候，我感到很幸福。

我知道，不仅是我，我们周围的许多人都有这种幸福的感受。无论是老一辈，还是新一代；无论是实验小学，还是兄弟学校，当靖亚芝老师把满腔爱心献给失去双亲的李国栋同学时，她会感到很幸福……当张文岚老师胳膊吊着绷带给学生讲课时，她会感到很幸福……当徐淑媛老师患严重痔疮，坐立不安却仍坚持批改作业时，她会感到很幸福……当她们离开耕耘了三十年的实验沃土，把这种奉献精神留给我们，留给实验历史的时候，她们会感到很幸福。当李玉梅老师、王丽辉老师背着腿部骨折的孩子上卫生间时，她们会感到很幸福，当年轻的妈妈们把生病的孩子托给丈夫、托给婆婆、托给母亲，而自己坚持给学生上课时，她们会感到很幸福。

三中的李敏老师，近200名学生，却三年如一日，保证每天中午学生会把带着成绩的英语小条交到家长手中，每一天，辛劳之余，她的感觉会很幸福。

年过半百的姜胜利老师，近200篇作文，周一至周四4天批改完，保证每周周五进行讲评，每篇作文上都有他红笔的勾画、圈点，几行凝练而又富于深情的评语，周周如此，付出之后，他的感觉会很幸福。

因为自己在从事这项工作，感受着自己和实验人的感受，因为自己的孩子在三中就读，也在感受着三中人的感受，感受着这一切，感动着这一切，我们怎能不为自己能够从事这样一份特殊的职业而骄傲，我们怎能不为海伦市拥有这样一批精良而高尚的教师队伍而备感欣慰，倍受鼓舞。

老师的热情系着学生的进步，老师的付出关乎学生的前途，老师的执着换来许多家庭的幸福，老师的付出是辛苦，也是幸福，因为有许多心灵都在回应我们的爱与付出，因为我们的喜怒哀乐有许多人愿与别人共同分享，因为我们的眼底有阳光，心里也有阳光，这阳光照耀了学生，也温暖了我们自己。

记得到实验小学教的第一个毕业班，有一天，一个班里很调皮的男生拿着一本作文书走到我的面前，指着上面几行字对我说："老师，这写的就是你。"只见那书页上用红笔画了几行字"她具有精湛的教学技艺，治学严谨、教学有方……"看到他一脸的纯真，一股热浪在我的心头涌动……对于一名教师，我们对幸福有着怎样的理解啊？腰缠万贯不是幸福，衣着华美不是幸福，而最大的幸福莫过于这种师生间情感的体验，那是一笔巨大而无价的精神财富。

在工作中，在与孩子们的交往中，我们无数次被感染、被感动、被震撼……我们也更加执着于这份事业。但是，从事这项工作，其神圣就神圣在我们会接触形形色色的学生，也会遇到形形色色的家长，孩子的心灵是纯真的，而家长却是社会化的，我们在工作中遇到一百个人，就会有一百种感觉，所谓人生百味，我们深有体会。但是，有位哲人说过："如果我们事事都顺心如意，从来都碰不到困难的话，那或许是世界上最糟糕的事了。"是的，对于从事班主任工作的人来说，任何一个人都面对过困难，都将面对困难，都产生过无奈，都将产生无奈，而我们恰恰是在经历了这困难和无奈后成长起来的。

　　记得那是两年前，一位家长给我打来电话，说他的孩子眼睛近视了，坐在最后一排看不见，我便在课堂上跟全班同学商量这件事，希望哪位同学主动帮忙，当时有几位同学主动要求跟她串座，我便选择了一位个子高的女生与这个同学串了座。可是，晚上，这位被串到后面的女同学的母亲却打来电话，满嘴无理之词，简直不堪入耳。当时，我心里想社会上辱没教师人格的也许就是这一类人吧！听着一句句刺耳的话，我的心都快蹦出来了，但是，我想起靖亚芝老师说过的一句话：凡事包容，凡事忍耐。待她七三八四说完以后，我平静地说："你放心，明天我一定把你的孩子串回来。"撂下电话，我又陷入了为难的境地，如果再串一个是不是还会是这样的结局呢？想来想去，我拨通了一个在我印象中很通情达理的家长的电话，在电话中我诚恳地跟他说明了我遇到的难处，令人欣慰的是，这位家长说："谷老师，我觉得孩子坐在哪儿并不重要，重要的是老师的关注。"就这样，这件事终于解决了。去年教师节，那位无理取闹的家长突然给我打来电话，说特意从外地给我捎来两袋大米，我一口回绝，可她却十分激动地说："谷老师，你听我说，我是一个很倔的人，轻易不会这样做的，只是因为我们被你感动了，虽然我们做了不该做的事，但你对孩子丝毫没有两样，该怎么管还是怎么管，对孩子的鼓励和关爱我们都感受到了，孩子他爸说，老师的素质就是比我们高。"当时，我没有任何思想准备，但那一刻，酸、甜、苦、辣各种滋味交织在心头，我止不住自己的眼泪。

　　记得我们校长说过，有的人把工作当成谋生的手段，有的人把工作当成事业，我也许算不上把工作当成事业，但也绝不仅仅是把它当成谋生的手段。二十年的教学生涯，每当看到不理解的表情，每当听到不被理解的话语，我总是觉得仿佛在自己对事业火一般的心灵上泼下一盆冷水，划上一道伤痕。每当这时，我又会忍痛反思自己，并一点一点独自把伤口舔平。现在回想起来，这种逆境又何尝不是一种收获，正如一篇给我感触至深的文章中写的：感激在困境中给你力量的人，因为他增强了你的自信；

感激在顺境中提醒你的人，因为他校正了你的航向；感激伤害过你的人，因为他磨炼了你的心态；感激绊倒过你的人，因为他增强了你的双腿；感激欺骗过你的人，因为他增进了你的智慧；感激蔑视过你的人，因为他唤醒了你的自尊；感激遗弃过你的人，因为他教会了你该独立。我们是不是也该感激这种刁难我们的人呢？因为他提高了我们的素质。

其实，每一位当过老师的人都会深有感触，为了孩子，我们付出的岂止是汗水、精力，那是滴滴心血呀！

作为一名普普通通的教师，也许我们身边没有那么多鲜花、掌声与赞美；也许我们也没有引以为自豪的赫赫功绩，但是无时无刻，我们不在克服重重困难，去奋斗、去奉献。因为，我们知道自己身上的神圣职责。我们也要对得起自己的良心。工作中，我们坚信这样一点，也许我们不能保证每个学生都成为大学生，成为祖国的栋梁之材，但我们只要每个孩子都能够学会生存、学会做人。

前几天，我接到张育瀚同学妈妈的电话，她在电话中哭着说："张育瀚在当天的乒乓球比赛中失败了，孩子好像一下子被打垮了，躺在床上不起来，让我第二天找他谈谈。"听了电话，我真的很痛心，人最怕的便是这种心灵的脆弱。我该跟她谈什么呢？想来想去，我把自己最喜欢的一首诗抄给她：

祝福

感觉着生命的悲哀/还愿意欢笑的/请受我深深的祝福；感觉着生命的空虚/还愿意奋进的/请受我深深的祝福；感觉着生命的欺罔/还待人真诚的/请受我深深的祝福；感受着生命的寂寞/还可以温暖他人的/请受我深深的祝福；感觉着生命的残酷/还相信善良的/请受我深深的祝福。并在最后写道：育瀚，请记住，在你生命的每一时刻，都有谷老师深深的祝福。

第二天，我问他，我的信你读懂了吗？他郑重地点点头。也许对诗的内涵他还不会体会得很深入。但是我相信，在他未来的人生岁月中，他会不断地去感悟，希望我的关爱能够成为他生命历程中有力的支撑，希望我的这份深情能够使他拥有一份正确面对挫折和挑战的平和心态，从而产生一股直面人生的勇气和力量。

做教师的何等平凡，但我们并不平庸；做教师的何等普通，但我们绝不世俗，我深深懂得，虽然我们每个人都在努力追求完美，追求自身的完美、家庭的完美、事业的完美、人生的完美。但是真正的完美是不存在的。记得汪国真有这样一首诗：

——我不去想是否能够成功

——既然选择了远方

——便只顾风雨兼程

——我不去想身后会不会袭来寒风

——既然目标是地平线

——留给世界的只能是背影

——我只有挖掘自己灵魂深处的真诚

——把握瞬间的辉煌

——拥抱一片火热的激情

——装点生活的风景

谢谢大家！

我的教育梦

还在小学的时候，就喜欢教师这个职业，总是在放学后召集几个玩伴，立起一块小黑板，站在黑板前，拿着一支粉笔，在黑板上写上一个拼音或者一个字，指着这个字或者这个拼音领读的时候，幼小的心灵中已经获得了作为教师的全部成就感。

还记得第一个教师节，是在师范学校的教室里度过的，那时满怀的是自己选择了教师这一职业的自豪，满怀的是因为各科成绩名列前茅而带来的自信。

还记得毕业后第一次登上讲台，面对40个真正的三年级学生，讲授普通的小学数学教材第六册的除数是两位数的除法。虽然我自己轻车熟路，但是，我只是一个人在说，自己不知道在说什么，弄得满头大汗，现在回想起来，相信孩子们也不知道我在说什么。虽然现在我清楚地知道，我当时没有了解孩子们的学情，没有想到如何引导孩子们思考，更没有想到引领孩子们探索，因为紧张，就是讲也没有讲清楚。为此，我开始认真阅读参考书，深入了解学生对已经学过的知识的掌握情况，课堂设计接近孩子认知的问题，渐渐地课堂上和孩子有了互动。

还记得第一次公开课，讲的是《约数和倍数》，为了说明二者的相互依存关系，我举出了妈妈和儿子的生活实例，孩子们理解得非常透彻。那时我20岁。

还记得第一次毕业班的成绩，令人瞩目。那是1997年，在全市小学升初中统考中，我班以总分115.5（总分120）的成绩获得全市第一。那时我30岁。

还记得第一次听魏书生的讲座，那是2001年，恰逢新课程改革，我开始反思自己的教学，我的教学目标是什么？答案只有一个：分数。我对自己的教学产生了质疑，虽然，几轮的大循环，我甚至不拿课本就知道哪个例题该怎么讲，一步一步怎么提问，但是我的确对我的教学感到茫然，我开始止步，开始思考，我到底要给孩子什么？

还记得第一次开始表达式口算的训练，那是2002年，学生的口算训练以往都是说出结果，我觉得我要注重的不应该仅仅是结果，要注重学生探索知识的过程。于是课堂上渐渐地听到了学生的心声，因为对学习个体的尊重，感受到了孩子的想法对自己的启示，感受到了和孩子互动的快乐，因为孩子的主动参与，课堂因为有生成而活力四射。教学不再是枯燥无味而是每一天都有新的希望。

还记得第一篇教学随笔，仅仅记了几行，那是2005年，要隔一段时间才有一点感受，几年下来，现在每天就能记下几千字，因为每一天都有生成、都有新的收获。而这时的我却没有了一丝的满足感和一毫的成就感，我越发感到教育深不可测，感到还有很长的路要探索，还有很深奥的教育之道要挖掘。

越往前走越会产生太多的遗憾，如果一上班就记教学随笔，现在46

岁的时候是不是就找到了教育的真谛呢？如果早一些阅读教育家的书籍多好，是不是自己就可以少走很多弯路呢？

多年前，看着金庸的武打小说，就想到努力使自己的教学达到"手中无剑，心中有剑"的境界，十多年过去了，我更加感到任重而道远，我的教育梦想就是要达到这样的境界。

第三章　爱心育桃李　深情做教育

黑龙江省海伦市第九中学　罗文生

罗文生简介：中国共产党党员，高级教师。1988年7月毕业于海伦师范，先后在海伦市海北镇中心小学、海伦市海北镇第二中学、海伦市第六中学、海伦市第九中学任教，至今已工作33个年头，其中有29年的农村工作经历。三十几年来，平凡而默默地从事着教书育人的工作，虽没有惊天动地之举，但他的言行却感染着周围的每一个人。正是用一颗无私的爱心陪伴着学生的成长，以无声的爱滋润着学生的心田。作为一名党员，罗老师始终以优秀的党员标准来严格要求自己，同事有困难，他给予真诚的帮助；学生有困难，他给予无私的援助；学校有事情，他更是废寝忘食地工作。"学高为师、身正为范"，在教育局举办的"端正行风"活动中，罗老师连续多年被评为师德师风先进个人。

主要业绩有：1993—2003年连续十一年被评为海伦市教育系统优秀教师；2003年辛勤耕耘、无私奉献的事迹刊登在《绥化日报》上，被绥化市教育局评为"绥化市优秀乡村教师"；2004—2012年被评为海伦市优秀教师；其中2007—2009年连续三年被评为地级优秀教师；2010—2012年三次被评为海伦市优秀教师；2013年被评为省中小学师德先进个人；2014—2018年被评为海伦市优秀教师。2019年6月被评为全省优秀教师。发表的论文有：《运用"引导发现"五步教学模式》（2010.7，国家级）、《初中数学教学中学生创新能力的培养研究》（2015.12，国家级）、《自主、合作、探究的学习方式》（2016.6，省级）、《中学数学学习对学生思维模式的影响初探》（2020.6，国家级）

第一节 扎根黑土地 梅香苦寒来

朝披霞光、目送余晖，三十几个春秋，我以教书育人为己任，以学生发展为天职，爱心育桃李，深情做教育，用挚爱书写着从教的履历，用无私的奉献描绘着多彩的人生。

——题记

"非淡泊无以明志，非宁静无以致远"，这是我最喜欢的一句话，一个人坚守着淡泊不易，三十几年如一日，坚守着一份挚爱与执着，耕耘着一份平凡与奉献，不图名利、不计得失，始终坚守着三尺讲台更是难能可贵。我就是这样一位拓荒者，在自己热爱的教育事业上开垦出一方多彩多姿的天地。

一、漫漫从师路，梅香苦寒来

1988年7月，海伦师范毕业的我带着对教育事业的懵懂与憧憬来到了海伦市海北小镇，开始了我的教学生涯。然而通往成功的路并非总是一帆风顺的，令我记忆犹新的是1993年的一天，每天废寝忘食工作的我，不经意间忽略了感冒的儿子，三岁的儿子哭闹不止、水米不进，到医院一检查吓了一跳，儿子高烧达39℃，扁桃体肿大得连喝水都困难了，并伴有急性肺炎。看着躺在病床上无助的儿子，我心里五味杂陈，只因为我所教的班级的孩子马上就面临中考，学生、儿子，两头都难以割舍，望着病床上的儿子，我毅然地回到了学校。在儿子住院的十几天里，我只是偶尔看看儿子就匆匆地走了，中考结束后，我来到医院，面对躺在怀里的儿子，流下了愧疚的泪……

要成为一名出色的教师，需要有高超的教学技艺。为了练就过硬的本领，我不知疲倦地练习教学基本功，苦练说、讲、评、写的本领，功夫不负有心人，几年间我的教学基本功样样都有了很大的提升，一节数学课，我能引经据典、旁征博引，妙语连珠的语言、快乐的教学方法，把枯燥的数学课堂往往讲得妙趣横生。自然、大器的教学风格也深受领导、老师的好评。2001年参加全市"十佳"教师的评选活动，以出色的表现被评为全市"首届十佳"优秀教师，这在当时的农村乡镇来说是绝无仅有的。

为了提高教育教学能力，我积极研究教育教学方法，认真总结经验，2008年7月参与研究了省重大课题子课题《如何运用"自主、合作、探究"的学习方式培育创新人才的研究》的研究，并于2010年9月顺利结题。2017年参与的省级重大课题《以立德树人为根本任务的学生核心素养培养策略研究》分项课题于2019年1月顺利结题。在此期间，有《运用"引导发现"五步教学模式》（2010.7）、《初中数学教学中学生创新能力的培养研究》（2015.12）、《自主、合作、探究的学习方式》（2016.6）《中学数学学习对学生思维模式的影响初探》（2020.6）先后在省级、国家级刊物上发表，在教学工作中，不断加强对素质教育下的课堂教学改革与创新的研究，先后写下了数十篇的论文。

二、人间有真情，挚爱也无言

有人说，世界上有两个词最闪光、最亮丽，一个是老师、一个是母亲。母亲和老师最大的共同点就是他们都有博大而无私的爱，我也是用一颗无私的爱心陪伴着学生的成长，以无声的爱滋润着学生的心田。教过的学生中，留下了许多难忘的故事：学生病了，我亲自陪同到医院诊治；衣服破了，我把自己的衣服穿在学生的身上；许多贫困的学生，我都给他们买来学习用品……一点一滴，像这样关爱学生的事如同影视资料一样历历在目。

1998年6月，我再次带领学生踏上了中考的征程。就在中考的前一夜，我所带班级的学生罗忠锐不慎将脚烫伤，我看在眼里，急在心上，亲自背着他到医院换药，又每天背着他顶着烈日到考场参加考试。记得当时陪同孩子考试的家长有很多，大家都谈论着这个没有正事的家长，孩子要中考了，这么关键的时刻都照顾不好孩子，让孩子伤成这样……可当他们知道这个背孩子考试的"家长"就是孩子的班主任的时候，都赞不绝口，并主动伸出援助之手。几天下来，学生脚上的泡快好了，可我的嘴上却长满了大泡……真挚无私的爱换来了丰硕的回报：当罗忠锐以优异的成绩考上了海伦一中的时候，我开心地笑了，而今这名学生已在哈尔滨市第三中学当上了一名优秀的班主任，他在给我的信中说是老师的爱让他选择了教书育人，他一定会将这份爱传递给他的学生。

2009年3月，平静的海伦六中展开了一场不平静的捐助活动，这事还要从头说起：她叫小红，是我所教班级的一名普通的学生，一个普普通通的名字却伴随着苦难和不幸一起诞生。

如果说每个人都是上帝眷恋过的苹果，那么小红这个苹果一定是上帝用黄连水浸泡过的。3岁，当别人家的孩子还在爸妈的臂弯里咿呀学语的时候，她的妈妈因为家里的琐事，一气之下喝下农药，撒手人寰。无助的爸爸每天借酒浇愁，愧疚和绝望的他在小红4岁那年也喝下农药绝命而去，扔下了不谙世事的孩子。从此，爸爸、妈妈这两个人世间最亲切的、最美丽的词汇，只能成为孩子梦中的渴望、心中永远的痛。那时起，相依为命的奶奶成了世界上最疼爱她的人。可幸福的日子总是短暂的，10岁那年，奶奶猝然离世。随着奶奶的离去，她的童年只有凄苦的回忆。然而，造化弄人，她的不幸还远没有结束，她被像球一样的踢到了后爷爷那里，和她毫无血缘关系的后爷爷竟然狠心地打算把孩子卖掉，好心的邻居电话通知了远在千里之外的姑姑。在她即将被卖走的前一天晚上，姑姑疯一样地来到了她的住处。那一晚，小红见到了世界上最黑暗的一幕：姑姑被爷爷和他叫来的人狠狠地打了一阵儿又一阵儿。天要亮的时候，光着脚的姑姑偷跑出去求救，在当地政府的帮助下，小红被姑姑带回了现在的家。

姑姑是位善良而又伟大的母亲。有姑姑的地方就是天堂。但姑姑家生活十分困难，自从两个表哥相继结婚以来，家里已经负债累累，姑姑和姑父不得不外出打工。他们在外打工的几年里，小红生活里又是数不清的沧桑——洗衣服、做饭、哄孩子……一个年仅十几岁的孩子尝遍了农村最苦最累的活，饱受磨难的孩子唯一的乐趣就是读书。每天早晨给哥哥嫂子做好饭后，她就跑六里多的路早早来到学校，学习给她幼小的心灵带来了欢乐，也只有在学校，才让她感受到了幸福，感受到了她作为人的平等的权利。不难想象，全校第17名的成绩包含了孩子怎样的努力、怎么样的心血、怎样的渴望？可上帝真的是喝多了，即便孩子这般的凄苦也不肯放过。2009年3月17日晚，姑姑抱着她哭了整整一夜，告诉了一个对小红来说如晴天霹雳的消息：姑姑为了还债，不得不再次外出打工，家里再也没人肯收留她，孩子要是留下来就连一日三餐都成了奢望，更不要说读书了。没办法，看着满眼血丝的姑姑，孩子绝望地点头答应和姑姑一起走。姑姑买了18日下午4点的车票。但孩子还想学习，她还要读书呀，她还有许多的追求，她还有太多太多的不舍。于是，18日上午，小红一如平常来到了学校，认认真真地听完了一上午的课。中午，是到了该走的时候了，她背着书包，一步三回头地离开学校，泪水洒在了求学的路上……

得知这一情况后，我刚下班回家，顾不上做饭，骑车追到了小红的姑姑家，毅然决然地挽留住了这个可怜的孩子，并把小红安顿在自己的家里。小红的事很快传遍了学校，全校师生非常感动，姚校长在全校发出号召——"奉献爱心，行动有我"，一场别开生面的捐助活动展开了……几天后，捐助活动空前高涨，社会上各行各业的爱心人士也伸出了援助之手，人们捐款捐物，关爱着这个可怜的孤儿，派出所也办理了她的户口迁移（原户口在河北省，多年来早已丢失），小红终于有了自己的名字。事后姚校长又深入地了解到，三年来，作为班主任的我已在小红的学习、生活上资助了一千多元钱，学习用品、课外资料、洗漱用品、新旧衣服等更是不可计数……那时我告诉孩子：我无法改变你的出身，但我可以帮助你改变自己的命运。那一刻，孩子的命运真的在改变着：她不但没有辍学，而且海伦六中还承担起了小红学习、生活的全部费用。2010年7月，小红以优异成绩考取了海伦一中，在接下来的日子里，我经常与小红通话，鼓励她好好学习，乐观向上，在生活、学习、思想上关心、照顾着她，而小红也不负众望，以优异的成绩回报着学校、回报着关爱她的人。高考时小红已考取了佳木斯的一所大学，在读大学期间，暑假归来，小红来看望我，我又塞给她1000元钱，希望她好好学习，回报社会……现在，小红已在哈尔滨银行上班，每天做着贷款业务，工作很认真，生活得很好，命运真的改变了。

桃李不言、下自成蹊，我正是用无私的爱为学生撑起一方晴空，用满腔的热忱为学生描绘了美好的未来，至爱无言，我以行动告诉命运多舛的孩子：人间自有真情在。

三、扎根黑土地，无求品自高

三十几年来，我默默地从事着教书育人的工作，平凡、淡泊，虽没有惊天动地之举，但我的言行却影响着孩子们。

1988年，海伦师范毕业的我出于对黑土地的特殊感情，放弃了留在城里的机会，毅然地回到了家乡，开始了自己的乡村从教之路。刚开始的从教之路并非一帆风顺的，农村孩子的顽劣着实让我感到头疼，但同时也感到了肩上担子的沉重，艰苦的教学环境让我懂得了理想和现实的差距，更让我明白选择没有后悔可言，热爱不需要理由。那时起，寒来暑往、风里雨里，我穿行在乡村的小路上，围坐在孩子们中间，用一颗滚烫的爱心为家乡的教育事业奉献着自己微薄的力量。2016年8月，已在乡镇中学工作了29个年头的我，突然接到教育局通知，被抽调到海伦市第九中学任教。原来，市教育局新成立了海伦市第九中学，并从各乡镇中学抽调了优秀教师来支教，我自然也在被抽调之列。面对突然的工作变动，我毫无怨言、也毫无条件地加入到海伦市第九中学"开疆拓荒"的行列中，虽然没来之前做了最坏的打算，但来到九中还是被眼前的景象震撼了：新成立的学校既没有校舍（新建的教学楼尚未完工），只能暂借在向阳小学院里，又没有学生，甚至连课桌都是四处借的。面对此情此景，我和几个先报到的老师们在校长的带领下，开始了九中的创业。九中虽然采取自主招生，但由于是新成立的学校，群众不认可，学生不认可，社会更不认可。没有家长愿意拿孩子的前途去冒险，而孩子们也不愿到陈旧的教室上课。没有学生们，我们就印发传单，走大街串小巷做宣传，"沧海横流，方显英雄本色"，危难之时，作为老教师的我必须挺身而出了，在九中首届家长会上，我代表学校庄严地向家长们承诺："孩子们输不起，九中不能输"。那一刻起，"默默奉献""永不服输"成了九中人的精神。为了管好班级，离家五十余里的我只能吃住在亲属家，每天在学校废寝忘食地工作，晚上也不停地与家长在电话里沟通。当时我创作了一首诗《我不想说》道出了那时的工作场景："我不想说，永不服输才是九中人的特色，迎着朝霞走，牵着晚霞归，九中人展示着九中人的拼搏……我走娃未醒，我归娃已睡，为师已无憾，为父心有愧……"苦心人天不负，经过半年的努力，学校的成绩一跃跻身全市的前列，新成立的九中创造了一个不小的奇迹。创业的道路从来都不是一帆风顺的，超负荷的工作，给我的身体带来了伤害，先是老胃病变得更严重了，紧接着在去上课的路上，一心牵挂学生的我一脚踏空，从狭窄的楼梯上滚了下去，造成了右膝盖脱臼，半月板损伤，韧带撕裂。医生给出了诊断：卧床三个月。然而，面对师资力量严重不足的九中，每一个人都顶几个人用，哪里有可代课的教师？何况刚刚稳定的班级还离不开我。揣起了医生的诊断，我毅然决然地回到学校，回到了孩子们中间。白天拖着肿胀的右腿坐在椅子上给孩子们讲课，晚上躺在床上咬牙忍受着疼痛的折磨。晚上从腿上抽出来积液，白天上一天班，就又肿得走不了路。即便这样，年过半百的我硬是没有休一天班，我的努力感动了学生，我所教的最淘气的班级，由全校第六名在学期末上升到了第三名，并且在学校运动会上，团结向上的班级勇夺学年组第一名。

作为一名党员，我始终以优秀的党员标准来严格要求自己，同事有困难，我给予真诚的帮助；学生有困难，我给予无私的援助。学校有事情，我更是废寝忘食地工作。只因为我深深地懂得"学高为师、身正为范"的道理，我在教育局举办的"端正行风"活动中连续多年被评为师德师风先进个人。三十几年来，我也取得了一些成绩：1993—2003年连续十一年被评为海伦市教育系统优秀教师；2003年辛勤耕耘、无私奉献的事迹刊登在《绥化日报》上，被绥化市教育局评为"绥化市优秀乡村教师"；2004—2012年被评为海伦市优秀教师；其中2007—2009年连续三年被评为地级优秀教师；2010—2012年三次被评为海伦市优秀教师；2013年被评为省中小学师德先进个人，2014—2018年被评为海伦市优秀教师，2019年6月被评为全省优秀教师，期间多次获得了海伦市政府嘉奖。

作为教师，我是幸运的，如果说我有了点滴成绩，也没什么了不起的，我只不过是做了我应该做的事。"事能知足心常泰，人到无求品自高"，无为而无所不为，有所不求才能有所追求。一个人不为外物所羁绊，不为浮云遮双眼，超出了欲望的需求而追求品德的完善，这也许是"无求"的最高境界。也许我离这种境界还有很远的距离，但我一定不会放弃前行的脚步，在新课改的征途上，我会与你同行！

第二节　育人先育心　树人先树德

做一个"漂亮"的班主任

在一个人的读书生涯中，特别是义务教育阶段，如果遇到一个好的班主任老师，那将是人生之大福气，人生之大幸事。班主任老师可能改变学生的人生轨迹，能影响学生一生的发展。之所以这样说，是因为班主任老师不仅是学生知识的传授者，更是学生学习、生活的最直接参与者，是学生行为习惯的养成、道德情操的形成，以及人生观、价值观、世界观的正确树立最有效的引导者。班主任老师和学生接触时间最多，在一起时间最长，可以说是摸爬滚打在一起。班主任的一言一行、一举一动，直接影响和带动着学生。"学高为师，身正为范"。随着时代的飞速发展，学生思想的不断更新换代，对班主任老师在知识、能力和管理水平上提出了更高的要求。如何当好一个班主任，如何开展好班级的各项活动，做一个让学生信服、佩服的，甚至是仰慕的班主任老师，几点想法和做法与同人共勉。

一、先做一个知识传授的强者

做"知识传授的强者"就是知识功底要深厚。班主任是班级的组织者、领导者和教育者，对班主任这一角色的定位，把组织者放在了第一位，但我觉得要想做好组织者，首先要做好教育者，或者更直接一点说，要做好班主任首先要做好一个知识上的好老师，要把你所任教的学科知识清晰明了地传授给学生，首先做一个在知识水平上让学生信服和佩服的老师；知识传授得不清楚、不明白，学生特别是高年级学生，他们已有了一定的判断能力和是非观念，他们一定会对这样的老师产生一定的不信任和不佩服的感觉，那么你在管理上就会受到阻碍和抗拒。也许孩子们在心里会悄悄地想：你连知识都传授不清楚、不明白，还管我们呢！如果这样的话，我们的班主任工作怎能顺利地开展？怎能收到良好的效果？

二、做正确思想和优良品行的引导者

思想指导行动，思想是行为的方向。一个人的思想不积极向上，不能和社会正能量合拍，那他做出来的事情也会有违社会正方向。即使他再有知识，智商再高，对社会也无益，反而会更有害。因而我觉得，班主任对学生正确思想的引导非常重要，并不仅仅是对班级繁杂事物的管理和规范，更重要的要把学生的思想统一到或引导到正确的方向上去。爱国、爱党、爱家、爱社会主义、爱集体、爱他人，尊老爱幼，孝敬父母，真诚待人，遇事多换位思考，以宽容的心态看待人和事，以感恩的心态对待任何事，以平常的心态、轻松的心情做人做事，不说仁、义、礼、智、信样样上乘，但最低要把握住善良的底线，不以恶小而为之，不以善小而不为。堂堂正正做人，坦坦荡荡做事，这样我们带出的学生才会品德过关，将来才会成为一个对社会有用的人。

身行必正，言行必果。要求学生做到的，我们自己必须先做到。小学和初中的孩子们模仿力最强，我们的一言一行、一举一动都是他们最好的效仿例子，因此我们班主任的良好的品行，正确的人生观、价值观和世界观，对学生的影响是最大的。我们在思想上和言行上该怎样做不言而喻。

三、做阳光乐观、积极向上的带领者

一个人生活得幸福与否，与他的心态有直接的关系。那么孩子积极乐观的心态的养成，与家庭的和睦、家长的影响有直接关系以外，很重要的一个因素就是班主任的心态的影响。在班级里总把一个唉声叹气、牢骚满腹、埋怨满嘴，甚至常常暴跳如雷的形象展现在学生面前，可想而知学生会是一种什么心态！会学到些什么！因而，我们的班主任，无论工作压力多大，生活上有多少不顺，都不要把负能量的一面展现给学生，一定要积极乐观、面带微笑，这样我们带出来的学生，在这个竞争压力非常大的社会里，才能以阳光的心态勇敢地迎接挑战。正常而正确地面对喜忧参半的，甚至艰难多于平坦的工作和生活，才能在压力重重的社会氛围中寻求到更好的生活和工作出路。否则我们带出来的学生整天满腹心事，忧心忡忡，对什么都不满，看什么都不顺，这样的心态会严重影响工作和生活质量，他们也不会感受到生活的幸福和人生的美好，我们教出来这样的孩子，他们对社会、对家庭、对学校毫无敬畏、毫无感恩之心，这些孩子长

大后，就会做出危害社会的事情。现实生活中，无论是学生还是中青年患抑郁症的人数在不断增多，比例在不断增大，出现恶性事件的也不在少数，因此我觉得用积极乐观的心态去影响和带动学生，我们做教师的，特别是做班主任的一定要做到，这是一个不容忽视，而且应该值得人人都深思的话题和课题。

刚刚听说一个二十几岁的，刚刚入职于广播电视系统的孩子从七层楼跳下，更加引发了我对上述观点的认同。

四、真情待生，爱洒杏坛，用爱换取学生的认可和信任

上述三点说的是作为班主任要学高和身正。但没有爱的教育，一定是失败的教育。要想做好班主任工作，还应该真情付出，真心对待每一名学生。

现在我们的教育存在的共性问题就是重视个别、忽略全体。无论是从学习上，还是从品行上，年级越高，两极分化就越严重。其中一个重要的因素就是教师的偏心和不公平，特别是班主任老师，多数的人把关注点放在了我们所谓的品学兼优的学生身上，殊不知若干年之后，我们所谓的尖子生，出人头地的这些人，有几个能记得住老师？想起小学乃至初中的班主任老师？这也是我们作为班主任教育失败的一个很好的例证。而那些我们严格管理、真情对待的"差生"，却能远离千里而不忘，教师节的一句问候，逢年过节的一个电话，一张小小的贺卡都寄托了他们对我们真心付出的感恩和感谢。这不是说我们的教育就是要让学生记住我们，这里体现的一个问题就是我们对待学生一定要平等。那些大部分人眼里的淘气、顽皮、不听话的孩子才是我们班主任更要关注、关心的重点。

人们常说"亲其师信其道"，我非常认同这一观点。学生不亲近我们怎么会听你的话？怎么会按你的话去做？即使听了做了，也是心不甘情不愿，收到的效果也一定不会好。

学生亲近我们的重要前提就是我们的真心对待，把学生像对待自己的孩子一样去关心、热爱和帮助。能做到这一点很难，但是也有许多人做到了，那些真正做到了的也就成名成家了。"烂漫的山花中，我们发现你。自然击你以风雪，你报之以歌唱。命运置你于危崖，你馈人间以芬芳。不惧碾作尘，无意苦争春"，张桂梅老师做到了，她教书育人、立德树人，踏实地、无私地践行着一名教育人的神圣使命，她的大爱令世人仰慕。

伟人可学，伟人难做。但作为普通的初中班主任老师，我能做到的就是用我的一腔热情，平等地对待每一个学生。眼中有优秀生、中等生，更有我们所谓的学困生，或者叫品学均差的学生。我们班有一个全学年400人中倒数第一的学生，上课不学习，下课总捣乱，成绩最差，毛病不断。但是我想他毕竟是一个孩子，刚刚13岁，正是爱玩、爱淘气、好讨厌的年龄，因此我把更多的关注和关心给了他，一个学期过去了，不知不觉中，中午午餐他天天坐在我的旁边，把我爱吃的菜夹给我，知道我胃不好，不能吃大米饭，他每天都到饭菜窗口给我取面食；课上课下的坏毛病在逐渐减少，由一点不学习，到现在知道学习了，学习中自律性也明显加强了，这就是关注、关心和爱护付出后得到的回报。爱的意义和作用，不必我去细说，作为班主任的我们都深有体会。

五、讲究艺术，懂得谋略，用"新"和"奇"凝聚集体力量

班主任最重要的工作职责就是管理班级。有了模范的言行，真诚的付出，我们还要讲究管理和教育的艺术。"好的开头是成功的一半"，这是大家公认的做法，其实还蕴含着另一个道理，那就是做事的艺术性。艺术性要以摸清学生个性特点为前提，有的孩子适合我们土话说的"顺毛摩挲"，而有的则是不严不怕、不严不听、不狠不从。这里的"严"和"狠"绝不等同于打、骂和体罚，而是高要求、严管理。天天一味地说教，周周班会一味地教育，天长日久，我们自己都会乏味，学生更会觉得枯燥，因此我们班主任的教育要寓教于乐，寓教于活动中。活动的内容和形式要不断翻新花样，今天是讲故事，明天是做小老师，后天是小演讲，大后天是小比赛，把我们要教育的内容有效地融合在各个活动之中，精心设计活动主题，不断创新活动方式，有效把控活动进程，把活动持续化、系列化。那么我们管理出的集体，经营出的班级一定是一个朝气蓬勃、积极向上、荣誉感强、进能攻、退可守的坚强的集体，这样的班主任带出的学生也一定是素质高、适应力强、多才多艺，能"打胜仗"的好学生。求新颖、出奇招是做好班主任工作的不二法宝。

六、抓小干部，带动全体，借力发力管班级

一个人的力量是有限的，众人拾柴火焰高，众人划桨才能开动大帆船，这一道理人人皆知。在班级管理上，我们还要充分发扬学生的个性特长，把有组织和管理能力的品学兼优的好学生，通过竞选、竞争等多种方式选拔出来，作为自己的得力助手，去影响和带动班级大部分向上的力量，班主任老师就可以抽出更多的精力去关注和关心众人眼中的学困生和品行差生。经过一段时间的带动和引领，肯定会有一部分学生成为中坚力量，那么我们再进行"换届"管理，让大多数学生都得到锻炼。

另外，我们还要积极协调任课教师，任课教师也能积极地参与到班级管理中（这一点常常被班主任予以忽略），形成所有教师齐抓共管的良好局面，那么我们班主任的工作做起来就会游刃有余。

做班主任难，做个好班主任更难。育人先育心，树人先树德，教书育人是班主任的职责所在，如果班主任能做到上述六点，我觉得你一定会成为一位"漂亮"的班主任。

做最好的老师　做最好的家长

——首届家长会班主任代表发言

尊敬的各位领导、老师、各位家长：

大家好！

请允许我代表海伦九中班主任老师向前来参加家长会的全体家长们表示由衷的感谢！感谢你们在百忙中前来参加今天的会议。你们的到来既是对我们九中工作的首肯，对九中教师工作尤其是班主任工作的支持，更是体现了你们对自己子女的重视、关心和爱护。望子成龙、望女成凤是每一个家长的心愿，可叹天下父母心！九中的班主任老师有你们这些充满爱心、富有责任的家长支持，我们倍感荣幸，再次感谢你们的到来！

今天你们作为九中建校伊始的第一届家长会的家长代表，可以说你们是幸运的，也是骄傲的。九中的历史将会铭记你们，九中的明天将会铭记你们。

各位家长，九中的成立全市瞩目。我们九中全体教师受命于九中的建校伊始，信心百倍地迈上九中的讲台，这是一份何等的荣耀。可以说在我们每位教师的身上都承载着各级领导的信任，承载着海伦人民的关爱，承载着在座的每位家长的重托，更承载着九中的明天和希望。我们深知身上的使命和责任的重大。虽说刚刚开学，九中尚处于起步阶段，但在我们教师这一群体的身上却展示出强劲的斗志和绝不服输的精神风貌。作为班主任群体，我们十一个班主任早出晚归，学校规定早七点上班，我们六点半就已到了教室，用满满的爱心迎接着每一位学生，开始了早晨的知识检测；中午又是提前半个小时就来到班级，静静地等候第一位学生的到来；晚上四点半下班，班主任又带着一身的疲惫，用微笑送走每一位学生。每天超负荷地工作，没有一人肯于落后，没有一人敢于叫屈。相反下班回到家里，我们还要在班级微信群里与家长互动、研讨，直到深夜群里还有家长在"呼"着我们老师。各位家长你们可知道我们班主任这一群体在微笑的背后付出怎样的艰辛：学校共有十一位班主任，其中八位女老师。黎老师，作为班主任的大姐大，放弃了海伦三中舒适的教学环境，每天步行近30分钟的路程最早来到学校，用行动示范着优秀班主任的风采。不仅在教学上起着传帮带的作用，在班级管理上也为我们树立了榜样；王老师读大学的孩子放假回家却很难吃上她亲手烧的饭菜，为了班级的孩子，她顾不上自己的孩子；李老师年龄虽小干劲却格外高涨，她白天坐在教室中与学生寸步不离，她深受学生爱戴，晚上回到家里还要批改英语小条，还要呵护年迈生病的奶奶……各位家长，纸短情长，班主任所做的事也许一天也讲不完，面对我们这些可敬可爱的班主任，您有何感想呢？如果他们的行为打动了你的话，请给他们些许的掌声吧！其实像这样忘我工作的还有小学部的三位班主任，他们每天准时出现在校门口，牵着一群胖胖的小手走进教室，又牵着胖胖的小手走向操场、走向厕所、走向放学的校门口……也许你会觉得他们很平凡，可是每天时时刻刻都不离孩子的左右，这可并不是一般人所能做到的、忍受的，送走孩子后，他们还要回到班级打扫教室。这种默默无闻的付出，真的很令人感动。我们班主任老师努力工作着，也希望我们家长密切配合学校、配合老师管理好学生。今天在这里也对在座的各位家长提出如下希望和要求，希望大家都做好的家长：

一、在家管理好孩子，与孩子一同学习、一同进步

刚才领导说孩子是祖国的未来，是家庭的希望。在座的各位家长每天一定要抽出时间来陪好自己的孩子。我们要为孩子创造一个良好的学习环境，孩子在看书、学习时，家长就不要随意走动，或者过多地去关注孩子的作业写的怎么样，家长一定要让孩子自行完成作业，孩子在写作业时，家长最好与孩子一起学习，请不要在孩子旁边玩手机或者说话、看电视等，以免影响孩子的学习，干扰孩子的注意力。

二、对孩子进行养成教育

养成教育是要培养孩子良好的学习习惯，不知各位家长有没有感到，我们老师为什么这么累？其实很大程度上是有些孩子的身上还有很多缺点，有时他们真的不太听话，有些孩子自律性差，好打好闹，有些孩子随意性强，上课溜号，说话随便……面对这些孩子的缺点，我们努力地加以纠正，但这些孩子离开我们的视线就会为所欲为。希望家长也要教给孩子良好的行为习惯，让孩子学会做人、学会做事、学会学习、学会感恩，更重要的一点学会听老师的话。

三、家长不要刻意在意孩子的成绩

每次考试包括平时的随堂测试，都有性急的家长打听孩子的成绩，而考试后总有几个考哭的孩子。其实各位家长大可不必给孩子施加过大的压力，有些孩子害怕家长问成绩，逐渐变成了害怕考试，甚至有些孩子回家谎报成绩。作为家长，我想你们更应该注重孩子的学习过程，注重教给孩子更好的学习方法。大家记住，过程远比结果更重要，而良好的学习过程必定会带来满意的结果。同时要相信自己的孩子是最棒的，今天比昨天好，明天一定比今天更进步。

四、家长不要给孩子买智能手机，已经买了的想办法收起来

手机对于你的孩子来说有百害而无一利，可能有家长会说，孩子有个手机联系方便，可你我都心知肚明，网络游戏永远比说教更具有吸引力。

五、不要当着孩子的面夸大老师的缺点，这点很重要

各位家长，虽然现在社会尊师重教风气很好，但教师在人们心目中的地位并非神圣。虽然教师关爱每一个孩子，但金无足赤、人无完人，我们或多或少也有一些缺点，有些地方做得不够好，家长尽可能与我们沟通协商，但千万不要当着孩子的面说老师的缺点，也许你的一席话，会令老师的光辉形象在孩子的心目中轰然倒塌。试想，在孩子心中缺少威信的老师如何去教育你的子女……又怎么会令他们信服我们的教育。

当然作为班主任老师，我们也一定努力尽可能做到最好，成为孩子可以信赖、可以信服的好老师。

六、家长尽可能不要给孩子买名牌服装，以免造成孩子攀比心理

孩子服装朴素干净即可，家长不要给孩子买名牌衣物，不要给孩子办生日宴会等大型聚会，尤其是家长不在场的情况下的聚餐。这类聚会会使孩子过早地沾染社会的不良风气，沾染攀比、炫富的心理，这类聚会也为很多孩子打仗、玩儿闹埋下了安全隐患。

七、家长要配合学校管理好孩子

每天上学时家长不要让孩子太早来到学校，每天放学时家长要及时接孩子回家。学校门口卖菜的车多人多，孩子们路南路北不管不顾乱跑乱闹，没有家长的看护，孩子真的很危险。生命高于一切，请多管理自己的孩子。

各位家长，孩子是你们的，也是我们的，但归根结底还是你们的。对于你们的家庭来说，孩子是家庭的未来、家庭的希望、家庭的唯一。我们每个班级都有50个生龙活虎的孩子，您的孩子是每个班级的五十分之一，而对于这五十分之一，我们每位教师却在付出百分之百的努力。您面对自己的孩子，是否每个人都拿出百分之百的努力呢？各位家长，面对孩子的未来，我们深知成长与挑战同在，希望与信心并存。家长们，只有你我联手起来，共同构筑学校、家庭乃至社会的教育网络，才能更好地教育好你们的子女，也才能更好地让每一位孩子在属于他们的花期竞相开放，而我们班主任老师也一定会在百花丛中绽放会心的微笑，一定会真心地品味送人玫瑰、手留余香的喜悦。

最后，祝福我们的学校越办越好！

第三节　实施新课改　探究新方法

实施新的课改理念，优化数学课堂教学

随着素质教育和课堂改革的深入与发展，我们每一位教师都感受到了素质教育的勃勃生机，全新的教育理念正悄然走进我们的课堂教学。同时，我们也真切地感受到了肩上担负的历史使命之重大和神圣。作为一名中学的普通数学教师，我在教学中努力实施新的课改理念，在不断优化数学课堂教学上做了一些尝试和探索。

一、更新观念，首先是自我头脑的更新

课程改革的最终实施者是我们每一位教师，而学生是教学的主体。大家都知道，家庭、社会乃至学校评价教师教学好坏最简单、最直接的方法仍然是学生的学习成绩，可以说，应试教育的烙印还是根深蒂固的。为了要教学成绩，我也不例外。当课程改革来到我们面前的时候，我们扪心自问一下：在教学生涯中，我们教给了学生什么呢？说实在话，为了成绩，我们往往束缚了学生的综合素质能力，扼杀了学生富有个性的创新思维，同化了学生天真烂漫的求异思想，而每次测试之后，我们都怨天尤人，狠狠地批评学生：试题的类型题甚至原题我都讲了，你们怎么还不会？

记得看到了一本教育杂志上有这样一句话：对于你们这些任劳任怨的老师来说，我都替你们感到累，每一个学生都是一个不同的材料，而你们硬要加工成同一产品，这点连最优秀的设计师也设计不出来，你们却仍在干着，能不感觉到累吗？静下心来想一想这一番话，读一读《走进新课程》，真正地感受到了运用新的教学理念去实施新的课程已经刻不容缓，观念的更新，首先应该更新的是僵化的头脑。

二、转变角色，做学生学习的合作者、引导者、参与者

作为老师我们都有着同样的感受，当我们第一次走上工作岗位，就牢记韩愈的一句话："师者，所以传道授业解惑也"。然而当新的课改呈现

在我们面前时，我相信韩老夫子也一定会自惭形秽了。

本学期刚刚开学，学生由小学升入初中，心情都比较紧张，心理压力也很大。为了拉近与学生的距离，第一节数学课我设计了如下导语：首先祝贺同学们成为一名令人羡慕的中学生，很高兴今后将会和同学们一起探索数学的奥秘，我们将一起走进丰富的图形世界，走进一个全新的代数世界，学习它们、使用它们，你会感到自己变得越来越能干、越来越强大。让我们彼此成为好朋友，不知同学们是否欢迎？好吧，今天我们先来第一次朋友合作，让我们共同回顾一下小学数学课我们学了些什么？这样学生一开始就感到了教师的真诚，师生的平等合作也从此开始了。

还记得看过这样一句话：教学过程实际上相当于牧羊人牧羊的过程，牧羊人的任务不是教羊怎样去吃草，而是把羊群引领到水草肥美的地方。在教学过程中教师努力进行着角色的转变，充当牧羊人。在学习《有理数》时，我引导学生拿出世界地图，从地球的北极出发，沿经线向南做一次环球旅行，从温度大小的变化、地势海拔高度的变化等方面既复习了相关的地理知识，又研究学习了有理数的意义。这样，在教学中通过师生互动、生生互动，教师与学生在共同学习中共同进步。

三、从书本知识的学习走向生活的学习

大家都知道数学知识来源于生活，又指导于实践，最典型的例子莫过于近几年的中考题了。今年绥化地区中考题第25题就是一个医疗器械改编的三角函数应用的问题。第26题是一次函数的实际应用。这些数学问题使我们真切地感受到了数学紧扣时代的脉搏，真正走向了生活。也在警示着我们数学的学习必须走向实际、走向生活，去指导实践。

纵观初中数学教材，从丰富多彩的图形世界，到有关生活中的实际问题，课本实实在在地告诉我们生活知识在数学中的体现，而数学知识更应让学生在实际生活中去体验、去应用、去探索。

在学习《有理数》一节，我设计了这样一道题：要把一张面值为一元的人民币换成零钱，现有足够面值为五角、两角、一角的人民币，问有多少种换法？参考书中给出了列三元一次方程（组），再通过讨论的方式求解。这道题如果这样讲，所涉及的方程的概念、特殊的解法，以及十种不同的兑换方式，对于学生来说有很大的难度。我把它布置为家庭作业，要求学生回家后找足够的钱币来研究一下究竟有多少种换法。当时家里开食杂店的孙静同学兴高采烈地说："这道题我能做上。"原来他每天放学回家就爱站在柜台里充当一会儿售货员，每天与钱币打交道的实践经验，是其他同学所无法比拟的。第二天同学们拿来答案，班级有六名同学出色地完成了任务，其中就有孙静同学。通过这件事也使我深刻地体会到了实践知识的重要。

还是学习《有理数》这节课，我与学生谈心，问他们有没有玩儿过扑克，他们告诉我，非常喜欢这个游戏，我说："这节课我们也来玩一玩扑克。游戏中，你得了50分记作+50分，我被扣了50分记作–50分，像这样的数就是正数和负数，其实在以前的游戏中，我们就已经使用了正、负数。"这样通过浅显、通俗的例子，学生们懂得数学知识其实就在我们身边，与我们的生活息息相关，只是我们没有留心罢了。

四、激励学生与学生共同发展，共同进步

学生是发展中的人，学生的发展有着巨大的潜能，他们每天在追求着进步，完善和发展着自我，每一个学生都有成功的渴望。作为教师，一方面要善于营造融洽、和谐、适宜的教学氛围，创设学生喜闻乐见的教学情境；另一方面，要善于运用赞赏的语言评价每一位学生，让他们感到成功的快乐，获得成功的体验。

激励学生的方式有很多，最简单、最直接的方法是合理运用评价性语言。例如：你好！你真棒！真聪明！相信你没问题！看你的表现相信你一定能行！你的进步是老师最大的快乐等。前面我们说过，教师角色已转变，但真的转变却很不容易。当过班主任的都有这样一个想法，在学生面前，要有教师的尊严，要言必行、行必果。记得那一年，我担任了六年级的班主任。每天面对50人的班级，学生们吵闹不休，教惯了九年级的我真的有些不适应，为了加强纪律管理，争做模范班级，我加大管理力度，"约法十条"要求学生要循规蹈矩。开始我执法必严，违法必究，终于使班级走上了正轨。渐渐地我发现每当我心情愉快时，学生就都长出一口气，又开始说说笑笑了，大有蹬鼻子上脸之势，所以我每天在课堂上都表情严肃。后来一件小事真正触动了我，在我班读书的儿子回家说："爸爸在课堂上从不表扬我。"我接过话说："要是表扬你，小尾巴早就翘到天上去了。""没劲。"儿子丢下一句生硬的话，走了，却留下了深思的我。一句至理名言突然涌上我的头脑：不是在沉默中爆发，就是在沉默中死亡。儿子不与我沟通，学生在班级安排岗哨监视我的行踪，不正是一个警示吗？从此以后我取消了"约法十条"，课堂上我慷慨地运用激励性的语言，课后与他们在一起玩儿，学生们好像重新找回了自我，开始活跃起来。年仅13岁的王岩天真地问我："老师，举手时可不可以喊：老师，我——老师，我——"我告诉他当然可以，为了让老师发现你，你还可以站起来举手。于是当我请急不可耐的王岩同学回答问题时，没想到他站起来后却说："老师，我忘了什么问题了。"我笑了，面对天真无邪的孩子，我还能说什么呢？每一位学生都有成功的渴求，教师的一抹善意的微笑、一缕亲切的目光，都是对学生的一种激励、对学生的信任、对学生的赏识，更是对学生无私的爱。教育是一本永远也读不厌的书，读学生也使我学到了很多，过去我们信奉失败是成功之母，现在我更深信成功是成功之母。

　　作为教师，我们应该更深入地解读"一切为了学生""为了一切学生""为了学生的一切"。让我们都积极行动起来，投身到课改的洪流中吧，面对他人的成功经验，虚心学习，走出去，请进来，用新课改的理念来充实我们自己，"临渊羡鱼，不如退而结网"，在推进素质教育的征程上，我愿与大家同行。

浅谈课堂教学中实施素质教育

　　随着课堂教育教学的深化改革，素质教育已经成为老生常谈的问题。我们每一位教师在课堂教学中都尽心尽力地培养学生的综合素质能力，并且大胆地在课堂教学中进行改革，实施素质教育的征程中，我也把自己的几点做法汇报如下：

一、抓住学法改革，实施素质教育

素质教育是面向全体学生的教育，是以学生为主体、尊重学生个性发展的教育，最终以达到素质教育课堂化为目的。在学法指导上，首先，我以激发学生的学习兴趣为切入点，解决学生"不想学"的问题。在教学中我充分利用一切可以利用的资源，融多种教学方法于一节课中，多方面地激发学生的学习兴趣，克服学生厌学心理。在《勾股定理》一课中，为了激发学生的学习兴趣我首先向学生介绍了勾股定理的证明在全世界大约有500多种的证明方法，有美国总统、有普通百姓、有著名画家达·芬奇，更有我国古代数学家赵爽，以此来激发学生的学习兴趣。而在勾股定理的证明上，我运用了引导发现法，通过学生自制的四个全等直角三角形学具，利用几何拼图的方法研究勾股定理的证明，学生通过动手操作，拼出了我们熟悉的几何图形，发现并证明了勾股定理。利用学生动手拼图、合作探究，既让学生参与了实践，动手拼出了熟知的几何图形，又在浓厚的兴趣中顺利完成了定理的证明，加深了对勾股定理的理解和记忆。勾股定理的证明，采用的是面积证法，这种证明方法是学生以前没有遇到过的，在教学中，通过学生的动手拼图，利用面积等积法进行证明，更便于学生的理解。

其次，以操作为手段解决学生"如何学"的问题。学生想学，还有一个怎么学、用什么方法手段学的问题。为培养学生的综合能力，在教学中，我注重学生积极动手、勤于动脑、乐于实践的学习方式的训练和培养。在实际操作中掌握学习方法，学习新的知识。为使教学更贴近学生、贴近学生的实际，我除了制作教具外，还引导、鼓励学生制作学具。在讲《全等三角形的性质》时，我在课堂上引导学生现场制作两个全等三角形，在课桌平面内研究两个全等三角形存在的所有位置，通过学生的动手拼图，平移、旋转、翻折两个全等的三角形，了解不同位置的全等三角形，学生在研究中总结规律，在实践操作中知识得到了升华，为三角形全等的判定打下坚实的基础。

第三，以思维为核心解决学生"学好学不好"的问题。学生数学逻辑思维能力的培养是需要一个长期培养和训练的过程，在教学中我注重学生思维能力的训练，例如一题多法、一题多变、一题多解等，培养学生由单一的思维向多项思维发展。在学习《三角形内角和定理》时，我通过引领学生动手折纸，发现三角形的三个角可以折在一起，组成平角，这样，就将实际问题转化为数学问题，得出初步猜想：三角形的内角和为180°。学生在折纸的过程中体会将实际问题转化为数学问题的过程，并通过折纸学会辅助线的做法，通过多种方式证明了三角形内角和等于180°。在教学的过程中也向学生渗透了数形结合的思想、转化的思想，很好地将所学习的知识纳入学生已有的知识体系中。

最后，以培养能力为目的解决"如何用"的问题。在学生初步获得知识的基础上，引导学生运用所学知识分析解决一些实际问题，促进学生综合素质的提高。在学习《相似形》之后，我引领学生实际测量教学楼前的旗杆的高度，通过转变学生的思维方式，利用在同一时刻物高与影长成正比例这一关系来解决这一问题，使学生学以致用。

二、抓住教法改革，实施素质教育

如何利用有限的课堂时间激发学生的学习兴趣，培养学生的分析能力、解决问题的能力，选择好的教法显得尤为重要。在教学过程中我常采用一法为主、多法配合的教学方法，在教学中我优选引导发现法，这种教学方法主要通过学生的观察、动手实践、动脑思考、研究讨论、听讲等多种途径发现问题、研究问题、总结规律。引导发现法的基本程序是：发现问题——提出假设——理论验证——总结提高——学以致用。例如在讲解《三角形全等的判定》应用时，我依据教材的要求，设计了一节测量池塘的宽度的问题，我首先引导学生动手尝试测量池塘两端A、B的距离。通过学生的思考，信息反馈得出结论：直接测量很难办到。我再与学生一起研究，现将这一实际问题转化为我们所学的数学问题，再通过理论论证其可行性，在平地找一个可以直达A、B的点C，设计两个全等的三角形，利用有两边及其夹角对应相等的两个三角形全等这一判定定理，得出线段DE=AB，也就是只要测量DE的长度，就得出了AB的长度。在学习《勾股定理》一节中，我首先引导学生发现三角形角的特殊关系，进而研究得到边的特殊关系，提出直角三角形三边之间是否存在着什么样的关系呢？这一问题通过引导学生发现，勾^2+股^2=弦^{2}这一可能存在的实质问题，提出假设，通过运用面积拼图法，在与学生的共同验证中使学生掌握获得知识的途径，享受到成功的快乐，锻炼了能力，陶冶了情操，并在实际应用中使所学知识得到了提高与升华。

三、抓住教学环节，实施素质教育

首先在导入环节中实施素质教育。一堂好课必须能吸引学生的注意力，而良好的开端等于成功的一半。为激发学生学习的兴趣，在教学中根据不同教学内容设计不同的导入方法，例如在讲授《四边形内角和》时，我运用情境导入法，在纸上现场画一个四边形，"不小心"撕掉四边形的一个角，引导学生如何利用剩余的三个角的度数，求出第四个角的大小。接着推导出四边形的内角和定理。在讲述《多边形外角和定理》时，提出问题：四边形的外角和为360°，进一步引导学生猜想并讨论十边形的外角和可能为多少度，与四边形的外角和相比哪个更大些？n边形的外角和呢？好奇心驱使学生急于弄个水落石出，很自然地过渡到新课教学上，加深了学生的印象。

其次，在提问环节中实施素质教育。由问到疑，由疑到问，有疑有问是启动学生思维的重要方法。初中生有较强的表现欲，课堂上他们往往喜欢思考，积极回答老师的问题。好的问题可以"一石激起千层浪"，能正确引导学生思考问题、发现问题，进而解决问题。例如在讲解营销问题时，我提出这样的问题：假如你是售货员，你将选择怎样的营销方式，才能够获得最大的利润？通过这样的问题的设计，学生能够意识到自己是学习的主人，也就能够积极开动脑筋，设计出不同的营销方案。

再次，在讲解环境中实施素质教育。课堂教学是实施素质教育的主渠道，围绕培养学生素质能力这一核心的讲解环节就显得尤为重要，我从以下几方面谈一下具体做法：

1. 鼓励学生不怕挫折，大胆创新

在数学学习中要善于发现学生的创新意识，激发学生对问题提出不同的看法和见解，要保护和肯定这种有益的探索和大胆创新的积极性，努力为学生创设一种和谐的氛围。例如，在求等腰三角形底边上任意一点到两腰的距离和为定值时，我引导学生在图形内或图形外构造全等三角形来完成证明。证明的方法是利用线段的截长补短法。这种证明方法是在学生学习三角形全等、矩形的性质的基础上得出的结论。而我班的一名学生却运用了面积等积法轻易地解决了这一问题。由此可见，学生的大胆创新、积极思考、努力实践是解决问题的有效途径。

2. 运用逆向思维法同中求异

学生的思维方式常常受到已有知识的约束并形成定式。在教学中我常设计一些题目，引导学生运用逆向思维法去分析研究，常收到事半功倍的效果。例如在学习多边形时我提出：一个多边形中内角是锐角的个数最多有几个？这一问题如果只从表面上研究锐角的个数，显然不容易一一列举，但如果换个角度，去研究多边形的外角中是钝角的个数最多有几个，根据多边形的外角和是360°，外角是钝角的个数不超过三个，而多边形的外角与相邻的内角又构成了邻补角，这样就很轻易地解决了前面提出的问题。这种逆向思维的方法看似简单，但学生在应用的过程中却有一定的难度，需要教师的实时点拨。

3. 将题"将死"法

"将死"是在象棋游戏中，迫使对方在黔驴技穷的情况下弃子投降。在数学教学中，我激励学生对待每一道题就像对付一个个对手，一定要想千方施妙计，把每道题的几种不同的解法都研究出来，直到再也想不出其他的解法为止。这种一题多解的研究方法极大地激发了学生的学习兴趣。

4. 留有空白法

在教学中，我常设计一些开放性题目，采用留有空白的方法给学生留有思维活动的空间，让学生始终处于积极的思维活跃状态。例如设计根据所给已知条件，你能得出什么结论？或根据这一结论写出你认为应该存在的已知条件等问题，引发学生去积极思考，通过学生总结探究出规律性的知识，逐步形成技能。

当然，素质教育也体现在应用提高、归纳总结及作业布置中，对待不同学生可采用因材施教、分类、分层次进行教学，使优生能脱颖而出，中等生有所收获，学困生也有知识可学。

对于素质教育的研究，我们还有很长的路要走。培养具有综合素质能力的学生，我们任重而道远。希望我们大家能够相互帮助、相互研究，在素质教育的道路上，我们一同前行。

多媒体课件在数学课堂教学中的应用

我们处在一个新信息技术的时代，多媒体教学也走进课堂，这种变化赋予了教师新的角色。多媒体课件辅助教学的作用是充分让学生多感官、多视角、多层次地感受知识，更有效地激发学生的学习兴趣，从而提高课堂教学效率。因而多媒体课件也被广泛应用于数学课堂。这种先进的教学手段从诞生之日起，教师的教学内容、教学方法、教学思想都发生着诸多改变，多媒体课件也充分彰显出了它的优势。

多媒体课件将文字、声音、图像、影像、动漫等结合在一起，它的优越性无与伦比。我仅从数学课件在几何知识部分运用谈点看法。

初中阶段几何知识的教学，要注重培养中学生空间观念和空间想象能力。尤其是证明题，学生不容易理解和掌握。此时，多媒体课件就彰显了它的巨大优势，课堂中充分发挥多媒体课件的直观、生动、形象、深刻、富有艺术性等特点优势，及时对几何图形知识恰当分割、组合，使学生在观察、分析、推理的过程中学习。课件的使用，使学生由直观观察到感性认识，从感性认识再到理性认识，从理性认识升华到实际综合运用，达到了知行合一。多媒体课件运用得当，有利于培养学生观察事物能力，学生更清晰地认识几何图形之间数量、位置关系，激发了学生的兴趣，提高了学生空间想象能力和分析、解决问题的能力。

一、多媒体课件具有直观、形象的特点

数学内容如何变枯燥无味为生动形象，是每个教师教学中常常思索的问题。多媒体课件在数学教学中的应用就解决了这个问题。如利用动画，平移图形的运动形式来展示直线与圆的位置关系、圆与圆的位置关系等，利用多媒体的动感演示图形的平移、翻折、旋转，在图形变换中演变图形变化过程，使学生不但认识知识的形成过程，而且很容易理解其实质含义。再比如在新知识的学习中借助多媒体课件教学会起到意想不到的效果，如学习"直线与圆的位置关系"通过日出诗词配合动漫景象：帆船在碧波如镜的水中前进，海鸥在天空翱翔，海上一轮红日冉冉升起，展示了直线与圆的相切、相交、相离三种位置关系，为学生创设和谐优美的学习情境，使学生充分感受圆与直线的不同位置关系，大大激发了学生的学习兴趣。再如《三角形的稳定性和四边形的不稳定性的应用》一节，通过课件演示，观察、理解三角形稳定性原理和四边形不稳定的性质，图形关键部位闪烁，学生就一目了然，真正起到化繁为简的功效。

多媒体课件具有直观、形象的特点，更能够把抽象的几何图形变化演示得形象、生动、直观。尤其是在函数的学习中，动点的问题是学生的难点，也是教师在讲解时的重难点。在教学中利用多媒体课件设计出的直观的教具，其中几何画板的运用功不可没，通过几何画板的运用，学生非常形象直观地看到了函数图像的变化中哪些量是变化的量，哪些量是不变的。尤其是在学习二次函数图像的平移、翻折、旋转时，几何画板的运用近乎传神，二次函数图像的平移、翻折、旋转一目了然，通过这样的生动、形象的多媒体课件的运用，要比教师费劲去讲解好得多得多。

二、把数学的三种语言（图形语言、文字语言和符号语言）在课件中有机整合

通过课件整合了图形、文字、符号（体现在数学的符号表达算式及运算、推理过程中），给予学生视觉和听觉的双重刺激，学生在每个环节中都会全神贯注，很容易给学生生动深刻的印象。比如"一条狗被拴在靠在墙角上的一根绳子上，绳子长于墙长，求狗的活动区域有多大？"首先教师以多媒体图形方式演示狗的活动区域，其次观察几何图形，最后用符号语言进行推理表达。在这一过程中，图形美观，神态逼真，更好地表现了几何图形的变化规律、内部特点，将数学思想有机结合在一起，教学效果明显。学生分析问题能力提高迅速。学生在"声""形""色""体"的整合中培养了审美情趣。我们知道"声音"是传递人类心灵深处的语言，多媒体课件通过"颜色"来描绘师生心中所向往的五彩图画，它的优势远超过粉笔式的传统教学。

三、课件运用于教学大大增加了课堂容量

原来数学教师课题、板书、演算需书写很多字，有时加一块小黑板，容量依然很小。而采用课件后，这些书写量大大减少，节省了教师课堂时间，又使课堂紧凑，节余这些时间既可增加分析解决问题的时间，又增加了课堂补充知识的容量，变式、迁移、增加巩固题的数量，效果往往是传统教学容量的数倍，效果更高于传统教学。多媒体课件的应用，同时拓展了学生的知识面，题型多样化，平衡了时间问题，又提高了课堂的节奏，拓展了课的容量，充分发展了学生思维，提高了学生分析问题、解决问题的能力。

四、课件教学有利于培养学生数学的综合素质

在课堂上，运用多媒体课件，通过图形变换提高学生空间想象能力，通过推理计算培养了学生的计算能力和分析问题、解决问题的能力。运用恰当，就能很好地培养学生逻辑思维能力，树立正确的审美观、价值观。比如通过《平移》一节课件展示，引发学生创造性思维，通过了解图形的变化，体会生活中的平移变化现象，平移变化规律，进而得出了平移的性质，为学生学习图形的变化打下良好的基础。

多媒体课件的运用还应注意如下问题：一是适应性问题。课件容量大，相应地为学生也提供了更多的知识，但对个别学困生增大了他们学习的难度，这就要求教师要进行适当的辅导，使他们尽快适应多媒体教学；

二是要引导学生互帮互助。多媒体课件利用好了，可以极大地促进学生的综合素质的提高，但也会出现两极分化的现象，如何转化学困生也是一个问题；三是采用分层教学有难度，教师可以让学生分组完成不同层次难度的题目，使学生有所得，但分层教学教师就要设计有层次的题目以适应不同层次的学生，这对教师制作多媒体课件提出了更高的要求。当然分层教学也体现了"不同的人在教学中得到不同的发展"的新课标理念。

五、多媒体课件使用过多会阻碍师生的沟通和交流

课件的使用虽然优点很多，但也有利有弊，是一把双刃剑。课件在公式推导、计算演变等环节是严格定式的，很难体会出学生在思维过程、解题过程中闪现的思维亮点，教师难于发现学生在探究过程中存在的问题，这就拉大了师生认知距离。解决方法有：一是常与学生沟通、畅谈，适时改进；二是在引导上勤下功夫，引领学生多思、多想、多做；三是教师要勤问、勤看、勤思考，要设身处地地想学生之所想，设计好适应学生实际的多媒体课件，尽量让每一位学生都能够在学习中得到发展；四是强化教师的主导地位、学生的主体地位，课件的运用不是弱化学生的主体地位，不能让学生围着课件转，而是以学生为主体，面向全体学生进行教学活动，课件的运用千万不能够喧宾夺主；五是可以将传统教学的精华部分课件有机结合，避免满堂运用课件的做法。每一种教学方法都有值得借鉴、使用的价值，传统的教学也有其优点。在课堂中，我们要采取扬弃的态度，把传统教学的精华和精彩部分与课件有机结合，从而才能更有效地提高课堂效率。

通过几年的数学课件使用，认识到多媒体课件在运用数学课堂中可以优化教学结构、提高教学效率、促进学生能力的提升。只有把多种教学方式有机结合，恰当、巧妙、有效地使用多媒体课件，才能达到教学预期的最佳效果。信息时代，多媒体给我们提供广阔探究空间，让学生尽量释放创造性潜能，使学生在数学教学过程中思维不断升华，达到再认识、再创新的目的。

初中数学应用导学案的初步探索

时代呼唤教育教学改革，去年我校数学组立项了省级课题——《初中数学应用导学案的初步探索》，同时学案导学在我校全面展开。为了教育教学工作顺利进行，为了数学组集体课题，我们数学组全体教师参与了研究工作。经过一年多的研究和探索，我们的课堂教学质量稳步上升，学生的成绩也有了显著的提高。

一、理论与实际教研相结合

一是通过学习，丰富运用导学案的理论知识。利用课余时间通过网络学习关于导学案教学方面的内容（包括论文、反思、学案设计等等），从中收集关于学生学习活动设计的信息，教师教学活动设计的信息；利用教研活动时间聆听海伦市教师进修学校的专家"导学案教学"讲座和学校教导处主任"导学案设计及使用点评"讲座等，从中了解了学案导学势在必行的趋势，明晰了导学案对于提高教育教学质量的重要作用，以及如何设计和使用导学案进行教学的方法和步骤。

二是深入教学实践，实践中汲取知识。认真听评本组同事的学案导学课。将这样的课与平常的课进行比较，明确了用学案引导学生自主学习关键在于设计出以学生为主体的导学方案，而导学方案的设计关键是弄清学生知道了什么，还有什么问题，这个问题可以转化成哪些知识来学习。另外，教师在导学中应该如何发挥指导作用，这些课尝试了"学案导学"的学习模式。不同程度地展示了老师们利用学案引导学生学会学习的策略。首先老师们不仅设计了自己使用的教案，还设计了面向学生的学案，分发给学生，这样就使得教与学的目标明确，步骤有序，问题突出，层次分明，操作性强。不仅较好地把握了教学的重难点、知识点，而且讲练有序、交流有据，克服了部分学生活动、多数学生旁听的现象，也避免了串联式的回答问题的现象，形成了良好的互动，提高了学习效率。同时，通过有层次的练习题（检测题），学生明白自己知道了什么，还有哪些不明白，提高了自主学习的针对性。通过反复听课的现场学习，我进一步领悟了学案导学的实验意义和方法，提高了实验的自觉性和科学性。

二、学案导学尝试历程

1．进行学案的设计。改变过去教学设计的撰写方式，设计了体现以学生为主体，教师引导的分栏式的学案的撰写形式，突出了学生活动的设计。通过这样的设计，自己在课堂上充分保证学生活动的时间和空间，以及自己适时切入引导的时机，考虑引导的策略。

2．进行学生学习方案的设计。学生的学习方案，包括学习目标，学习步骤和检测题，是供学生自主学习的方案，使用对象是学生。首先根据学生在预习中存在的问题和本课的三维目标，制定出学生学习目标，这个目标必须简明、浅显，让学生自己能把握，能够依标自学。然后根据本课知识的实际提出要学生复习的知识，使学生明确，新知识是在哪个知识基础上发展而来的；最后设计学习步骤，包括思考问题、交流提示、总结方法、检测题等。

3．课堂实施。根据两份学案的指导思想在课堂实施，由于学生明白自己学习的目标，根据学案进行自主学习，所以学习积极、主动，遇到问题能自发与同伴交流，这样课堂大部分时间是学生自己的，老师只在问题的焦点处、方法的总结上给以引导和评价。

4．记录与反思。在学案学习过程中记录出现的问题并与过去的教学进行对比反思。

三、学案导学的研究体会

1．功在课前。学生学习方案的设计是学习效果好坏的关键。所以课前必须精心设计学案，要深入了解学生的实际，准确把握学生的知识起点，这样就要对不同程度的学生进行调查、询问，以全面了解信息。教师既要设计自己的方案，又要设计学生的方案，必须有大量的投入。

2．提高课堂教学效率。由于把课堂大量的时间还给学生，所以大大地提高了学生学习的效率。

3．便于学生个性差异的发展。由于学生人手一份学案，自己明确目标，所以能通过自己努力、同伴互助来达到基本目标，学有余力的学生可以挑战更难的问题，拓展思维空间。

4. 适合于中高年级的学生。由于学案导学的策略过程需要靠学生主体较强的学习能力才能完成，而低年级学生由于知识基础和阅读能力限制，所以还不适合用这种方法。

5. 矛盾与困惑。从实践看，应用学案导学模式，课堂比较沉闷。如何使课堂更活泼些，如何处理好学与导的关系，还需进一步实践与研究。

自主学习、自主探究学习方式的应用

学生是学习的主人，课堂教学是一个双边活动，教师只有营造浓厚的自学氛围，带领学生进行自主学习、自主探究，才能激发学生的学习积极性。时代的发展要求学生不断更新学习方式，合理运用自主学习、自主探究相结合的学习方式，可以提高课堂教学效率。

一、留好预习作业，引导学生自主探究学习

预习是培养学生自主学习的最好方法。在学习《几何图形初步》一节时，由于是几何图形的初步认识，虽然学生熟悉很多图形，千姿百态的图形美化了我们的生活空间，但也给孩子们带来了很多问题。比如怎样画奥运五环？怎样设计一个产品的包装盒？大家能不能画出跑道的平面图等，这些实际问题学生既熟悉又陌生，尤其是将实际问题抽象出几何图形，对于七年级的孩子来说还是有一定的难度。为了更好地学习这一节课，我先给学生留好预习作业，让学生寻找生活中的几何图形，寻找这些图形的特点，并用自己的眼睛去观察生活中有哪些熟悉的图形。通过这样的预习作业，学生能够很好地去自学教材。学生通过自学，知道了从城市宏伟的建筑到乡村简陋的住宅，从四通八达的立交桥到街上各种各样的交通标志，甚至包括学校走廊的文化墙中的剪纸、宣传板、操场的跑道等等，各种各样的物体都具有形状、大小的不同特点，而这些特点就是我们研究的对象。这样通过学生自学教材，深入挖掘生活中的数学知识，进而使学生初步了解丰富多彩的几何图形，知道了几何就是研究图形的形状、大小和位置关系的一门学科。为今后进一步学习各种复杂的几何图形及其性质做好了充足的准备。

二、注重教学过程，引导学生自主探究

在教学中，教师要善于设计一定的问题，要善于为学生创设问题情境。

在学习中心对称图形一节时，我没有直接引领学生去学习中心对称图形的性质，而是把一副扑克牌发给全班学生，让学生研究每张扑克牌的形状、图案有什么特点？绕扑克牌的中心旋转扑克牌，你有什么发现？很快学生就发现有些扑克牌通过旋转180°，图案没有发生变化；而有些扑克牌旋转180°之后，图案却发生了微小的变化。这样通过学生自主探究学习，学生学会了识别中心对称图形：把一个图形绕着某一个点旋转180°后，如果旋转后的图形能够与原来图形重合，那么这个图形就叫作中心对称图形，这个点就是它的对称中心。

再比如，在学习《有理数乘方》一节时，我拿出来一张厚度约为0.1毫米的纸，问孩子们：将这样一张纸对折，再对折，你可以对折多少次呢？学生们马上准备好一张纸进行实践探究活动。看到学生兴趣高涨，我又提出了新的问题：如果我们面前有一张纸，我们动手进行对折，能折叠30次吗？假如这张纸足够大呢？那么折出的纸的高度是多高呢？与珠穆朗玛峰比较一下，哪个更高些？有些学生认为这是不可能的，马上猜想还是珠穆朗玛峰高。我没有给出答案，而是引导学生先进行自主学习，再同桌、小组进行讨论，通过自读教材、动手实践，并且借助计算机计算等方式进行探究，得出来令学生非常惊奇的结论：对折30次的一张纸，居然比珠穆朗玛峰还要高。课堂上唏嘘声不绝于耳，学生完全投入到了数学学习中。由此可见，"自主学习、自主探究"这一学习方式的运用，不但突出了以学生为主体、教师为主导的地位，而且还拓展了学生的思维，培养了学生的自主学习能力和学习的积极性。

三、注重课堂活动，组织学生合作探究

学生有自主学习的习惯，并不代表着每节课都能独立完成。有些课堂，学生要合作研究，集众家之长才能更好地挖掘问题的实质。由此可见，教师在课堂中创设小组合作学习情境，让每个学生都参与到教学活动中去，让学生发现别人的长处，并且学会表达自己的观点和意见，完善自我。学生在参与中进步和发展，在合作探究中思维能力得到提高。

例如在一节数学课外兴趣小组活动中，我带领学生学习《有趣的七巧板》时，首先要求学生以小组为单位自制七巧板，通过自学查找有关七巧板的资料。很快，有些学生告诉我，七巧板是我们祖先的一项卓越创造，19世纪初，七巧板流传到西方，被称为东方魔板。通过学生的自学激发了学生的学习积极性，也激发了学生的爱国热情。之后我让学生小组合作交流，用七巧板拼出美丽的图形，看一看哪一个组拼出的图形更精彩。通过活动有些小组不但拼出了图形，而且把所拼出的图形编成了一个故事讲给大家听。从这节课学习当中我们不难发现，学生的自主学习与合作交流并不是孤立存在的，在课堂教学中，学生既要有自主学习的能力、发现问题、解决问题的能力，还要有动手实践的能力，动手、动脑去验证问题。同学之间通过交流互动，学生的群体资源得到有效利用，学生的潜能才能得到进一步的发展。

四、注重思维拓展，培养学生自主探究能力

在学习《比例》的知识时，首先通过学生对比比和比例的性质的区别和联系，知道了比是表示两个数相除，而比例是表示两个比相等的式子。在研究比例性质时学生通过探究得出了结论：在比例里，两个外项的积等于两个内项的积。对于比例的这一性质，我没有停留在简单的比例式转化成等积，而是在这一结论的基础上，鼓励学生大胆思维，积极尝试，能否将ad=bc这样的等积式改成比例式呢？改成怎样的比例式？学生通过研讨发现，根据比例的基本性质，可知相乘的两个因式要同时作为比例的内项或外项，一共可以写出八个不同的比例。这样通过学生的自主学习、自主探究，学生真正懂得了在写比例时，最大数和最小数要同时做比例的内项或外项，同时要注意按一定的顺序写出不同的比例，防止重复和遗漏。这样通过学生自主探究，学生的思维得到了拓展，知识得到了升华和运用。学生对比例性质的理解和应用掌握得更加得心应手了。

在课堂教学中，要实现民主宽松的学习氛围，教师要精心设计活动。要让学生具有自主学习的空间和时间，更要创造性地发挥学生主观能动性，使学生变被动学习为主动探究，使学生都能学有所得、学有所长、学有所用，都能有所创新、有所作为。

由一节课的教学想到的

大家都知道数学知识来源于生活，又指导于生活实践。数的产生和发展离不开生产生活的需要。在学习人教版七年级上册第一节课《正数和负数》时，我通过这节课的教学，真正体会到了一堂好课不仅让学生学会知识，更要让学生懂得知识的来源，充分理解数学知识的形成、发展以及实践应用。

这节课我是这样设计的：首先我利用多媒体出示了数的产生过程的PPT图片，展示了数的产生过程：先从人类结绳记事开始，产生了数字1、2、3，因为表示没有或者空位产生了数字0，又因为食物多了，对食物进行分配、测量产生了分数 $\frac{1}{2}$、$\frac{1}{3}$ 等，引领学生走进了数学课堂。接着我讲述了在生产生活中表示温度、产量、增长率、收支情况时需要用到的正数、负数。同时也讲了负增长率的问题。向学生讲述了正数和负数是表示两种意义相反的量。在讲课的过程中，我发现学生掌握的不是很好，尤其是对正数和负数是表示两种意义相反的量理解得很不到位。在信息反馈的过程当中，我灵机一动，问学生："孩子们，你们有没有玩过扑克牌？那么这节课我们来玩一玩扑克好不好？"学生一听要玩扑克，立刻兴趣高涨起来，一个个摩拳擦掌，大有一试身手的样子。见学生跃跃欲试，我趁热打铁，接着说："在游戏中，你得了70分，应该记作+70分。我被扣除了30分，就应该记做什么呢？"有学生回答说是-30分。我非常高兴地给予了肯定，表扬了这名同学，并且告诉孩子们："像这样的数就是正数和负数，其实在以前的游戏中，我们就已经使用了正负数。在这里正数表示得到的分数，而负数表示被扣除的分数。得到的分数和被扣除的分数就是表示了两种意义相反的量。大家听懂了吗？"孩子们这时候才恍然大悟，真正理解了生活当中正数和负数是如何表示两种意义相反的量，接着我又介绍了负数的产生：史料记载，追溯到2000多年前，中国人已经开始使用负数，并应用到生产和生活中。例如在古代商业活动中，以收入为正，支出为负；以盈余为正，亏欠为负。在古代农业活动中，以增产为正，减产为负。中国人使用负数在世界上是首创。通过这样的介绍，激发了学生的学习积极性，也使学生更加深入地了解我国古代的数学在世界数学发展史上所占的举足轻重的地位，增强了学生对祖国的热爱。

反思这节课的教学过程，从这节课的学习中我得到了如下启示：

一、数学的学习应密切联系实际

在本节课开始教学时，我按照多媒体设计的思路，有条不紊地去讲解。但我发现，我所利用的知识比较脱离学生的生活实际。比如说国家进出口商品总额的增长率问题：美国减少6.4%就表示成增长-6.4%。德国增长1.3%就表示成增长+1.3%，那么这里的增长-6.4%是什么意思呢？虽然增长和负增长是表示两种意义相反的量，但商品进出口总额离学生的生活实际太远，甚至学生都没有听到过，学生当然理解不透。而我所举的游戏中玩扑克得分和扣分的实际情况，学生由于有了生活的实践，理解起来就相对容易得多了。从这些问题当中让我真正感觉到了，数学的教学应该密切联系实际，更好地走进学生的生活，数学的知识就应该让学生在实践中去应用、去探索。

二、数学是重要的基础学科，是开启科学大门的金钥匙

数学的学习离不开生活，而数学的应用更加广泛，可以说在生活中无处不在。今天这节课虽然是七年级教材的第一节课，但从新课程的设计理念而言，也是在告诉我们数学来源于生活，又反过来作用于生活。当今由于计算机技术、多媒体的运用，数学已渗入到人类社会的各个领域。在我们的学习、生活、工作乃至娱乐中，数学的作用都与日俱增。数学的学习是锻炼学生思维能力的有效载体。数学的学习能够使孩子们更加聪明，学习数学能够使学生思维更合乎逻辑、更有条理、更严密、更精确、更深入地思考和解决问题，增强了学生的好奇心、想象力和创造力，有助于提高学生的计算能力、学习能力。学生们通过生动活泼、积极主动的学习，培养了更加广泛的数学兴趣，不断增强探究能力。因此在今后的教学中我更要重视数学的实际应用，把数学的学习与生产、生活实践紧密地联系起来。

三、数学的学习要勤于思考、勇于探索、善于归纳

数学的学习不仅要求学生要有一颗数学的头脑，同时还要有善于分析问题的思维。数学的发展源远流长，我们所学习的数学知识经过前人的总结、传授、继承和发扬，已经从丰富多彩的实际背景中抽象概括出了我们现在所学习的数学知识，我们要掌握祖先的数学知识，还要在学习的过程中积极思考、勇于探索、善于归纳。我们通过不同的数学活动，比如观察、分析、猜想、实验、推理、反思、交流等活动获取数学知识，积累数学经验。数学的教学不仅仅是对学生进行知识的输送，更应该提升学生的数学素养。本节课虽然讲述的是正数和负数，但在实际生活中负数的产生极大地推动了数学的发展。而学生的现在的认知还停留在小学数学的知识基础之上，对于负数的理解还有其片面性。比如说，学生对于珠穆朗玛峰的海拔高度为高于海平面8844.43米记为+8844.43米，而吐鲁番盆地的海拔高度为低于海平面高度155米，记为什么？学生就不太好理解，针对这样一个问题，我就给学生列举了海伦大家庭的大楼，地面上有6层，地面以下有2层，如果把地面作为基准——0层，那么高于地面6层就记作+6层，而低于地面2层就记作−2层。通过这样的实例，学生有切身的体会，理解起来正负数也就得心应手、水到渠成了。为了进一步加强学生的理解，我还找学生到讲台上来，规定以他们所在的位置为0米，以向东运动为正，向西为负，引导学生通过实践，进一步深化和理解正数和负数是表示两种意义相反的量。这样就把培养学生的数学能力与学习数学知识能力有机结合起来。

通过这一节课的学习，我真正感觉到了数学的学习要结合学生的现有知识水平，充分挖掘学生的潜能，要注重理论联系实际，通过浅显易懂的知识，让孩子们在快乐中学习，在学习中获得快乐。数学的教学，不仅仅是教给学生知识，更重要的是在于让学生懂得知识的产生、运用，培养学生的综合素质。上好一堂课容易，上一堂好课真的很难，数学的教学任重而道远。

检测学习目标的达成初探

每一节课都能让学生学好、学会是对每个教师教学的最基本的要求。但是在教学实践中，往往因学生的个体差异，会有各种各样的问题产生，这样一来，检测学生学习目标是否达成就非常重要。

所谓数学课堂教学目标，是指教师为了实现一节课、一个知识点、一个知识碎片要完成的教育目的所预设的一些教学要求。数学教学目标是课堂教学的出发点，它的设计是否合理直接影响着数学课堂教学的成败，在实施过程中，影响学生学习效果的好与坏。

数学课堂教学目标的设计主要包括三方面的要素：一是怎样梳理清楚教材；二是怎样正确认识学生；三是教师要灵活处理学生和教材知识点之间易于学生接受的方式和方法。因此，课堂教学目标完成的条件伴随着新课程改革的逐步深入，"灵活梳理教材"或者说"创新性地使用教材"已经成为我们教育教学中不可缺少的一步。为了实现检测课堂教学目标是否达成，首先教师本身要有创造性使用教材的认识，其次还要在对教材知识的拓展中创造性地使用教材，从日常教学中有效地开发、利用数学课程资源；"用教材教"而不是"教教"的这一理念一定要成为我们心中不变的主题。

记得有一次，我在讲人教版八年级下第十八章第三节《特殊的平行四边形——矩形》一课时，为了达成学生学习目标，我认真研究我所教班级的学生学情，研究课标，还努力向本组的师兄们请教。我首先确立了这节课的学习目标是掌握矩形的概念、性质和矩形判定条件，通过探索矩形的有关性质和如何判定矩形的这一过程，发展学生初步的推理能力，培养学生主动探究、自主学习的良好习惯。"数学源于日常生活，还要指导服务于生活实践"。教学中，为了能够实现这个目标，我准备了一个平行四边形活动框架和两根橡皮筋，我用情景导入新课，先让学生观察生活中有哪些实物是长方形的，学生从生活实际出发，举例抢答：黑板、门框、桌面、书面、地板砖等等，既活跃了课堂氛围，又增加了学生学习的兴趣。这时我说："很好，那么同学们你们知道长方形的边和角有哪些性质吗？"与此同时，我拿起已经准备好的平行四边形活动框，用两根预先准备的橡皮筋套在相对的两个顶点上，拉动其中不相邻的顶点，改变平行四边形的形状，让学生观察平行四边形的四个内角、两个相邻的边、对角线都有怎样的变化。当变化到平行四边形的一个内角是直角时，让学生研究这个特殊的平行四边形，此时这个特殊的平行四边形是否还具备平行四边形的性质，学生展开了激烈的研究讨论。此刻，我鼓励学生大胆地说出自己的见解，让学生自己去发掘这个特殊的平行四边形——矩形，不但具备平行四边形的性质，还具备平行四边形不具备的性质。这时，我趁热打铁引入新课，开始了本节课的新课教学，课后我发现，通过这种办法的教学使学生的学习积极性增加了，学生主动学习的氛围上来了，对于原来不愿意学习和失去了学习兴趣的学生，开始重新树立了学习数学的信心，设立的学习目标也有效达成了。

总之，教学目标的达成就是对教学内容的整合，还要进行分层次教学，深入了解学生的实际情况。平时教师要多细心观察学生，了解学生大致分哪几个层次，通过水平测试、问卷调查等方式来了解，用以调整教学内容和教学目标。根据现有的教学条件和教材，制定适合的课堂教学目标。一堂课的教学目标可以根据学生的不同情况设计出不同方案，最终达成课标中所要求的教学目标。在实际教学中，设计问题要由浅入深，因人而异，使每个学生在每一节课中都有所收获，做到真正意义上的因材施教，这样教学目标才能更有效达成，学生的素质才能真正提升。

在引导发现中提高学生的素质

在素质教育课堂化的今天，如何利用有限的课堂时间激发学生学习兴趣、培养学生能力，选择好的教学方法就显得尤为重要。在教学中，我本着"教学有法、学无定法、贵在得法"的原则，为更好地培养学生的能力，全面提高学生的综合素质，我优选"引导发现法"这一教学模式为主要教学方法，教学中一法为主，多法配合。

"引导发现法"主要通过学生的观察、动脑思考、研究讨论、听、讲、操作实践等多种途径发现问题、研究问题、总结规律，以达到获取知识、发展能力、促进学生全面发展的目的。

一、在"引导"上下功夫

现代教学方法要求教师起主导作用，也就是要求教师要成为学生的引路人、指导者。对于一节新授课，在正式进入发现、观察过程之前，如何能够根据教学内容和学生的实际，对学生进行正确引导，使之能主动地发现问题，应该说这是运用"引导发现法"的前提。根据多年的教学经验，我主要采用以下两种方法：

首先，精心引导，宏观调控。

"引导发现法"是以问题为中心，对教师和学生的要求都很高，教师如果不能很好地把握教材，了解学生的现有知识水平，抓住学生的心理特点，就会出现"干启不发"或者所答非所问等情况。因而，教师所出的问题难易要适度，使学生明确问题的导向性，结合学生现有知识水平及思维方式，教师要做好宏观调控，所提出问题要能引发学生发现新问题，更重要的是要在教学中为学生创设一个认识上的困难情境，以激发学生探求问题的欲望。例如，在《勾股定理》一节中，我首先从等腰三角形的判定及推论入手，引导学生研究特殊的角所对的边的特殊关系，再引导学生观察直角三角形的形状特点后，提出问题："在直角三角形中，三边之间存在着什么样的关系？"这一实质问题，这样引导，便于学生有目的进行尝试，由问导疑，由疑寻思，由思循果。好的问题可"一石激起千层浪"。再比如《多边形的内角和》一节中，我引导学生从三角形内角和入手，研究四边形、五边形、六边形的内角和各是多少度，然后提出：通过刚才研究的问题，你发现了什么规律？根据你总结的规律，你能求出多边形的内角和吗？通过问题引导，充分调动了学生研究问题的积极性，为学生提出假设做了必要的准备。

其次，引入"歧途"，激发思维。

由于学生受到年龄的影响，学生的思维方式常常受到已有知识约束，在教学中，我常常依据学生已有的知识水平、思维方式以及学生易混、易错的地方，故意设计一些题目，将学生的思维引入"歧途"，当学生思维出现困难时，教师再加以点拨，为学生创设一种"山重水复疑无路，柳暗花明又一村"的情境，常收到事半功倍的效果。在讲多边形外角和定理时，我引导学生："我们知道，在多边形中，边数每增加一条，内角和就增加180°，外角和是否也增加180°呢？多边形的边数越多，外角和是不是就越大？猜想并讨论一下，十边形的外角和可能为多少度？与四边形的外角和相比，哪个更大些？以你的结论推断，多边形的外角和应该为多少度？"经此一问，学生们七嘴八舌地讨论起来，最后得出了结论：任意多边形的外角和都是360°这一结论，也达到了拓展学生思维能力的目的。

二、在"假设"上做文章

在教师的引导和启发下，学生通过分析、综合、比较、推理等活动，产生假设，作为教师，要有对学生提出的假设做出准确判断的能力，由于学生受年级所学知识的影响，做出的判断、给出的假设不一定完全合理、科学，但教师首先要调动学生积极性，使学生学习能够"乐在其中"。在学习平行四边形的判定定理时，我引导学生：在四边形EFGH中，如果有一组对边平行即EF∥GH，那么你添加一个什么条件就能判定四边形EFGH是平行四边形？学生马上动了起来，有研究对边相等的，有假设另一组对边平行的，有假设对角相等的等多达七种情况，对于学生的发言我给予表扬，并引导学生用已学过的定理加以判定，学生对自己提出的假设自己验证，激发了学生学习兴趣，也提高了运用定理进行判断推理的能力。

在《勾股定理》一节中，通过假设"勾^2+股^2=弦^{2}是否成立"引入定理的证明，学生在教师的引导下满怀激情地去验证自己的假设是否成立，通过这些教学活动，学生对知识的掌握也会相当深刻。

三、在"验证"上想策略

在发现过程中，学生做了种种假设，然而这些假设不都是合理、科学的，必经过验证即理论上加以证明，证明的方法很多，但无论运用哪种方法都要让学生积极动手、肯于动脑、乐于实践，努力培养学生的综合素质。在验证中，要善于发现学生的创新意识，学生对问题提出的不同看法与见解，并对学生这种勇于探究和大胆创新精神给予充分肯定与鼓励，努力为学生创设一种和谐氛围。在《勾股定理》一节中，我用激励性的评价用语鼓励学生大胆创新、勇于实践，用磁力黑板及学生自制的学具，通过色彩鲜明的几何图形的拼补，既刺激了学生的感官，又调动了学生勇于尝试的积极性，使学生如同在拼七巧板一样拼出熟知的几何图形，在浓厚的兴趣中顺利完成定理的证明。

四、在"总结"中提高

当学生还沉浸在成功的喜悦中时，教师要不失时机地引导学生整理知识，使之条理化、系统化，让学生能够在总结中进一步掌握知识内在联系，作出认识上的结论，教师要对学生的总结进行评价和修正。

五、在"运用"上获取知识、培养能力

在教学中，我常设计一些开放性题目，采用留有余地的方法让学生主动在探索中寻求新的知识，寻求解决问题的办法。其实数学教学最重要的是学生思维方式的引导，运用"引导发现法"通过教师创设问题情境，引导学生去发现问题、提出问题，无论学生是有疑而问或者无疑而问，都是一个思考的过程、学习的过程。通过学生认真去研讨、大胆地去思考，积极地去合作，进而达到学生既学习了新的知识，又获得了解决问题的方法，从而培养了学生的逻辑思维能力和解决问题的能力。

第四章 行者之梦

黑龙江省海伦市爱国学校 史立鹏

史立鹏简介：吾须眉者，乃塞北人士，姓史名立鹏，自嘲曰行者。相貌尚可，爱好甚广，文武之道，略有涉猎，虽无精通，足以自乐。吟诗诵书，务求会意，常存教书育人之志；嗜茶好酒，无品牛饮，确有附庸风雅之嫌；善动喜球，每周必练，惟怀强身健体之心。亦动亦静，坦诚待人，虚活不惑，蹉跎至今。

吾本顽童，生于乡村，学于师范，业于爱国。传道解惑于杏林，不求闻达于西席。赖上不以予卑鄙，盐梅以寄，尽绵薄于孔孟之道，施教以语言文字，幸不辱命，遂植墟坞以追梦。后值更替，受任于将倾之际，解困于危难之间，尔来二十有三年矣。

吾常忆初师之时，童稚之心亦存，授生习字之法，读文之技；稍成，悟太白之诗，领醉翁之意，不求甚解，亦复讲来，修身养性；再长，教处

175

世之道，育诚明之性，亦增兴邦定国之力。

从教以来，殚尽力竭，恐误人子弟，以伤先生之名，故初心不改，与时俱进。今"三步"阅读，理念全新，方法小成，"读放讲议练"，五字教学，笑傲课堂，立德树人，沐桃浴李，百花齐放。此予所以报党恩而忠国家之分内也。

万校、古老、罗师、二刘，皆海教大情怀之人，乃三生之良友，今把文共议，诚受益匪浅也。吾辈无仲尼墨翟之贤，无管仲伯夷之能，片语只言，不配于行家相媲，然吾坚毅之心，青云之志，醇厚之情，创新之识，亦可见一斑！

逝者如斯，而未尝往也。人生之事变幻无穷，万事皆顺自然之理。星星之火，但求燎原；行者之梦，无怨无悔！

第一节　教育感悟

爱而不纵，严而有理

教育不能没有爱，就像池塘不能没有水一样，没有爱就没有教育。多年的班主任工作实践使我切实感受到对待学生要充满诚心爱心。班主任要像一团火，对学生满腔热忱一身温暖；要像一池水，点点雨露滋润心田；要像一盏灯，照亮道路指引航程。

日常生活中班主任必须设法克服困难，挤时间，有空就深入到学生中去，了解学生情况，逐步掌握每个学生的兴趣爱好、性格特点，在嘘寒问暖的同时，更重要的是在孩子心间播撒爱的种子。在班级工作中注重启发引导、教育感化、尊重爱护每一名学生，不歧视任何人。树

立"只要努力，每个人都能成才"的思想。大胆鼓励学生，发现自己的闪光点，优化他们的自我意识，调动学生的主观能动性，让学生学会自己管理自己，自我管理的意识在班级中要逐步形成。当然也有违纪现象出现，当有的同学管不住自己时，会在其他同学善意的提醒和老师的暗示后，马上收敛，自觉反省并改正。班主任和气的语言谈心，形象的暗示，长此以来必然会促使班级形成民主、友好、和谐的气氛。当学生意识到班主来师是真心爱护他、关心他，为他操心时，无论你是耐心的帮助，还是严肃的批评甚至是必要的斥责，学生都会乐意接受。这就是所谓"亲其师，信其道"。相反，如果班主任没有取得学生的信任，那么即使你教育目标正确、教育方法科学，教育也无法达到期望的结果。

班主任对学生不仅要给予关心、爱护、帮助、鼓励、鞭策、指点、引导、开导等，使师生之间关系融洽、自由、和睦，而且要对学生严格要求、严加管教，使师生之间有一定的距离。

严格，对学生的认真管理和教育，它是使学生的智慧和思想品德沿着正确的方向发展，成为合格的现代文明学生的必要条件，对学生执教从严，严师出高徒，常言道："严是爱，松是害，不管不教，要变坏"，学生要形成一个良好的行为习惯、良好学习风气和良好的思想品质，在校需要教师，特别是班主任的严格规范与正确诱导、启发。"严"，就是班主任以严肃的态度、严厉的手段，营造一个严肃的氛围，对学生进行教育的过程。中国青少年研究中心副主任孙晓云谈到这样的观点："没有惩罚的教育是不完整的教育"，其中说到"教育本就是十八般武艺"，通过惩罚"让孩子为自己的过失负责"，我也非常赞同这一个观点，即"没有惩罚的教育是不完整的"。这里所说的"惩罚"不是指"体罚"，而是通过一种教育方式要让学生明白自己应该承担的责任，同时要求教师具备良好的自身素质，在真正意义上对学生进行教育引导，因此它与加强师德师风、教师职业道德建设并不矛盾，而是一对矛盾的统一体。当然，要"严而有格"。"格"就是范围、分寸。班主任对学生要求严但不能超过一定的范围，严要有分寸。同样的错误——作业未做，一贯表现好的学生一定有其客观原因，而普通学生就很难说了。班主任对待这样的学生，就不能简单、草率批评完事，而要采用不同方法去严格要求学生，这个不同方法就是"格"。如果班主任严而无格，乱严一气，势必会有不好的结果。因此，在对学生的教育过程中，我主张必须要有严格的要求、严谨的作风、严肃的态度和严密的组织。

在教育过程中，学生既是老师作用的对象，又随时显示一种"反作用"，这种反作用表现在：班主任的教导和要求，都要经过他们情感的过滤或催化。如果师生没有达成信任，学生面对班主任教师的教导就无动于衷，严惩的还会产生抵触情绪和对抗行为。这种感情上的相悖，怎能教育好学生？班主任工作的艺术就在于根据学生的心理发展规律，针对不同学生的心理特点，一把钥匙开一把锁，对学生的教育，既要关爱学生，又要严格要求，得不到师爱的学生比得不到母爱的孩子更感到痛苦，内心伤害更严重。总之，我觉得班主任对学生，要严出于爱，才严得有理；爱寓于严，才爱而不纵。只有把爱护学生和严格要求学生有机地结合起来，才能调动教育者和受教育者双方的积极性，才能产生最大的教育效果。

做合格的班主任要有"四心"

在独生子女多、父母外出打工多的现状下，班主任工作及教学工作越来越难做。但是，我认为，只要我们班主任在工作中肯付出辛劳的汗水，在管理班级及对待学生上拥有信心、爱心、细心和耐心，这"四心"就能把班级管理好。

作为一个好的班主任，我认为首先要有信心。信心是向成功迈出的第一步。我们每一个人要想成功，首先要树立自信心。一个班级要想有一个积极向上的风气，首先要有一个积极向上，充满信心的班主任来指导和管理学生的日常生活和学习生活。班主任是学校教育的中坚力量，是一个班级所有学生的组织者和各项活动的带动者。一个班级只有在一个对生活积极向上、对工作充满信心、对学生亦师亦友、对自己自信自爱的班主任的带领下，学生的身心和成绩才能越来越好。

在刚刚接任班主任时，我们难免会遇到班级成绩不理想的情况。但是面对较低的成绩，我们不应该丧失信心，要相信在班主任和同学们的共同努力下成绩一定会有所提高的。在之后的工作中，班主任的工作重点应该是帮助同学们重拾信心，要认真备班会课，在班会上鼓励学生，充分发挥班干部和小组长的带头作用，尽快地帮学生树立自信心。除此之外，还应该帮助学生制订学习计划，教会学生合理安排学习时间。我相信经过班主任与全班同学的共同努力，班级成绩一定会有所提高，同时全班同学的精神状态也会越来越好。我认为取得这样的好成绩主要归功于"信心"。

其次，要有爱心。古语云"爱人者人恒爱之，敬人者人恒敬之"。要想有一个良好的师生关系，教师首先要有爱心。作为一名班主任更要有一颗爱心，要从内心深处喜爱自己的学生，只有这样才能教好自己的学生，管好自己的班级，学生也会更加尊重爱戴老师。班主任是全面关心学生发展的老师，包括关心学生的生活、健康、学习和心理等方面。学生是有血有肉的人，关怀学生就是关爱生命。现在的初中生大多处于十四五岁的年纪，存在活泼、好动、贪玩和叛逆的性格特点，对于这个年纪的孩子班主任更有义务多了解、多思考怎么能更好地教育他们，最重要的是多付出一些爱心。要正确地引导和教育他们，让他们在爱的教育中快乐地学习，并且要教给他们如何去爱别人。

再次，要做一名合格的班主任还要细心。记得张瑞敏曾经说过一句话"把每一件简单的事做好就是不简单；把每一件平凡的事做好就是不平凡"。我们教师所面对的学生都有自己的个性。要教育这些学生，首先要了解他们，要时刻关注他们的学习、生活以及情感世界。还要多与学生交流、谈心，多家访，了解学生的喜怒哀乐，分析他们的思想动态，这样才能做到对学生情况的全面了解从而总结出相应的教育特点。特别是那些成绩、品德较差的学生，不要忽视他们，要不厌其烦地为他们讲解他们不理解的知识和道理，还要细心发现他们身上的闪光点，要激起他们进取的热情。如果班主任对学生的细微的闪光点选择视而不见，会使学生失去自信。只有细心地发现问题，才能更好地解决实际问题。

最后，班主任对待学生及班级管理上还要有耐心。人的全部本领不过是耐心和时间的混合物。班主任面对的不是个别学生，而是整个班集体，学生的素质也良莠不齐，所以我们还应该拥有足够的耐心。在班主任工作上，我们要讲究方法，观察学生思想上的变化。要知道学生是会随着年龄的增长、环境的变化而变化的，尤其是他们正处在十四五岁的年纪，所以作为班主任必须具有足够的耐心来教导他们。班主任是与学生相处时间最长、与家长接触次数最多的老师，除了正常授课之外，还要管理学生们的日常生活、学习生活以及人身安全和情感问题。如果孩子有任何问题，学校领导和学生家长都会第一时间与班主任取得联系。以上种种，都说明要想做一名合格的班主任必须具备耐心。

我认为"教育"就是教书育人，而育人又是教育的重中之重。因此，一名合格的班主任对学生不仅要有耐心和细心，更要用爱心鼓舞学生，让每一位同学都能够自信愉快地成长。

锻炼良好的心理素质　　以"最佳竞技状态"迎接中考

一般情况下，考生在考前有以下四种状态：

一、过分激动状态。常表现为情绪体验强烈而紧张、心跳加快、情绪状态不稳定，考生如果处于这种状态，往往注意力失调、心不在焉、不能控制自己。其产生与考生的能力水平程度、复习准备情况、临场经验、个性特点和意志品质有关。

二、淡漠状态。这种状态与过分激动状态相反，表现为情绪低落，所有心理过程都进行得非常缓慢，软弱无力。萎靡不振，意志消沉，缺乏信心、心境不佳，知觉和注意过程的减弱，不果断，甚至不想参加考试。从心理上的原因来看，往往与考生对考试的不利方面想得太多，又没有解决的办法，缺乏顽强的意志有关。

三、盲目自信状态。主要表现在对考试的艰巨性和困难估计不足，过高地估计自己的力量，盲目自信，处于这种状态下考生不准备动员自己的全部力量去克服困难，注意强度下降，知觉、思维迟缓，这种状态对考生能力水平的正常发挥不利。

四、最佳竞技状态。这种状态表现为考生对面临的考试有清楚的认识和理解，对自己的能力水平有清楚的、实事求是的认识，对自己的力量有充分的信心，有全力以赴参加考试和争取成功的愿望，处于这种状态的考生，注意力集中。在即将来临的考试上，注意范围增大，知觉的敏锐性提高，情绪饱满，精力充沛，具有稳定、增力的情绪。这种状态对考生考试水平的发挥有较好的促进作用。

对于每一位考生和家长，无不希望考生能以"最佳竞技状态"出现在考场上。那么，到底如何做才能达到最佳竞技状态呢？笔者从以下三方面来分析：

一、考前复习掌握技巧很重要

1. 考前几天重点在于消化、掌握、准确和熟练。考生可把做过的试卷看一遍，进行回忆，目的在于总结考场经验，吸取教训。同时对照《考试说明》对各科基础知识、基本概念再次进行复习，以保证考试中的答题速度。

2. 考试是按总分录取，薄弱的科不能放弃，在复习时更应多花些精力。

3. 考生应有一个平和的情绪和心态。考生要理解命题者的意图，每年对题目的难度、题量是有一定要求的，因而考生策略上是先做会的，先抓容易题和中档题。在中考题中容易题、中等题、难题的比例是2∶6∶2或2∶5∶3，中低档题占70%—80%，抓牢中低档题就抓住整个卷面的大头。

二、考前做好充分的心理准备很关键

1. 知己知彼，充分认识考试的重要性，明确考试的具体要求；正确估价自己的能力水平，分析研究自己考试的有利和不利因素，明确自己的奋斗目标。

2. 确立良好的应试动机。考生参加考试的动机是多种多样的，考生如果有崇高的社会动机，就能为形成良好的考试心理状态创造条件。

3. 形成最佳的情绪状态。考场的气氛、试题的难易程度，使考生为了争取考试成功经常处于成功与失败的迅速变换的激烈斗争中，其情绪会发生激烈的变化，这些变化对考生有积极或消极影响，这些情绪体验直接影响到考生考试水平的正常发挥，考试中的心绪不安，会导致考试失败，因此考生要力求形成自己的考前所特有的情绪振奋感。

4. 树立必胜的信心。信心是发挥考生应试能力的重要条件之一，无信心会导致考生心理过程的混乱，影响自己实力的发挥，甚至招致失败。造成考生无信心的原因有：自己实力不足，缺乏临场经验，过去考试失败而产生的心理障碍，过高地估计考试的难度，对自己产生怀疑等，树立信心；首先应从思想上提高认识，其次要加强自己的复习准备，再者可通过一些模拟考试，使考生适应，可以预防考生考试无信心的现象。

5. 培养应试意志。顽强的意志在考试中特别重要，平时就要培养适应紧张环境、勇于克服困难的顽强意志。

三、临考心理调适必不可少

在人的心理世界中，情绪扮演着重要的角色，它像是染色剂，使人的学习、生活染上各种各样的色彩；它又似加速器，使人的学习活动加速或减速地进行。我们需要积极、快乐的情绪，它是获得学习成功的动力。临考做好心理调适能够使考生在考场上自如发挥。

1. 情感乐观、思维活跃

有人说：情绪是思维的催化剂，思维能力可以通过情绪的调节而显示出更高的效应，人也会因此显得更聪明、更能干。积极的情绪可使人精神振奋、想象丰富、思维敏捷、富有信心。消极的情绪则使人感到学习枯燥无味、想象贫乏、思维迟钝、心灰意懒。高高兴兴地学和愁眉苦脸地学，效果大不一样。心情高兴时，会增强学习的信心和兴趣，产生学习新知识的强烈愿望，会感到大脑像海绵吸水一样，比较容易把知识"吸"进去。而烦恼、焦虑、愁闷、恐惧时，会降低学习的愿望和兴趣，抑制思维活动，从而影响智力发展。

2. 适度焦虑、激发动机

有些同学因前阶段的成绩不理想而担忧，害怕看到家长失望的目光，眼看离中考越来越近，心里一点儿底也没有，虽然天天挑灯夜战到深夜，但效率不高，睡眠质量不高，常做噩梦，第二天头脑昏沉沉的……看来过重的学习负担、心理压力、家长和社会过高的期望已使这些同学的情绪处于过分焦虑状态。其实学习需要一定程度的焦虑，心理学试验表明：焦虑水平与学习成绩呈倒"U"形关系。无焦虑或焦虑水平过低，学习无紧迫感，对什么都无所谓，肯定学不好；而焦虑水平过高，人的精神极度紧张，又会影响正常的思维；只有处于中等焦虑水平的同学激发内在的学习动机，变压力为动力，学习效果最好。这就提醒我们要调控情绪，使之保持适度焦虑，客观地认识自我，在学习中扬长纠短，讲究学习方法，为实现理想的目标坚持不懈地奋进、拼搏。

3. 积极暗示、挖掘潜能

消除过分焦虑可进行积极的心理暗示，大家都有这样的体会，一个人总是沉浸在不愉快的回忆中或满脑子都在想我怎么学不好、记不住时，情绪肯定低落、焦虑，且效率不高。因为这种心态不利于大脑正常发挥作用。考生要学会自我调节，当你坐在书桌前开始学习时，脑海中先浮现出令你最自豪、最愉快的画面一分钟，并在心中默念三遍："考试前我一定能复习好""我绝对有能力学习好"，然后充满信心、精神振奋地投入学习，不妨试试，会有明显的效果。因为在我们每位考生的体内都有一颗成功的种子，也许有的还在休眠，快些把它唤醒，它会把你带到成功的高峰。积极的自我心理暗示有助于增强自信、排除焦虑，充分挖掘潜能，提高复习学习效率。

面对决定人生前途的中考，学生的精神压力、心理负担很重，因此容易怯场。如：一进考场心跳加快，头脑晕乎乎的，面对试卷，脑海中一片空白，一走出考场，又感到题题会解，但一切已追悔莫及。考试结果也说明，许多同学落榜，并不全是因为考题太难，而是因为思想过于紧张，从而导致记忆混乱、思维阻滞而发生失误。可见，考场不只是对考生基础知识和基本技能的考验，更是对考生有无良好心理素质的考验。笔者仅从以上三方面做了粗浅的分析，仅供广大考生参考。

关于乡村教育的几点思考

对于目前乡村教育的问题，我做如下思考：

第一，我们的乡村教育快乐地接受不足。这里边包括两个方面，一是教师愉快地接受教书育人的任务，二是学生愉快地接受学习成长的任务。

我们的现状是教师被动接受、完成教育教学任务，只有很少一部分教师能够自主、愉快地完成本职工作。其原因首先是教师本身要么功利心太强，以"钱"和"权"作为自己投身教育教学的目标，完全没有了基本的职业道德；要么倦怠心太重，多年来的教学生涯平平淡淡，无欲无求，不上不下；要么进取心太少，"副高到手，万事无忧"，大有一副退居二线的架势。第二方面的原因来自教育行政部门和学校管理层。教育行政部门对教师的评价机制缺乏激励作用，"绩""效"不对等，甚至出现"高绩低效""低绩高效"的情况。再加上学校管理层缺乏应有的高度，谋划工作不从学校发展出发，只关注"个人得失"，管理混乱，人心涣散，让本来就是少数的踏实工作的同志（这部分人虽然少数，但是却承担着很多学校的希望）看不到希望，甚至干工作的到最后还不如那些不干工作的，长此以往内心再纯洁的人也会失去平衡，哪还有心情好好工作。甚至道听途说过个别学校居然出现考核时某些人抓阄分配"优先模"的事，简直是笑话！此等管理，教师如何能愉快地工作？车无头不走，鸟无头不飞。火车跑得快，全靠车头拽。管理层，尤其是校长的高度就决定了一个学校的高度。就好比九中，不能否认朱校长带动了九中大部分领导老师，即使有少部分唱反调，但主体是好的，所以学校发展势头不错。反之有些学校，可想而知，我不多说。"一个校长，就是一所学校"这话说得不无道理。

再说学生快乐学习的问题。这个现实很清晰，试问海伦市所有的小学、初中、高中学生能有多少是自己愉快地主动地学习？不用回答，我们心知肚明。之所以出现这种情况，原因肯定是多方面的，但作为教育工作者，我们只能从我们自己的角度去剖析，我们的教育之所以不快乐，就因为我们在教育教学中制定规范和对学生提出要求时没有考虑学生的接受能力和心理感受，单纯地从我们教师的角度，一味追求我们心目中认为应该达到的完美目标，比如：为了班级纪律好，就要求学生在班级里不许说话；为了不出安全事故，就要求学生课间非上厕所不许出班级；为了提高成绩，就每天每个学科都要完成一套试题等等。这些规定看似都是为学生好，可是实质呢？别说孩子，就是把这些规定让我们老师自己执行，我们心里会舒服吗？会快乐吗？规矩必须要有，作为学校就应该是给学生建规立制的地方，学生成长也必须要经受"修理"才能长直长高，教育工作者要让学生明白，无规矩，不成方圆。那么问题出在哪儿了？就出在了规则的制定和落实上。制定规则时多考虑考虑学生，或者让学生参与规则的制定，执行起来学生更容易接受。教育家魏书生管理班级制定班规的方式方法就非常可取，因人而异，各自分工，细化责任。另外，在严格执行规定的同时也要把握分寸，教育的最终目的是为了孩子成长，成长不是一蹴而就，需要循序渐进，我们要允许学生犯错误，只要它不是犯原则性、法律不允许的错误，要给他们改过的机会，给他们改过的时间，学校要有这样一种文化、老师要有这样一种气度来成全学生的发展。我们的教育实践中普遍地存在着对教育认识狭隘化、短期化的问题，狭隘就是把教育具体理解为学好学校开设的主要科目，它们往往是那些要考的、知识性强的，如语文、数学、外语、物理、化学等；短期化，是指强调教育对近期的、可测量的考核、评比标准的满足。其后果是教育教学围绕"考""评""查"等具体要求转，尽管大家工作得辛苦又到位，但却渐渐丢失了教育更为根本和长远的价值，即对社会发展和学生发展的奠基性价值。这种教育的结果不仅引起了学生厌学、逃学等现象，也使得教师不尊重、不爱护儿童等现象不断发生。教师只关注了学生的成绩，唯分数论，教师执着于分数，说白了就是教师从自身利益考虑（成绩好就是名师，成绩好利益就多），忽略了或根本不考虑学生成长的其他方面，不夸张地说可能是教出了一少部分成绩高学生，可是却耽误更多学生的一生。"教育"，其包含"教"和"育"两个层面，但就是"教"也不仅仅是"教知识"，至少还应该"教技能""教方法""教过程"，更何况要有"育"呢？单纯地注重成绩，把教育的范围压缩得极其狭小，甚至导致教育方向偏离，让教师、学生谈何快乐？

　　第二，我们的乡村教育等待的心态没有。教育界有句名言"静待花开"。每个孩子都是一朵花，绽放只是早晚的事，非得要求他们同时开放、尽早开放，似乎有些过于牵强。更何况，说不定"晚开"的就好比秋之菊、冬之梅更加动人呢？教师搞"一刀切"，既难为学生，又难为老师自己。卢梭曾说过：大自然希望儿童在成人之间就要像儿童的样子。如果我们打乱了这个次序，我们就会造成一些早熟的果实，它们长得既不丰满也不甜美，而且很快就会腐烂；我们将造成一些年纪轻轻的博士和老态龙钟的儿童。老师们早已习惯用一种成人的眼光和心态去评价、衡量正处于生长发育状态中的孩子，他们没有耐心等待孩子的自然成熟。事实上，如果我们不把每一个孩子都当作独立的有生命的生态环境，无视孩子的个体需求而过度开发，必将付出比破坏自然生态更大的代价。我们面前的学生，每个人不可能站在同一起跑线上，用同样的速度，沿着同一条途径，达到相同的终点。差异就不应该被当作教育中令人头痛的问题，而是被作为一种财富和资源，有了这种认识，教师就不会刻意追求完全趋同整齐划一的标准，静下心来，慢慢等待。

有了等待，就有了生命。教师心目中只有教书而无育人，只有知识而无生命，将学生物化，忘记了学生和教师一样也是具有独特生命意义的个体。这种对个体特殊性以及个体生成方式的忽视，最严重的结果是导致教育和教学成为重复性的机械劳动，变为不需要变革的一次次封闭的循环过程，使课堂"沙漠化"，没了生机。学生有不同的生活方式，有不同的行为方式，有不同的智力发展水平，有不同的家庭背景，有不同的价值观，有不同的精神追求，无论他处于什么样的状态，都是一个自足的生命体，每一个学生都有自己的优势智能领域，有自己的学习类型和方法，学校里其实并不存在差生，全体学生都是具有自己的智能特征、学习类型和发展方向的可造就人才。学生之间的区别不是聪明与不聪明，而是存在哪些方向聪明和怎样聪明的区别。正如，我们很难区分莫扎特、爱因斯坦、毕加索、乔丹、柏拉图谁更聪明一样。无论何时，我们都要树立这样一个信念：每个学生都具有在某一方面获得发展的可能，只要为他们提供了适当的教育，每个孩子都能成材。教师应当做的，就是为具有不同智能潜力的学生提供适合他们发展的不同的教育，促使每一个学生全面充分地发展。教师要让课堂焕发出生命的色彩。让生命贯串于教学的全过程。让生命在评价中张扬。让生命在师生交往中提升。

有了等待，就有了尊重。一句话，一个眼神，一种暗示，都会让孩子产生心灵的震动，都会伤害孩子的自尊和人格。课堂上教师希望学生按照教师的预设思路完成学习，教师不顾学生的差异，不理学生的思维，不合乎学生的"与众不同"，希望学生都能将问题一一化解，都能自我探究、自觉领会、实话实说，真正的课堂如果都能这样，还需要教育吗？还需要教师吗？那学校的存在还有什么意义呢？在这种完全由教师控制的制度化的课堂里，教师极易将人物化，导致对学生个性、生命意义、见解、差异的不尊重。教师在和学生相处的时候，是不是真正由衷地对他表达出一种善意呢？是不是处处尊重维护他的人格尊严，哪怕是要批评教育他的时候，也考虑到他的精神承受力，这是我们教育需要自我审问的东西。我们教育就是要为未来培养合格的公民，特别是要为未来社会，民主、开放这样的生存环境，培养一个有平等意识的人。在我们的社会里面，一切都被等级化了，无论走到什么场合，都被等级化了在我们的课堂里，我们的学生是不是也被等级化、符号化了呢？也被不断地渺小化了呢？这渺小的结果、不平等的结果就使得人的心态不能健康，我们的不平等的教育就培养两种类型的人，一种就是唯唯诺诺、谨小慎微的，另一种就是胆大妄为的狂妄之徒，很难培养出正常心态的人，能够理直气壮地表达自己的情感这样一种健康的人，这也是我们教育所缺乏的。教育的过程不是一个简单的理性知识的传递过程，而更多的是师生间感情交流的过程，师生间良好的情感关系直接影响到教学行为的有效性，而这一情感交流的基础便是尊重和信任，良好的教育必定是建立在人性向善的预设上，讲求的是尊重和信任。

学会等待意味着教师要能够用发展的眼光看待学生，意味着能够用从容的心态对待自己所做的工作。其实，对于我们个人来说，我们90%的努力都是徒劳的，而正是这貌似徒劳的努力，使我们拥有9%的接近成功的机会，而正是这9%接近成功的机会，最终使我们拥有1%的取得成功的可能。我们现在各种各样的孩子都有，各种各样的状态都有，我们不要操之过急，更不能铤而走险，不能为了某一点功利的目标做出让自己后悔一辈子的事情。我觉得对教师来说，他做得最糟糕的事情莫过于让人耻辱一生。

第三，我们的乡村教育服务的意识缺乏。学校是为学生开办的，学生不是为学校而生的。学校因为有学生而成为学校，而不是因为有教师而成为学校的。教师是为学生而存在的，为学生服务的。没有学生，教师也就没有了存在的必要。一所学校生存的前提是有学生愿意来学校读书。怎么让学生来学校读书呢？要靠学校提供的优质教育服务。学生和他们的家长最需要什么？看来主要还不是漂亮的校舍或者先进的设备，而是优质教育服务。一切为了孩子，为了孩子一生的发展，应该是教师最直接的，也是教育终极的目的。真正的教育就是一种服务，教为学服务，师为生服务。一旦我们树立了服务意识，并努力改善服务时，我们工作中的许多情势都会发生变化，这些变化会提高一个人的幸福感。当努力提供服务时，人际关系会发生变化，教师提供优质服务，学生喜欢你；后勤人员为师生主动热情服务，那师生欢迎你。人是社会动物，一个人工作时最大的烦恼来自工作环境中的不良人际关系，为别人提供良好服务可以改善人际关系，并通过人际关系的变化而改善你的为人，能提升你的幸福感。学校因为你的优质服务而提升了品牌优势，生源源源不绝，业务量保持稳定，收入也将保持稳定，你在一所品牌学校工作感到骄傲，也符合你的个人利益，这样，学校集体利益与你的个人利益一致起来。

服务意识要求教师摆正位置、改善态度、提高技能。说实话，教师和学生，如果是服务者与服务对象的关系，那么两者之间的关系应该是人格平等的共同学习的关系，这对教师的身份是个严峻的挑战，尤其是对于我们的教师，早已习惯享受"师之尊严"，一旦承认教师是服务者，那么服务得好不好，谁说了算？当然是学生说了算、家长说了算。学校怎么能知道学生和家长的意见？两个办法，一是满意度调查，二是接受举报投诉。这两个办法做起来都不太麻烦，因为哪个服务行业不设计这两个机制用来持续改善服务并赢得顾客呢？在教育行业里，关键还在于我们是否真正承认我们的服务者身份。"忘记自己的教师身份很难，但是一旦真正忘记，我们就会发现我们和孩子是平等的，在他们面前我们并没有什么特权。教育是一种影响、一种熏陶、一种感染，而且主要不是靠说，而是靠做，今天有效的教育，不是我说给你听，而是我做给你看，教师率先垂范，这才是好的教育。当然，仅仅履行职责是不够的，医院里的病人需要的不仅仅是治疗，商店里的顾客不仅仅要商品，宾馆的客人需要的不仅是一间客房，饭店里的食客难道只要一顿午餐？教师还要理解学生，而不是一味去责怪学生，把自己放在学生或其他服务对象的立场上去思考问题，去考虑你的服务对象行为背后的各种原因，以及此时他最需要的是什么。学生到学校或到办公室问问题，必须让他感到受欢迎；教师找到干部或后勤人员寻求服务，也要让他们感到受欢迎；家长到学校或打电话进来，都要让他感到受欢迎。教育服务不同于商业服务与企业服务，教育服务是一种复杂的服务活动，尤其是教师，对专业水平的要求很高，也就是说教师提供的教育服务既要完成国家制定的课程目标任务，又要执行学校依法制定的质量标准和质量过程，同时，要将这些目标任务标准过程化为让学生可接受乐于接受的服务活动。教师不仅是在完成传递人类文明的任务，还应该用自己的人格力量和文化素养去感召和感染学生；教师不是先要求学生尊重自己，而是先让自己成为学生的偶像去赢得他们的尊敬；不是用严格控制或批评惩罚去牵住学生的注意力，而是了解你所教的孩子的心理需求，设法用你的魅力、用凝聚在你身上的对真理的敬畏、对善良的信仰以及你的气质、得体的语言、你的激情、你的幽默和真正地对生命的关怀去吸引并指引每一个孩子。这样复杂的服务活动，如果我们不学习不研究，我们就很难胜任。

以人为本，以德治校，筑梦未来

近年来，我们爱国学校以义务教育均衡发展为契机，在市委市政府、市教育局的大力支持下，学校硬件设施不断完善，教师素质日益提高，教学手段灵活多变，教学工作的过程管理不断强化，教育教学工作得到夯实，国家、地方、校本三级课程全面落实，经过全体爱国教育人不懈的努力，摸索出了一条符合爱国当地发展的教育管理模式。我们一直秉承"以人为本，以德治校，筑梦未来"的办学理念，秉承着"为人正、为学勤、为业精"的校训，创建"和谐、修身、求实、创新"的校风，利用三年的时间完善了九年一贯制学校的基本配置，探索着九年一贯制学校的发展方向，全校教职工积极努力打造梦之队，甘心乐为筑梦人。现就具体情况从三个方面做具体汇报：

一、管理以"官"为本，狠抓干部勤修"政德"

实施"以德治校"关键在于学校领导干部。能否真正落实"以德治校"，取决于干部队伍是否德行高尚。因此，"以德治校"必先"以德治官"。近几年来，我校在实施"以德治校"时，首先从学校领导班子做起，只有干部勤修"政德"，才能要求教师勤修"师德"，从而鼓励学生勤修"品德"。作为校长，我时刻提醒班子成员必须自觉提高自身的道德修养，树立起为师生服务的观念，要具有"担任一份职务，承担一份责任，做好一份工作"的强烈愿望。领导带头学习教育教学理论，带头钻研业务，带头实践教育管理，带头深入教育第一线，上好一门课，蹲好一个学年组，带好一名青年教师。平时吃苦在前，享受在后，树立榜样意识、责任意识、能动意识、协作意识、创新意识和服务意识，做到心胸宽一点，工作勤一点，读书多一点，思考深一点，观念新一点，管理活一点。

我要求领导班子成员做到"三勤"，即勤学习、勤研究、勤创新。教育的前瞻性和信息时代的知识特点，要求校领导必须勤于学习。要明确教育的指导思想，勤于学习邓小平理论中有关教育的论述，掌握贯彻党的教育方针；要学习国内外先进的教育理论，用科学的教育理论武装头脑；要掌握现代信息技术知识，扩大信息交流渠道；更要到教育实践中去学习，用现实经验丰富管理知识和能力。我校地处特殊位置，加之历史原因，学校的生存和发展面临严峻的挑战，新形势、新情况是现有书本知识不能全部解决的我们必须勤于研究。要通过研究，解决学校改革与发展的长远规划与近期计划，解决学校的科学管理问题，解决学校的个性化建设和创建特色学校问题。创新就是开拓进取。这是时代精神的要求，教育发展的要求，是学校进步的真正动力。我们在校内管理体制和机制上勤于创新；在教育教学工作上勤于创新；更在学校外部生存和发展环境上创新。

二、育人以"师"为本，要求教师勤修"师德"

教师的思想、品质、情操及言行习惯对学生身心发展影响很大，这种影响具有很强的内化性和长效性，直接或间接地影响学生道德品质的形成和发展。师德建设事关教育大局。我校在日常管理中以师德师风建设为突破口，培养教师日常行为的养成。

学年初，我们修改出台了《爱国学校教师考核方案》，结合市教育局出台的"七不准"和"十条禁令"等制度，进一步明确师德师风建设具体标准，并通过"致家长、学生一封信"方式向学生和家长公开承诺，与每位教师签订师德师风目标管理责任状，保证制度得以落实。以习近平总书记提出的"四有好教师"（有理想信念、有道德情操、有扎实知识、有仁爱之心）为标准，我校工作中着力培养"德艺双馨"型教师。将思想素质高、业务能力强、教学经验丰富的教师与新参加工作的教师结对，定期召开骨干教师培养工作座谈会和经验交流会，同时，抓好典型培植、树立工作，发挥优秀教师和先进典型辐射带动作用，组织学校优秀教师和先进典型开展"从我做起、对我监督、向我看齐"活动，并借助集中政治学习、党小组活动、民主生活会等形式，组织教师开展"双向"评议，增强活动感染力。引导教师树立主人翁意识，积极参与学校各项工作，带头弘扬正气，抵制歪风邪气。在业务发展上，以校本课为主，促进教师专业化发展，改变惯性思维和传统教育教学方式，打造了一支学科配套、专业齐全的现代化教师队伍。管理中，我们坚持以建立和谐的师生关系为突破口，树立教师新形象，提高职业道德水平，拓宽师德师风建设内涵。组织教师开展"五师"活动，即树师表、正师风、育师德、练师能、铸师魂。深化爱心教育的同时，构建学校师德师风建设文化，大力推行"敬业、爱生、严谨、创新"的教风，把"以人为本"体现在人格、信念、责任及道德规范之中。

三、全校以"生"为本，引导学生勤修"品德"

学生是教育的对象，工作中我们确立和尊重学生在教育活动中的主体地位，尊重他们的个性特点，学校的一切活动都为满足学生的成长和发展而设计和组织，班级管理突破"以教师为中心"的传统管理模式，推行"以生为本"的管理模式，重视"感情投资"，以情感人，使学生因感到温暖而把班级当作自己的"家"，从而形成一个温情脉脉，人人"爱家""报家"的"家庭式"的组织。

没有规矩，不成方圆。在教育中，我校统一制定了《爱国学校学生在校一日常规》，来引导学生发展。落实过程中，我们还要求各班级制定"合情"的班规。除了大家遵守的共同内容外，还针对每位学生的实际状况，又与学生分别对以上规范进行了变通，形成"师生约定"这样就可以充分发挥学生的个性，培养学生积极进取、勇于开拓的创新精神。同时，我们要求教师与学生一起设立"跳一跳，够得着"的可行性强的"合理"目标，引导学生品尝战胜自我的快乐，体验自我放纵的痛苦，从感情上激起自我教育的欲望；同时帮助学生制订具体有效的自我教育计划，一步一个脚印，踏踏实实地走向成功的彼岸。学生日常学习生活中的问题由学生"自主"管理，我校日常的纪律、卫生工作均由"学生监督管理岗"来完成，学生的事由学生来解决。这些方式和方法，沟通了学生的思想，融合了学生的理想、信念、作风、情操，培养和激发了他们的群体意识，使学生把自己的思想、情感、行为与整个班级、学校联系起来，自觉地为创造健康向上的班风、校风而努力奋斗。

实践证明，"以人为本、以德治校、筑梦未来"的办学理念，使我校出现了"人人都是教育形象，事事都是教育资源，处处都是教育阵地"的良好局面，形成了"教师想做事、能做事、做成事，学生要学习、会学习、好学习"的发展格局，学校的教育教学质量不断提高。当然，塑造灵魂的使命是神圣的，育人的道路是漫长的。因此，作为学校管理者，今后我们将继续把"以人为本"的理念贯穿于学校各项工作的始终，扎实推进"以德治校"工作的开展，以便更好地完成党和人民赋予我们的历史使命，为中华民族复兴的中国梦"筑梦未来"。

扎根爱国，再谱新篇
——2016年爱国学校开学典礼发言

各位领导、各位同事、各位同学：

首先，请允许我代表海北镇爱国学校全体教师对此次莅临我校的各级领导表示热烈的欢迎，对本学期能选择我们爱国学校的全体同学表示衷心的感谢!

又到一年九月初,又是一年开学季。说实话,我个人作为教师代表发言不是第一次,可今天是让我内心最不能平静的一次。此时此刻我想到了一句话:年年岁岁花相似,岁岁年年人不同。但凡年纪在30岁以上的人大都能够记得,若干年前的爱国中学在海伦教育界可是名字响当当的,那时这里曾经是我们的骄傲;当然,现在我们耳边听到的更多的是最近几年海北中学的流言蜚语,听到这些心里不免有些酸楚。可以说,就在我们的学校是留是撤的关键时刻,市教育局、海北镇党委和政府英明决策,成立了海伦市农村第一所九年一贯制学校,我们海北镇爱国学校就揭开了崭新的一页,海伦教育中小学一体化的进程也随之迈出了扎实的第一步。

作为一名土生土长的爱国人,作为曾经在这所校园里学习了四年、工作了十九年的我,发自内心地感到高兴。我想不仅是我,那些所有曾经和正在为爱国教育事业付出过的人,那些所有懂事理、明是非的爱国大地上的老百姓,那些所有曾经和正在这所校园里学习的人,都会由衷地感到高兴。尽管只有在场的正在亲身经历这一变革的人才知道,这其中包含了多少的心酸与困难。即便如此,压力就是动力,舆论就是鞭策。以王华校长为首的我们这些爱国教育人没有退缩,正式开学七天,我们每天都在用踏踏实实的工作去努力赢回那曾经属于我们的口碑。几天来,看看我们的领导,几乎每天必开一次会研究工作,为的就是把事情想细,将事情做好,绞尽脑汁,群策群力,为师生服好务。作为老师,我为有这样的领导感到荣幸。看看我们的老师,53岁的刘淑华老师作为二年级的班主任,一两年后就要退休了,可是从早晨到午间,从课上到课间,班级里从来就没少过她那消瘦的身影;家住海伦市里的六年级二班班主任张岑东老师正式开学七天,没有一天早晨迟于六点四十深入班级;年轻教师高贤惠身怀有孕,本可以适当休息,可当学校由于某些原因人员紧张时,她毅然挑起了七年二班的班主任重担,等等,还有那么多人,请恕我不能一一点名,他们不讲条件、不计得失,他们任劳任怨、无怨无悔,每次检查时我都会被他们深深感染,作为老师,我为有这样的同事感到骄傲。再看看我们的同学,态度更端正了,言行更规范了,听课更认真了,发言更积极了,学习更勤奋了，作为老师，我为有这样的学生而感到自豪。"千淘万漉虽辛苦，吹尽狂沙始到金"。今天，教育局、镇党委、镇政府给了我们一份信任，明天我们全体爱国教育人有信心，也有能力还你们一片爱国教育的朗朗晴天。

同学们，一个学期说长也长，说短也短，四个多月，一百多天而已。站在新学期的起点上，起好步，开好头至关重要。借此机会，我想对你们提些希望：希望刚刚来到爱国学校的新同学尽快适应新的环境，找到家的感觉，迅速融入新的班级里去。希望所有同学新学期要有新的计划，新的目标，树立信心，知难而上，勇于竞争，共同提高。九年级毕业班的同学们，你们将是我们海北镇爱国学校的第一届毕业生，这既是荣耀，也是责任，希望你们能在2017年的中考中捷报频传，将我们爱国学校提高教育教学质量的第一阵战鼓敲得震天响。同学们"人间春色本无价，笔底耕耘总关情"。我们老师早已做好准备，为了你们的成长进步，我们愿意竭尽所能，全力以赴。因为我们选择了教师这个职业，就注定我们的梦想和荣誉都与你们连在了一起——你们是幸福的，我们就是快乐的；你们是进步的，我们才是优秀的。

老师们，同学们，新学期，新起点，新希望，让我们一起成长，共同进步。千言万语不如踏实肯干。请领导们放心，请家长们放心，请同学们放心：有海北教育厚重文化底蕴的濡染，有我校曾经辉煌历史的激励，有王华校长的正确领导，有45位教师们的辛勤付出，有400多名莘莘学子的努力拼搏，星星之火必将燎原，我们这几百颗红心定能染红海北教育的一片天！

明天就是一年一度的教师节了，提前祝同事们和教育界的同人们节日快乐！同时祝各位领导工作顺利！祝各位同学学习进步！

谢谢大家！

教导主任期末述职报告

尊敬的各位领导、各位同事：

大家好！

2016—2017学年度对于我们爱国学校来说，注定是不平凡的一学年，这一年，从合并小学部，到校园基础设施建设，从稳定合并教师情绪，到全力调动教师积极性，事情接踵而来。作为海伦市第一所农村九年一贯制学校，机遇与挑战并存，困难与希望同在。临近期末，站在这里进行总结，回顾我正式就任爱国学校教导主任这一年的工作，我首先感谢校长的信任和同事们的支持。作为起步中的九年一贯制学校的校长，王校长强调管理以人为本，遵循原则，找准学校建设发展的工作思路、抓方向、抓大事，对班子成员信任、鼓励，尤其是对我个人，放手让我在教导主任的岗位上发挥才能。基于这种工作指导思想，上任后，我首先在协调干群关系、师生关系和调动广大教职工的积极性方面做了大量的工作，增强了学校的凝聚力。结合学校标准化建设工作这一契机，教导处工作重心稳步迈向"抓管理、提质量、促和谐、创特色"这一学校长远发展道路上。这一年来，我们秉承着"使每一位学生都得到发展，让每一位家长都能够满意"的办学理念，坚持"不尚空谈，多办实事，注重实效，狠抓落实"的工作作风开创性地工作，教育教学质量稳步提升。2017年中考，重点高中录取率达到35%左右，位居全市第三名，创我校建校以来最好成绩。

"学校里里外外面貌一新"这不仅是我校每位教职工对我校过去一学年的评价，更是广大学生家长和社会各界对我们工作的肯定和鼓励。我很清楚，这些成绩的取得主要归功于校领导的支持与师生的拼搏，没有各位领导作为坚强后盾，我无法迈开脚步，没有全体教职工的鼎力支持，我今天也没有这份自信。当然，一年的时间太短，要做的事情还很多，工作中的不足也有很多，恳请各位领导给予批评指正。下面，我就这一年个人与学校的工作向在座各位做述职，请予以审议：

一、加强师德师风建设，营造高质量的德育环境

我校师德师风建设和德育工作紧密依托党建工作。"围绕教育抓党建，抓好党建促教育"，充分发挥学校党支部的战斗堡垒作用和共产党员的先锋模范作用。通过不断总结和探索，我校党支部以"夯实支部基础工作，发挥党员核心作用，营建和谐发展氛围，创建学习型支部"作为工作抓手，积极参与学校的日常管理。在参与管理过程中，学习科学的管理理念，旨在用目标导航，按计划行事，用制度约束人、激励人，保证了各项工作有条不紊、高效地开展，也使学风、教风乃至整个校风在潜移默化中得到不断优化。

学校工作以德育工作为首，起初我们成立了德育工作领导小组，制订并落实计划，充分发挥协作作用，积极开展各种活动。抓学习，提高每个教师的德育素质。组织教师学习《中小学教师职业道德规范》《未成年人保护法》《中小学教师行为十不准》等教育法规，增强遵纪守法、依法施教的自觉性，提高教师科学育人的水平，倡导以德为本、以德服人的教育思想，形成勤于学习、善于育人、勇于创新、乐于奉献的高尚师德，打造了一支品行好、能力强、工作踏实、乐于奉献的教师队伍。

在德育教育工作中，晓之以理、动之以情，提高德育工作的感召力，使学生德育工作卓有成效。利用主题班会、校园板报、国旗下讲话、"文明班"评比等活动对学生进行思想品德、日常行为规范的教育和管理，结合我校实际出台了《爱国学校学生违规违纪处理办法》，促进了良好的班风、学风和校风的形成。开展丰富多彩的活动，通过举行各种文体娱乐活动，活跃校园文化氛围，组织学生参加各类活动比赛，丰富了学生的学习生活，张扬了学生的个性，锻炼了学生的能力，陶冶了学生的情操，得到了全面发展，也让广大家长十分满意。

二、严抓常规管理，努力提高教育教学质量

教学质量是学校工作的核心和生命线，是教育教学工作的重中之重。任职以来，我始终把提高教育教学质量作为一切工作的出发点和落脚点，以教学工作为中心，以素质教育为核心，严抓常规管理，强化落实手段，要求每位一线教师课堂上仍然坚持"不尚空谈，多办实事，注重实效，狠

抓落实"工作作风，根据我校的实际情况，本学期我校把小学部的重点工作放在了小学生行为习惯养成教育的培养上，重点抓学会倾听的习惯、善于思考的习惯、敢于提问的习惯、与人合作的习惯、自主读书的习惯、按时完成作业的习惯、举止文明的习惯、诚实守信的习惯、尊重他人的习惯、懂得感恩的习惯、勤俭节约的习惯，一学年下来，每一名小学生都有了长足的进步，让人颇感欣慰。这样就为实现九年一贯学校中学部优秀生源自己培养的梦想奠定了坚实基础。中学部的重点工作则放在了教师课堂教学效率和学生学习效率的提高方面。课前备课，我们要求教师做到四落实、四统一。随堂听课，不打招呼，校长、业务校长、教导主任、教研组长听后个别交换意见，提出要求和建议；每周四第七节课是教研日，安排公开课，全校教师都可以听，然后利用校本教研活动日进行评课，共同研讨课堂教学改革的经验和做法。第二学期结合进修校的"国培"工作安排，我们又很好地利用研课、磨课的机会，让每位任课教师都学有所得。课后作业的管理，我们要求教师做到"四精四必"，平时业务领导利用查教案、查备课、查作业批改；看课堂教学效果、看学生学习情况；分析考试成绩的质量等方式，来规范教师的教学工作。教导处牵头每月对教师教学常规工作进行定期或不定期检查，及时奖优纠错，奖罚分明。这些措施很好地督促教师，有力地促进了教师业务水平的提升。

校本教研方面，加强了各学科与信息技术的有效整合。根据我校只有一个多媒体教室的实际情况，教导处进行了周密的安排，保证每个班级每周最少上两节多媒体课，充分利用网上教学资源，上好多媒体教学课，以此促进教师教法的改进，提升教师的教学水平。集思广益，自身挖潜，努力开展好音体美教学工作。根据我校的实际情况，中小学均没有专职的音体美教师，我们打破中小学界限，打破学科界限，使能胜任音体美教学工作的老师都能承担相应年级的音体美教学工作，这样就缓解了音体美教师严重不足的问题，也保证了每一位学生综合素质得到全面发展。在全校教职工的共同努力下，我校成功地举办了2017年爱国学校春季体育运动大会、初中部学生篮球赛、小学部学生跳绳比赛。

这一学年以来，我个人经常深入课堂、走近教师，了解学生，很好地融入了这个集体，听课不少于100节，参加了不少于40次的学年组、教研组会议。我本人身兼毕业班班主任、语文课教师，工作头绪多，任务量大，统筹安排，合理分配，行政与教学从未发生冲突，尤其是今年中考毕业班35%左右的重点高中升学率更是赢得了社会各界的一致赞誉。

三、安全管理落到实处，积极建设安全、和谐校园

作为教导主任，主管学生纪律卫生工作，我深知自己肩上的责任，所以要求自己的一定要尽力工作，把学校建成家长最放心、学生最安全的场所。我要求老师要强化责任心，消除一切侥幸心理，关注细节，把工作做到前面。为了防患于未然，我们每周一集会上学校会根据季节、天气、周边环境等对学生进行安全教育，每周五放学要求老师在班上强调安全，学校和班主任老师在每次对学生进行安全教育后做好教育记录，学校时刻关注教育的动向，了解有关学校安全事例，及时组织教师进行学习，提醒教师不要好心办坏事，提醒教师要学会控制自己的情绪，不要因为一时的冲动惹出不必要的麻烦，要求教师增强工作的责任心，把学校的安全工作做实、做好。一学年下来，我校未出现任何安全事故和破坏和谐稳定局面的事件，让每一位学生满意，让每一位家长放心。

四、存在的问题及今后的设想

1．学校标准化建设需加强，运动场、校园文化建设、各功能室的建设迫在眉睫，作为2018年迎接国家标准化检查的学校，我们还要谋划好校园布局，还需要添置必要的办公设备及教学设备。

2．尽管学生回流势头已经出现，但学生生源不够稳定，来源比较复杂，家庭教育的缺失，尤其是留守儿童和单亲家庭儿童仍然影响我校教育发展，这将是我校今后工作要解决的课题之一。

3．刚起步的农村九年一贯制学校年级跨度大，教师中小学融合后管理难度大，并且考核标准、作息时间的不同也给管理带来相当的难度，2016—2017学年中也发现了不同程度的问题，尽管都得以妥善处理，但也提醒我们下学期要进一步将工作做细、做实。

4．农村九年一贯制学校，面对有限的教育资源，如何能更好地利用好手中资源，并且最大限度地提高其效率？如何真正贯通小学与中学教育理

念、学段间教学内容与方式分割、中学希望好生源自培的梦想壁垒？这些问题都是我们今后研究的课题。

5. 对我个人而言，做教导主任仅仅一年，经验欠缺，与校领导的要求还有一定距离，再次敬请各位领导今后多多批评指正。我个人有信心，也有决心不断探索、奋力求成，用自己所做的每一件事，去诠释一名教师的责任。为爱国学校在奋进中追求创新，办爱国人民满意的学校而贡献我个人微薄之力。

我的述职结束，谢谢！

第二节　教学感悟

教学无痕，精彩有痕

升入初三，三年一班的付建宇同学在第一单元的检测中仅仅考了30分，他接到卷子之后，看了看随手揉乱扔到了书桌里。这一情景恰巧被我看到了，当时我很生气，于是我把他叫到办公室，他理直气壮地说："我语文基础差，跟不上了！"由于他的语气不好，我把他训斥了一顿，他哭了，哭得很伤心。就在这一瞬间，我感到我面前的这个孩子有很强的自尊心，也意识到自己这种冲动的大声训斥可能会是徒劳无益。同时，我内心也产生了一种慈爱之情。于是，我让他坐下，说道："你考不好知道生气，说明你很要强。也想把语文学好，对吗？"

他点点头。接下来，我就耐心地指导他如何最快地取得语文学习的进步，并根据他的实际情况给他安排了每天的学习计划。最后，他非常感激地离开了教室。

接下来的几天，我始终注意观察他的听课状态，并以较简单的问题向他提问，随之鼓励他。明显的，他已经在进步之中了。一天放学后，他走到楼梯口，主动对我说："老师，我每天都在按你说的去做，我感觉我进步了！"我笑了笑回答他："是啊，老师也看到了，真为你高兴！只要你有恒心坚持下去，你会更优秀的！"没想到的是，他接着又问我："老师，我想考一中，你说语文至少得考多少分呢？""有志气！至少得100分吧！"随后，我又对他鼓励了一番。

　　在期中考试中，他考了60多分，主动找到我说自己没考好。我说："你已经进步很快了，不能一口吃个胖子。"学期末考试，他居然进入了百分行列，我虽然对他的成绩有所怀疑，但并没有直接去问他，怕伤害了孩子的自尊心，而是从正面找到了答案。我和他谈心时，他告诉我说："这次的考题，我答起来很顺手。字词我妈都考过我，你讲的古诗词我都理解了，默写翻译也不成问题，阅读分析我也有了感觉，再加上你交给我们的方法，我丢分很少。只可惜，这次作文写得不够理想，要不然……"听着孩子的话，我意识到我的怀疑是多余的，也很庆幸当时自己的理智。我与他分享了初次成功的喜悦，我说："如果以后每次都能这样去做，综合起来，你的语文就了不起了！"他摸了摸后脑勺，笑了。就这样，他初三一年的学习热情始终保持着。再加上初四的努力，中考时，他真的取得了108分的好成绩，也如愿考入了海伦一中。这些对于他，一个曾经掉队的孩子来说，是多么的不容易啊！

　　我对他的认真、执着由衷地感到高兴，关键不是他的分数，而是在我为人师的过程中我的付出得到了回报。这也使我认识到教师的言传身教对于学生的影响是多么的重要。我细致耐心的教导和鼓励，使他从掉队的边缘走到成功；我的几句话，成为他很久一段时间的动力。可见，教师在学生遇到困难时，设法去点燃学生心灵的火花，会使学生受益终生。有时候教师的一句话，会关系到学生的一辈子。由此，我也深深感悟到，每个孩子都是一本书，是一朵需要耐心浇灌的花，是一支需要点燃的火焰，他们的心理脆弱，情绪易波动，所以需要正确的引导和温暖的鼓励。但是，对学生的行为，我们常常是凭着自己的感觉去评价，不去体验孩子那一颗纯真稚嫩的心，因而有时会曲解他们的言行，使他们受到委屈，而学生由于不被理解也容易失去前进的动力。要解决孩子这本书，需要我们满怀爱心与热情，去触摸孩子的心灵，尽可能给孩子更多的理解，关爱孩子、尊重孩子、宽容孩子，我们就能够找到开启学生心灵的钥匙。

老师，请不要吝啬你的鼓励和表扬

2020年8月，新学期开学由于学校人员紧张，我接手初四一班语文课。相比较而言，初四一班是我校不太好管理的班级，和我一直担任班主任的初四二班比，一班学生学习劲头不足，纪律也比较松散，教师上课要经常维持课堂秩序，组织课堂教学。可是到了毕业班，面临中考，领导把这份责任放在我的肩上，我就要尽力去完成好，更何况做好工作也是我个人一直努力追求的，我坚信那句话：没有学不会的学生，只有不会教的老师。带着这样的目标，我从开学初就对班级进行了全面的了解，和班主任沟通后，第一节课我没有讲课，和学生们聊了一节课的天儿，将自己想和他们一起努力提高语文成绩的想法传达给了他们，并告诉他们我相信他们每个人的实力，不管他们每个人以前表现什么样，我只看现在和以后，希望他们从现在开始做一个崭新的自己。下课前我布置了预习任务：背诵默写文言文《得道多助，失道寡助》，并强调第二天我要看大家的表现。

第二天语文课，我提问默写《得道多助，失道寡助》一文，全班44名学生23人完全正确，5人错了一个字，11人错了两个字，4人错了三个字，1人错了五个字，这很出乎我的意料。更让我感到意外的是一名叫宋占超的男同学，他居然完全写对了。根据我掌握的情况，这名同学可是班级里出了名的"风云人物"啊！不守纪律，不做作业，经常迟到早退，打架斗殴，成绩当然很差，几乎全校师生都知道他有这些缺点，但谁也说不出他有什么优点。面对这种情况我马上找到了他，和他做了沟通，我问他今天全写对，昨天下了多少工夫。他说昨天课堂上您说今天要看我们的表现，我不想输给别人，回家后就大约用了20分钟把课文背了下来，然后又写了一遍，把不会的和写错的字多写了几遍，也没觉得怎么费劲啊。听了这话我很高兴，又给了他适当的鼓励，希望他继续努力。第二天在我担任班主任的初四二班上班会时，我把宋占超同学昨天的表现作为典型介绍给了同学们，让大家在这件事上以他为榜样向他学习。之后的一段时间，我也一直关注一班同学，尤其是对宋占超经常地鼓励和表扬，他也一直表现很好。十月份月测，作文题是《我快乐，因为我……》，在作文中宋占超同学这样写道："我知道，我以前不是一名合格的学生，因为我总是做一些学生不该做的事，也无心学习，当然也从来没有感觉到学习的快乐。可是现在，我快乐，因为我受到了表扬；我更快乐，因为我进步了。……这一切都源于新语文老师开学初的那次表扬。其实，那次我也只是不想给新语文老师一个不太好的印象，回家之后就认真地做了预习，第二天课前默写我自己都很意外居然都写对了。更让我意外的是语文老师不仅找我谈了话，给了我鼓励，第二天二班的同学告诉我老师还在他们班表扬了我，让大家向我学习。……我已不记得在这之前我上一次受表扬是什么时候了。从那一刻起，我就下定了决心：我一定要重新审视自己，我要做另一个我。"我把这篇作文分别读给了两个班的学生听，同学们都很为宋占超高兴。一班同学更是信心十足，学习语文热情高涨，果然效果也是明显的，期中考试一班的语文成绩一改以往大幅落后的局面，优生率大幅提高，宋占超同学破了个人语文成绩的纪录，得了92分。成绩出来后，他特意来到我办公室向我表示感谢。

看着同学们的进步，我感到很欣慰。一句激励的话，一份赞许的表扬，一个充满爱意的行为，也许就改变了一名暂时落后的学生，也许将引导着一个逐渐优秀的集体。作为教师，在教育学生时，我们要善于发现学生的闪光点，适时地给予表扬；更要善于发现学生的点滴进步，及时给予鼓励。尤其是那些曾经被我们忽视的学生，他们以前被认可与表扬的机会真的不多，他们甚至都忘了受表扬的滋味了，当我们很郑重地表扬或鼓励他们的时候，我相信他们的内心深处一定会有所触动。

每个学生的个性、能力虽然有着不同的差异，但是他们对成功的期盼是相同的，任何一名学生，即使是一个总是得不到表扬，而且屡屡遭遇失败的学生，也都有表现自己展示自己才能的欲望。他们所需要就是教师正确的引导和温暖的鼓励，逐步培植他们坚定的信心，一点点的表扬和鼓励对他们都是无比的珍贵啊！

老师们，请不要吝啬你的表扬和鼓励，因为它可能改变孩子的一生。

用心发现，处处有"米"

多年的教学经验告诉我们：语文教学最难的当属作文教学。说作文教学困难的原因也是多方面的，有学生的原因，有教师的原因，有理论的原因，也有实践的原因等等，但其中有一点原因不能忽视，那就是作文素材选择方面的原因，很多学生受困于无事可写、无话可说。古人云：问渠哪得清如许，为有源头活水来。那么写作素材的"源头"在哪里呢？个人认为写作素材的"源头"就在于生活，就在我们身边，只要我们用心发现，用心感受，生活处处有"米"。

围绕作者自身生活取"米"。作文很大程度上带有自传性质，往往写的是"私事"，因此，作者自己的故事和心路历程是我们必须高度重视的素材来源。优秀文章写个人事迹者居多，也充分说明向自身生活要素材是重要方法之一。作为教师引导学生结合自身生活找素材，要从外到内、从低层次向高层次发展，要让学生先考虑自己做过的事，再考虑自己做那件事的时候的心理变化。侧重引导学生记述自己的行动轨迹，以自己所作所为为材料作文。莫怀戚的《散步》就是写自己的经历：劝母亲散步，和全家人散步，途中的两难选择，祖母顺从孙子，我背母亲，妻子背儿子。

这几个镜头不仅反映了和谐融洽的家庭关系，更表现了敬老爱幼的传统美德。深入引导学生写复杂一点的"私事"的时候，除了具体生动地描述空间行为以外，也必须表现自己的心理历程。如有一个学生考试作弊，被他的好友告到老师那里，结果受到重重的责罚。那个学生在日记中发誓："与不够朋友的人决裂！让我以真分数回答你吧！"此后，他用日记记录下自己发愤学习的点点滴滴。我们从日记里发现，这个学生随着成绩的提升，对好友的怨恨渐渐变成了由衷的感谢。这个学生根据日记记录，写成《久违的感谢》，真实地记叙了事件的过程，细腻地描述了由怨恨到感激的情感波澜，文章颇为成功。初中教材中的《羚羊木雕》《城南旧事》就属于这一类。只要作者用心琢磨，详加体会，自身生活绝对是取之不尽用之不竭的"大粮仓"。

围绕作者身边生活取"米"。我们每个人的身边，每天都在发生着各种各样的故事，只要你用心去观察随时可以入文。校园里有许多关心你、爱护你的老师，有朝夕相处的同学、朋友；家庭里有每天问寒问暖的爸爸、妈妈，有关怀备至的长辈至亲；生活中，每天我们都会接触形形色色的人，甚至是陌生人，只要用敏锐的眼光去观察，你就会发现每天的新气象、新故事。如果我们能对这些人和事做出自己的观察和思考，便可以于熟悉的事物中觉察出新意，又何愁作文无事可写、无话可说呢？可现实是，我们的学生对身边人事视而不见，或对生活无动于衷，或只见大事忽略小事，或只重正面的、美好的，却对包蕴深意或情趣的"丑人""错事"不屑一顾，等等。这种情况作为教师就应该挑选写凡人小事的文章进行引导：教材中朱自清的《背影》我们都熟知，父亲越过铁道为远行的儿子买橘子是件小事，但小事发生在家里"祸不单行"的时候，发生在年老体胖举步艰难的父亲身上，就特别具有表现力；再比如冰心的《小桔灯》，山城小竹楼里，小女孩爬上竹凳打电话，为母亲请医生，而小女孩身上凸现出那个时代最难得的"镇定、勇敢、乐观"精神，冰心从小人物身上看到光明。这些文章正是因为他们善于观察，用心体会，才写出了精彩的篇章。另外，现在中学各科教材中也有许多素材，可以引入作文，化为表情达意的载体。可以改写，可以用来作为论据来证明自己的观点，可以写读后感，可以引用名言警句等等。中学各科教材是取之不尽的作文素材库，向作者身边的教材找素材当为妙招。除此以外，我们更不能忽视引导学生从现代媒介中寻找素材。电视剧、电影、网络，它们传递的人、事、物、理，最容易烙入中学生的记忆，这类现代媒体对中学生有巨大的魔力。其实，学生看电视剧、电影、网络，也是学习语文的重要渠道，既能丰富他们的积累，也能激发他们的表达欲望。这也为我们作文教学积累素材另辟了一条蹊径。

总之，作文教学没有一个规定的模式，也不应该有一个固定的模式。素材的选择也同样不能做出限定，主要是要抒发作者最想表达的情，叙述作者最想吐露的事件，只要达到了这个目的，无论材料来自哪里，都不重要。只要作者有一双属于发现的眼睛，有一颗善于感悟的心，我们的生活就将处处有"米"，作文绝不是难事。

语文阅读教学之三步阅读法

情感、思维、需要、方法、语言是构成阅读教学艺术的五个基本要素，它们相互联系、相互作用、交叉渗透、缺一不可。在整个阅读教学过程中，学生由语言感知课文传达的情和意，引起思维活动，理解知识和获得技能，并不断产生新的需要，进而推动其更加自觉积极地学习。另外，阅读是学生个性化行为，不应以教师的分析来代替学生的阅读实践，应重视语文的熏陶和感染作用，让学生在主动积极的思维和情感活动中，加深理解和体验，有所感悟和思考，受到情感熏陶，获得思想启迪，享受审美乐趣。阅读教学的重点是培养学生具有感受、理解、欣赏和评价的能力，有较丰富的积累，形成良好的感悟。依据这些教育理念，结合自己在语文阅读教学实践中的粗浅体会，总结出"语文阅读教学三步阅读法"仅供同仁参考。现对"语文阅读教学三步阅读法"在教学实践中的操作过程做如下简要复述：

一、"语文阅读教学三步阅读法"实施概括

导学示标明方向，走入课堂调心态；

初读文章找字词，内容主旨抓梗概；

速读文章理思路，情节构思看安排；

细读文章品经典，方法拓展齐上台；

归纳总结重梳理，布置作业分开来。

二、具体操作过程

第一环节：导学示标明方向，走入课堂调心态（课堂准备阶段）

教师"因文而异"，采取语言激趣、情景激趣、设疑激趣等方法或从题目、文中重点词语入手，设置能发挥导向作用的与课文问题相关的问题情景导入新课，激发学生的求知欲和探索潜能。教师指导学生解读本节课学习目标，让学生总体把握学习任务和方向，有效地引导学生进入了学习状态，进入了课文之"境"，从而兴趣盎然地进入了学习状态。

第二环节：初读文章找字词，内容主旨抓梗概（"三步阅读法"第一步）

教师通过范读、领读、学生自读、播放音频材料等多种方式，给学生充分的时间初读课文，在初读过程中学生要圈点勾画课文中的字词。与此同时，初读课文时学生也要思考文章主要内容和主旨，尝试用相应的方法对其加以概括，培养学生良好的自学能力和阅读文章的能力。

学生小组合作学习，互相交流之前的学习成果，教师巡回指导，参与学生学习，帮助学生解疑解困，引导学生正确理解字词，力求简要概括文章内容和主旨，为下一步汇报学习做准备。教师要让学生在小组合作中树立信心，体验快乐，学会交流，懂得协作。

学习成果汇报展示。教师利用多种教具出示字词内容，通过注音、组词、解词、造句不同形式检验之前自学和小组学习的效果，帮助学生积累字词。各小组代表汇报文章"内容主旨"，用一句话回答"文章写了什么？为什么写？"，求同存异。在此期间要让学生互评，注意规范学生语言，锻炼学生语言表达能力和口语交际能力，教师点评，激励学生，引导学生积极发言，不必追求统一答案，鼓励学生敢说出自己的想法，此处可以将竞赛机制引入课堂。这时，教师应行使主导职责，适时介入，适度地点拨引导，让学生对疑难豁然开朗，同时保证教学顺利地向纵深推进。

第三环节：速读文章理思路，情节构思看安排（"三步阅读法"第二步）

学生速读文章，结合预习（列结构提纲），理清文章结构。

教师巧妙引导学生进入第二步阅读，明确本环节学习任务之后，组织学生小组内部交流，理清文章思路，讨论文章结构，结合预习设计文章结构图，并对其加工细化，学生代表组织语言表述结构图，推选出小组内优秀作品，准备全班展示。在此期间，教师深入各学习小组，巡回指导，参与学习，协助完成任务，规范、提升学生作品质量。

学习成果展示。各小组将文章结构图在全班展示（也可利用实物展台），并由专门人员对本组的结构图进行解说，阐述其创意内容和设计原理，各小组以比赛的形式进行，学生进行互评，选出优秀作品作为本课主板书。教师结合板书结构图，总结归纳文章的"选择材料、安排材料、构思文章"的特点，即精讲"怎样写"的问题。

此环节中学生学习小组内部要分工明确：小组协调者、结构图设计者、板前表述者、对外评价者、记录者各有任务，人人参与，小组成员在发挥各自优势的同时，要不断向别人学习，弥补自身的不足，在交流、展示中提升个人的综合素养。在此过程中教师要更加关注课堂的动态生成，及时捕捉有效信息，高效处理信息，把课堂生成转化为课程资源，为教学目标服务。

第四环节：细读文章品经典，方法拓展齐上台（"三步阅读法"第三步）

学生细读文章经典部位，掌握写作方法，明确写作技巧，质疑解疑，拓展文章内容和主题。

学生在集体合作学习和展示之后，课堂上教师还要给学生独立学习文本和表述个人体会的时间和空间。此环节教师要引导学生再次走进文本，细读、精读课文精彩环节，体味和推敲文中的重点字词、语句、段落以及突出的写作技巧、表现手法等等，来进一步理解、品评文本。学生可以直接表述观点，也可以提出疑问，针对各个知识点学生之间要比较分析，可以展开辩论交流，求得共同欣赏或共同解决问题，教师要充分发挥学生的主观能动性和潜力，采用铺垫、暗示、追问、比较、联想、总结、升华等方法点拨学生，将学生从迷惑的、肤浅的此岸引向豁然开朗的彼岸，将教师的阅读视野和学生的阅读视野相互融通。教师要因势利导，以学情为"势"，着眼于学生主体发展的理念，结合备课中的事先设计和课堂即时生成的信息合理地、巧妙地、适时地将文本知识拓展开来，引导学生联系现实解读文本。教师话语权要有效地施用，但课堂上不一定要准确完美的答案，重点在于引导学生在思维、方法、表达上下功夫，以自己的学科智慧优势和视野优势为基础，对学生自主探究学习的效果进行深化和补充，及时调控，要让学生看到、悟到、感受到他自己个体阅读时看不到、悟不到、感受不到的东西，点燃学生智慧，推动目标的达成，提高课堂效率，让课堂充满智慧和灵气。

此环节中教师的主导地位被凸显，教师点拨引导的质量将决定学生对文本挖掘的深度和拓展的宽度，教师对课堂即时生成处理的能力以及对课堂的整体把握能力将决定课堂效率的高度。

第五环节：归纳总结重梳理，布置作业分开来（课堂总结阶段）

课堂活动结束之前要给学生一点时间进行课堂总结，这是教师和学生对本节课的梳理和概括，是学生把学到的零散知识进行数学建构并内化为自身知识的一个重要环节，也是将知识系统化、网络化的一个过程。其形式应该是丰富多彩的，可以由学生自己完成，也可以由教师来进行。在具体的教学实践中，由于每个教师的智能结构、课文的题材和内容等差异，收束课堂教学的方式也会有所不同，但不管怎样，最终应该给学生一种"教学已随时光去，思绪仍在课中游"的感觉。

布置作业有两类：一是针对本节课教学内容设计的起到复习、巩固、延伸作用的巩固性作业，另一类是结合下节课教学内容教师布置预习作业。但不论是哪类作业布置时一定要明确、具体，有指导性。最好能够根据学生的不同差异分层布置。

语文阅读教学之三步阅读法是笔者在语文教学实践中不断总结的结果，更是笔者不断打造高效语文课堂的产物。"三步阅读法"实施过程中对教师驾驭课堂的能力要求很高，课堂中大量的即时生成需要教师及时梳理，学生交流合作中的不确定因素需要教师适时处理，对学生的点拨评价更需要教师准确把握。另外，课堂环节的安排教师要因文而定，主体过程中的"三步"是一课时完成，还是分解为几课时进行，这都需要教师根据教学实际作出处理，不可千篇一律。

总之，阅读教学是一项长期而艰巨的劳动，教师如何使学生变苦学为乐学，变要我学为我要学，如何从单纯的字词句的教学走向段篇的教学，注重从学生的阅读能力入手，阅读教学方法的选择很重要、也很有效。选择合适的阅读教学方法是提高学生阅读能力的关键。作为一个语文教师，要会选教法，能让学生在你的引导下尽可能用最少的时间，捕捉到最多的信息。"教学有法，但无定法。"至于选用什么样的教学方法，要针对学生的实际情况，即使一种教学方法也要根据教学实际灵活应用。

"读、放、讲、议、练"语文教学模式初探

语文是学生学好其他课程的基础，也是学生全面发展和终身发展的基础。为了更好地完成语文教学，使学生通过学习语文受益终生，结合自己的教学实践，笔者尝试总结了"读、放、讲、议、练"五步语文教学模式。

现代教学论认为，教学是教师教和学生学的交往与互动过程，是师生双方互相交流、互相沟通、互相启发、互相补充的过程，也是一个教师活动与学生活动交替变化的动态过程，在这个过程中，教师必须是主导，学生一定是主体。如果课堂上这两种关系不能得以充分体现，就不能是一节成功的语文课。另外，构建主义学习理论也认为，学习应该是学生的主动构建。在课堂教学中，教师要留给学生充分的时间和空间，也要留给学生足够的展现自我的机会，学生知识和能力的获得与提高要依靠学生自身的体验和感悟，因此课堂中建立民主、平等、开放、和谐的课堂秩序就显得尤为重要。"读、放、讲、议、练"五步语文教学模式就是基于这样的考虑而产生的。

"读、放、讲、议、练"五步语文教学模式就是学生在教师的指引

下，主动探究、大胆质疑、发现规律，运用知识验证规律，最后进行创新的一种教学模式。其具体操作如下：

第一环节：读，整体感知

教师引导学生借助工具书、课下注释等辅助手段，初读文章，将生字生词、文学常识做好记录，并加强记忆，同时整体感知，把握文章主要内容和主题。学生运用发现法进行自学，尊重学生的学习经验，也是培养学生的自我阅读能力，要求学生积极思考，主动发现问题，圈点批注，对于文中自己的疑问做好记录，并主动寻求答案，能够自己解决的自己解决，自己处理不了的疑问或者学生自己对于文章中的独特见解在第二步中在全班提出。

第二环节：放，能力培养

此环节教师开放课堂，将课堂交给学生，让学生结合第一环节的自读文章，把自己读书过程中的疑问和独特感受与其他同学交流或提出质疑，生生之间互相回答，师生之间彼此交流，打破常规的教师提问、学生回答的模式，教师不设定提纲，不限定范围，不预设框架，在学生交流质疑过程中教师随机做好点拨和引导，对学生的提问和回答要做好点评，不可以放任自流，即使有些问题不要求统一答案，但也必须回答得规范、合理。当然，要想这一环节中能够让学生得以充分发挥自主感悟的效果，教师可以针对不同的问题对学生进行专门的学法指导，让学生掌握提问、答题的思路和方法，让学生课堂上有章可循、有路可走，这样才能保证课堂上不至于出现"表面热闹，实际无用"的局面。

第三环节：讲，突破疑难

此环节教师要结合课前预设，在第二环节的基础上，有针对性地进行精讲。教师讲的内容一定是预设的教学目标之中而在之前学生质疑交流中有没有体现出来的教学重难点，教师讲解的内容在于精，不在于多，要讲到关键点上，要在为数不多的教师讲解的时间段，解决最需要解决的问题，有的放矢，消除学生的学习障碍，让学生聚焦共识，提问学法，以达到融合知识的目的。现代语文课堂教学强调突出学生的主体地位，但也不能忽视教师的精讲作用，教师的讲还是突破教学重难点的一种有效办法。

第四环节：议，潜能开发

此环节教师要努力挖掘教材内容和现代社会生活的联系，将语文课堂教学延伸到实际生活，真正实现"大语文"教学。通过之前三个环节的学习，学生对课文内容有了比较深刻的认识，已经掌握了文章的主题、构思、写法以及语言特色等，这时教师再给学生时间和空间把课文和实际生活联系起来思考：生活中有类似的事吗？文章构思有什么值得学习的地方？文章语言有什么特点？读完文章你有什么感想？类似这样的问题学生自己去思考，班级内可以交流，彼此分享对方的经历和感受，对于不同的意见也可以展开讨论，直至达成共识。教师要适时引导。如果发现学生遇到"瓶颈"，教师也可以按照自己课前的预设，为学生主动引导讨论思路和范围。

第五环节：练，迁移内化

训练，目的是巩固和提高，检验课堂学习效果，一堂课即使学生的主体地位发挥得再好，教师的主导作用体现得再分明，可是到头来学生什么也没掌握，就图个热闹，那无疑是不成功的。此环节教师可以根据教学目标事先预设训练题，通过不同渠道出示给学生，也可以课堂上让学生临时出检测题，互相检测，无论哪种方式和方法，提高语文课堂效率是目的。至于检测内容就更不受限制，只要是在教学目标范围内的，内容要尽可能丰富，尽可能体现新课标的要求。总之，练这一过程要让学生将本节课的知识迁移内化，真正掌握。

在"读、放、讲、议、练"五步语文教学模式中，读是基础，放是中心，议是升华，练是延伸。其中"放"的深度和广度将直接决定课堂效率的高低，学生能不能提出问题，能提出什么样的问题比教师讲得怎么样更重要。在"放"的过程中要容许学生出错，也不要过早地给学生定位，一定要鼓励学生大胆质疑交流。

"读、放、讲、议、练"五步语文教学模式能在教学活动中突出学生的主体地位，教师按照学生的学习过程、认知规律安排教学过程，课堂教学中也创造了一种宽松开放的教学氛围，注重学生的探究过程和参与程度，给学生机会运用发现法思考，进而提出问题、分析问题、解决问题，让学生由"学会"变成了"会学",很好地锻炼和培养了学生的综合能力。综上所述,"读、放、讲、议、练"五步语文教学模式思维是主线,发展是主旨,变以"教"为中心为以"学"为中心,把关注人的发展作为总出发点和落脚点,开创了很好的语文课堂教学模式。当然语文教学,向来是百花齐放,不拘一格,仁者见仁,智者见智,不能说哪种方法是最好的,也没有哪一种方法是万能的,只有适合学生的才是最好的,这就需要语文教师结合教学实际不断探索。

当前语文阅读教学中普遍存在的四个问题

随着中高考改革的铺开,语文学科在学生综合成绩中的重要地位,更进一步凸显了出来。在语文教学内容诸多方面中,语文阅读教学所占的比重仅次于作文教学,每位语文教师都在阅读教学中下了大力气,不断总结、创新,不少学校和教师对语文阅读教学的探索实践已经积累了许多经验,有许多成功的做法。当然,新课改理念要转化为课堂教学有效高效的行为,转化为实实在在的教学质量,并不是一蹴而就的事。就当前语文教学现状而言,阅读教学实施中仍然存在这样或那样的问题。笔者将语文阅读教学中所发现的几个问题列举出来,与同仁们共同探讨:

问题一:过分凸显情感态度价值观,忽视知识与技能、过程与方法

当前很多教师的语文课堂教学中,情感态度与价值观的目标大有一柱擎天之势,而知识与能力、过程与方法的目标则被不断弱化、矮化。课堂教学越过知识与能力、过程与方法,直奔情感态度与价值观的目标,教师忙于对学生进行思想教育,忽略了对一些语文基本知识与技能的传授和训练。很多教师不能处理好三维目标中的三个维度之间的关系,将人文性和工具性对立起来,将知识和能力分割开来。片面认为强调基础知识、基本技能就是走老路;注重人文精神的培养就是新课程。《语文课程标准》始终关注学生的全面发展,其课程目标采用三个维度的设计。三个维度设计的最大特点是整体性,这三维目标是个有机整体,不能割裂。语文教学必须坚持三维目标的共存与共融方得新课程的精髓,才能体现语文课程的

整体功能。当然，在不同课文、不同课时的教学中，三维目标的确定可以各有侧重，但绝不能彼此割裂或者顾此失彼。凸现情感态度价值观的教育是新课程改革的一个基本理念和基本特征。但对于语文阅读教学来说，绝不意味着情感态度价值观的教育是可以独立进行的，情感态度价值观只有与知识、技能、方法、过程有机地融为一体，才是有生命力的，它应该是伴随着对语文学科的知识技能的反思、批判与运用所实现的学生个性倾向性的提升。如果脱离语文的具体内容和特定情境，孤立的、人为的、机械生硬地进行情感态度价值观教育，这种教育必然是空洞无力的，也是低效或无效的。因此，语文阅读教学中我们不能以突出情感态度与价值观为借口，把语文阅读课上成思想教育课。我们应在兼顾语文教学人文性的同时，扎扎实实抓好语文基础知识的传授和语文基本能力的培养。

问题二：过多强调迁移扩展，忽视文本开发

新课程旗帜鲜明提出加强语文的实践性，加强语文与社会生活的联系，拓宽了语文课程资源的外延。在这种思想指导下，语文老师在课堂上大胆延伸、不断拓展，阅读教学不再囿于教科书所规定的内容，教师在教学中有意识地调动学生生活体验和阅读经验，自觉开发和利用语文课程资源，语文阅读教学的信息含量大大丰富。老师们从"教教材"到"用教材教"，这是一个非常可喜的也是值得肯定的变化。

但我们同时也看到，不少语文阅读课堂包括一些优秀的展评课，都机械片面地理解开发利用课程资源、进行语文学习的迁移拓展的思想，很多教师为拓展而拓展，把迁移拓展当成语文课堂中的一个招牌。而且课堂上迁移拓展的"度"把握不住，常常出现在课堂迁移拓展过程中师生共同信马由缰，越跑越远，以致最后彻底脱离了文本、脱离了教科书的现象。甚至一些教师断章取义，误认为这种拓展要每课必有，多多益善。在语文公开课中，许多教师更是花样翻新，为拓展而拓展，不顾及学生的理解力、实际接受能力，也不管拓展是否与教学内容、教学目标契合。这样的课堂教学看起来学生思维活动似乎也十分活跃，但短短四十五分钟，这样的课堂容量学生真能吃得消吗？答案是否定的。

我们必须承认，教材不是学生的全部世界，教学内容应该是丰富多彩的，既可以来自课本，也可以来自学生、生活。语文课程标准提出了"努力建设开放而有活力"的语文课程，要求拓宽语文学习和运用的领域，注重与其他学科和社会生活的整合，这种扩展迁移是语文阅读教学由课内向课外的适当延伸，这就决定了拓展教学必须立足文本，深刻理解，不关注文本，不紧扣文本，一定不是语文课的真实面貌。我们在语文教学中，一方面要适当地引进相关的课程资源，如课前指导学生搜集资料，课中插入相关资料、文章的阅读，课后推荐读物，以拓展学习内容，提高阅读能力；另一方面更要用好教科书，要凭借教材培养学生识字、写字、阅读、习作、口语交际以及综合性学习的能力。我们一定要避免出现忽略教材内容、要求，忽视对文本的研读，过早、过多地补充其他内容或过多安排与学习语文关系不大的活动的做法。我们可以试想一下，文言文阅读教学时，整节课不接触课文，只是领着学生拓展讨论，这节课就存在了这样几个问题：文言文的教学，怎么培养浅易文言文的阅读能力？在文理不通的情况下，学生如何理解课文的主旨？没有文本的诵读与品味，学生如何感悟母语的魅力，如何继承与发扬祖国的语言文化？失去了语言的依托，主旨如何体现，皮之不存，毛将焉附？对于这一问题，很多教师忽视了适度原则，随意地对教材进行拓展，把语文课堂变成了无中心的大杂烩。作为语文教师，还是要先种好自己的田，浇好自己的园。

问题三：只顾注重学生的主体地位，忽视了教师的主导作用

语文新课程强调把读书的时间还给学生，于是有的老师上课便叫学生看书，没有指导，没有提示，没有具体要求，看得如何也没有检查，没有反馈，由学生一看到底，甚至满堂看。更有的老师强调学习内容由学生自己提，喜欢读哪一段就读哪一段，学习方式由自己选，想怎么读就怎么读，想和谁交流就和谁交流。小组讨论的形式单一，只要老师一宣布讨论，学生便凑在一起，叽叽喳喳说个不停。老师不能够结合现实的教学情景，研究并选用最为有效的合作方式。小组讨论内容不合理，讨论内容没有什么含金量，不需要小组合作，但为了老师的要求，在不值得讨论的地方开始合作讨论。有的讨论时间过少，学生无法充分展开，讨论成了摆设。有的是讨论时间过多，造成时间过剩，学生无事可做。小组成员之间

没有具体分工，小组讨论凑热闹。或者小组内成了优秀者的一言堂，优秀者的意见和想法代替了小组其他成员的意见和想法。还有一点，就是课堂活动体验无目的、无价值。有了活动却没有应有的体验，没有应有的反思。有些语文课上的活动脱离了语言本身，形式上是活动的特征，但内容上偏离了语文的目标。还有些课堂只要是活动，总是生硬地表演课文内容，造成了学生的视觉疲劳，有的还起到了反作用。一般情况下，为了注重体现学生的主体作用，更多的教师采用学生自主学习、小组讨论、活动体验等方式达到目的，这种做法本无可厚非，可是在实践中我们发现，就是这些常用的方式方法，表面上在发挥学生的主体作用，实际上"华而不实"，无视教师的主导作用，导致徒有其表。

在实际教学中，我们不能只顾学生的主体地位，忽视教师的主导作用。从我们语文阅读教学实践来看，学生的主体地位和教师的主导作用，这两者的关系老师们把握得并不太好，主要是许多老师对课堂教学行为的控制能力不足，认识存在偏颇，片面地认为只要学生活动少、教师讲得多就不是一节好课。经验告诉我们，无论过去、现在还是将来，教师讲授都是课堂教学最基本的常规行为。过去的语文课堂上教师讲得过多过细，这是一个客观事实。其实，讲得多并不见得是个错误，多而精彩肯定受欢迎。新课程非常注重突出学生的主体地位，发挥学生的主体作用，这二者必须是形成一个整体存在的。

问题四：完全依赖现代教学手段，忽视了传统的阅读

在现代语文教学中，多媒体是一把不折不扣的"双刃剑"：一方面运用多媒体教学，在直观化、形象化方面绝非传统教学手段所能相比。它所营造的由形象、色彩、声音等构成的综合氛围，能使学生"身临其境"，倍感真切，从而大大激发学生的学习兴趣；但另一方面多媒体提供的直观画面也会严重束缚学生的想象能力，与语文学习的特点背道而驰。很多教师凡语文阅读教学必多媒体课件，阅读课文用多媒体录音，分析人物形象用影音图片，分析结构用直观图示等等，一节语文阅读课仿佛成了课件的比拼。一些传统的语文教学方法受到了冷落，有时一节课下来我们看不到老师的一个粉笔字。实际上，从语文学习的特点看，语文学习是让学生通

过阅读理解语言文字感受文章的思想感情，也就是说要让学生通过语言文字生动形象的描述激发自身的形象思维，在大脑中呈现出相关的具体图像。语文不是因图像而形象，而是因语言而形象。课堂上用多媒体展示图形图像不能代替阅读主体即学生的想象，这就好比我们观看电视剧不能取代阅读文学作品原著一样。而且学生在语文学习过程中的个体体验是千差万别的，我们不能用一个课件演示去替代学生丰富多彩的个性体验。因此在语文课堂上，借助任何直观形象的教学手段，最后还都必须落实到课文的语言文字上去。实际上我们提倡使用多媒体教学手段但不能摒弃有效的、传统的语文教学方法。教师声情并茂的朗诵、潇洒隽秀的板书、充满激情的讲解等传统阅读教学方式也是为人师者魅力的集中体现，更是现代语文阅读教学中不可或缺的一部分，绝不能被我们以课程改革为借口而抹杀。

其实，说了这么些不是在否定当今的语文教学改革，更不是抹杀语文教师为了上好一节课所付出的辛劳。课堂上短短四十五分钟精彩的背后，倾注的无疑是语文教师们多年来积淀下来的才华和智慧。笔者总结这几点当前语文阅读教学中普遍存在的问题，目的在于提醒广大的语文老师，目前我们要走的仍是一条默默探索、负重前行的道路，语文阅读教学工作还需要我们在正确的理论指导下，以端正的研究态度，用科学的研究方法，不断探索、不断创新，开发出一条切合实际的可行之路，总之"革命尚未成功，同志仍需努力"。

更新观念，重新认识，切实做好信息技术教育与语文学科的整合

摘　要：本文针对近年来不断推进的信息技术与语文学科的整合工作进行了大胆的剖析，结合教学实际，对信息技术与语文学科的整合的原理、方法和途径等方面存在的认识偏颇进行了概括，归纳出四个方面的认识不足，同时提出了新的观念和五点教学建议，强调现代教育媒体要恰当地融合进现代语文教学要求。广大语文教师必须更新观念、重新认识，在语文课堂中突出"主体"，发挥"主导"，达到双向交流，在体验和交流

中达到"三维目标"的统一，要围绕教学目标创设情景，要围绕教学内容选择教学媒体，注重实效。本文旨在探讨如何切实做好信息技术教育与语文学科的整合，进而更好地发挥信息技术在语文教学中的积极作用，开创语文教学的新局面。

关键词：信息技术教育；语文学科；整合

信息技术在现代语文教学中所占的地位日益重要，教育部新近颁发的《义务教育语文课程标准》（2011版）"学段目标与内容"，第三学段5—6年级"综合性学习"中要求，学生"解决与学习和生活相关的问题，利用图书馆、网络等信息渠道获取资料，尝试写简单的研究报告。"第四学段7—9年级关于阅读能力的要求中就有明确表述，提到了网络："能利用图书馆、网络搜集自己需要的信息和资料，帮助阅读。"由此可见，切实做好信息技术与语文学科整合符合教育面向现代化的要求，更是教育发展的大势所趋。众所周知，语文的学习很大程度上要靠教师用情感去调动学生参与课堂的积极性，课文不是机械的公式定理，而是饱含着思想感情的，需要教师引导学生通过自己的感悟、判断、分析、实践，才能慢慢内化为学生自己的"能量"。在这个内化的过程中，信息技术将起到至关重要的作用，信息技术与初中语文教学整合确实也有着传统教学无法比拟的优势。但是，多年的教学实践也让我们清楚地认识到：对于语文教学来说，信息技术不是万能的。对学生而言它是学具，它不能替代学生的学习行为本身；对教师而言它是教具，它也不能替代教师的教学行为的本体。笔者发现在教学实践中，很多语文教师在信息技术与语文学科整合的原理、方法和途径等方面还存在着不同程度的认识偏颇，具体如下：

偏颇1：强调学生的主体地位，忽视教师的主导地位

无可厚非，学生是一切教学活动的主体，一切教学活动都要围绕学生进行。信息技术与语文教学的整合，更是要确立学生在课堂教学中的主体地位。然而在实践中，有些教师大胆地放手让学生到互联网上学习，不注重对于无关信息的过滤工作，只是把通过搜索引擎找到的相关网页资源提供给学生，把大量素材性资源罗列在一起，对于与学生学习主题相关的资源没有很好地进行分类；还有的教师在进行课堂多媒体演示时，就是机械

地播放事先准备好的课件内容，没有与学生的实时沟通，缺乏灵活的教育机智，仿佛把课件播放完毕这节语文课就算完成任务。这样，学生看似成为学习的主体，但教师的主导作用却完全缺失了。非但没有把网络环境下语文学习的优势发挥出来，而且连传统教学的任务都没有完成。学生在互联网上学习所获得的是无层次、无系统、针对性差的素材性资源，似乎把语文教学由原来的"知识填鸭式"带到了"网络填鸭式"的误区。

偏颇2：强调了知识、能力的培养，忽视情感态度的教育

《义务教育语文课程标准》（2011版）强调："语文课程还应通过优秀文化的熏陶感染，促进学生和谐发展，使他们提高思想道德修养和审美情趣，逐步形成良好的个性和健全的人格。"实践证明，目前的现代信息技术在促进学生认知发展方面具有积极作用，但在促进学生情感发展方面尚显不足。由于多媒体网络技术的介入，很多教师语文课堂上注重多媒体演示、网上辅导和交流，学生注重计算机屏幕和网络自主学习，师生之间在特定情境中的富有情感的交流就会成为人与计算机、人与大屏幕之间毫无情趣的交流，这是语文多媒体教学的大忌。长此以往人机关系越密切，人际关系越弱化。面对这种局面，有的学者已经提出忠告："人与人之间的亲身交往被人与机器之间交流所取代，人际交往日益淡漠。"在教学中，师生之间缺乏真情实感的交流，导致学生情感态度与体验的缺乏，不利于学生健康个性的形成和正确价值观的培养，这与现代语文教学的初衷以及现代教育的发展都是相悖的。

偏颇3：强调现代教学媒体，忽视传统教学媒体

语文学科涉及知识多、范围广，跨学科，综合性强。网络作为全球最大的信息资源库，固然可以为语文教学提供丰富的资源，现代信息技术在语文教学中的运用，确实发挥了很大的优势，解决了很多传统语文教学中难以解决的问题。因此有些教师过分迷恋现代教学媒体，如果一节课没有运用信息技术就上不好或上不下去，不管上什么内容的课，都喜欢用多媒体课件教学，教师把语文课教学变成了计算机操作演示课，从头到尾都在忙于操作计算机，没有给学生更多的思考和想象时间，甚至没有让学生参与课堂教学中，他们认为有了现代教学手段，就可摒弃传统的教学手段。然而，从来就

不存在万能的或唯一的教学媒体，现代教学媒体也是这样。生活中还有很多其他资源可以利用，比如教科书、教学挂图、图书报刊、影视广播、报告会、辩论会、标牌广告等等，此外自然风光、文物古迹、风俗民情等也可以成为语文学习的资源，这些传统教学媒体也是语文教学中不可或缺的一部分。

偏颇4：强调课堂情景创设，忽视教学目标

信息技术为语文教学创设情境提供了极大的便利，它通过运用图像、声音、视频等多种媒体，创设丰富的教学情景，活跃了课堂气氛，激发学生学习的兴趣和求知欲。可事实上并不是什么内容都适合多媒体来创设情境。有些教师没有真正理解教学情境创设，一味追求在课堂教学开始阶段就播放与课文内容相关的课件材料即创设教学情境。有些教师在课件制作上，过于注重它的直观性，喜欢插入大大小小、形形色色的图片、视频等。然而遗憾的是，学生很容易被这些边缘信息所吸引，从而分散了对教学内容的注意力。一节课下来，看似学生注意力集中，课堂气氛活跃，但没什么实质性教学，甚至连基本的教学任务都没有完成。有些教师不论什么课型、什么内容都使用课件，离开了多媒体的支持就感到无所适从，这就使得教学情境创设偏离了教学目标。更有甚者一些教育行政部门和学校领导也以是否使用课件或网上资源的多少来评价课的优劣，这就使活生生的语文课堂教学变成了单纯的信息技术表演，这是不可取的。在实际教学中，现代技术媒体能够拓展语文学习的时空，化繁为简，变抽象为形象，能更有效地让学生轻松愉快地学到更多的知识。但如果过分强调情境的创设，而忽略教学目标的完成，那么它的效果就会适得其反。

发现问题，就必须要解决问题。针对信息技术与语文学科整合实践过程中存在的以上几点偏颇，笔者认为要想解决，并非一朝一夕之事，这需要我们广大语文教师主动去探索，不断去挖掘，只有在不断的实践中才能找到解决问题的根本途径。就目前而言，笔者借鉴无数同人的经验，结合自己的教学实践，提出以下几点建议，仅供广大同人参考。

建议1：更新观念，重新认识

"态度决定一切"。面对现代教育的发展，教师要适应现代教育媒体、驾驭现代教育媒体首先要转变观念。如果没有正确的指导思想和观念的指引，再先进的技术和设备对于提高教育教学质量也是无济于事。要不断提高广大教师的现代教育意识，使他们对现代教育的发展而引起的教育思想、教学模式、教学方法的重大变革有一个明确的、全新的认识。同时，我们也有明确：现代教育媒体引入课堂教学，仅仅是作为辅助教学的工具和学生自主学习的认知工具，是应该最大限度地发挥其作用和效益，但是也不要夸大现代教育媒体的作用。要知道，无论现代信息技术怎么发达，始终不能代替人。况且语文教学的特征是语言文字的学习，语文学科具有丰富的语言文字魅力和人文涵养，在教学中教师如果一味地演示课件，就会由过去的"人灌"变成现在的"机灌"，穿新鞋走老路。我们提倡在语文教学中利用现代化的教学手段，是因为其教学效果是传统教学手段难以企及的。但这并不意味着传统教学手段就是落后的，更不意味着传统教学手段就能被现代教学手段完全取代。其实传统教学手段也有其优越性的一面：教师富有个性的、优美的书写直接影响到学生的书写和审美，这是计算机规范化书写所办不到的；课堂中教师体态语言的暗示、富有启发性的引导，在学生心理上产生极大的模仿力和亲和力，这是运用多媒体音像所无法比拟的；形象的画面无法展示师生之间真情的交流、内心的独白、心灵的感悟，更无法全面培养学生正确的审美情趣和提高学生文学鉴赏能力。因此，在现代语文教学中，既要继承传统教学的长处，又要发挥现代教育媒体的优点，二者相辅相成，优化整合，才是广大从事语文教育的同仁们应该达成的共识。

建议2：突出主体，发挥主导，达到双向交流

无论在何种环境和情景中，突出学生的主体地位都是我们教学的第一要务，现代教育媒体辅助下的现代语文教学也是如此。但是，在此种环境下教师的主导作用显得更加重要。信息技术与语文教学的整合过程也是语文教学改革的过程，那么其目标除了培养学生的听说读写能力之外，还有一个就是培养学生的语文信息素养和信息能力。教师在借助信息技术有效地完成语文教学目的和任务前提下，要引导学生把信息技术作为认知的工具，学会对网络的丰富资源进行分析、筛选、加工和处理，以满足学生自

身的需要，不断提高对信息的处理和运用能力。教师在提供相关网页资源前，要做好引导学生对那些无关信息的筛选、过滤工作，采取一些措施以防止学生受到不良影响。课堂教学中，学生在教师的引导下，借助网络资源环境自主探究、协作学习的同时，不断地将反馈信息传递给教师，教师必须根据学生的反馈，不断地对教学过程实施随机调控，正确地加以引导和把握。整个教学过程，应该是一个双向交流互动、不断循环、不断调控的过程。

建议3：在体验和交流中达到"三维目标"的统一

《义务教育语文课程标准》（2011版）明确提出："课程目标从知识与能力、过程与方法、情感态度与价值观三个方面设计。三者相互渗透，融为一体。目标的设计着眼于语文素养的整体提高。"应该根据语文学科的特点，注重熏陶感染，潜移默化，把这些内容渗透于日常的教学过程之中。语文教学不单是传授知识的过程，更重要的是情感交流的体验，而良好的课堂氛围和有效的课堂沟通是教学成功的重要因素。因此，在运用现代教育媒体进行语文教学时，要根据每篇文章、每节课、每个教学环节本身的特点，把握好课件恰当的切入点，要让课件起到引导思路、发散思维、拓宽视野的作用，防止课件成了"教案搬家"或"习题复制"，要让教师成为课堂的参与者和学生情感的体验者，不要成为"放映员"或"编剧"。在课堂教学中教师要留有足够的时间和空间，与学生进行交流，共同探讨。课堂上师生之间通过相互交流，教材中传达的信息、教师的人格魅力以及师生之间、生生之间交流的体验，自然而然对学生产生潜移默化的影响。让学生感受到一种友好、和谐的情感态度和体验，才能够在语文学习过程中培养爱国主义、集体主义、社会主义思想道德和健康的审美情趣，发展个性，培养创新精神和合作精神，逐步形成积极的人生态度和正确的世界观、价值观。

建议4：围绕教学目标创设情境，围绕教学内容选择教学媒体

每一学科都具有自身的特点和教学规律，语文学科也是如此，现代教育媒体的运用可以创设良好的教学情境，但情境的创设不能只要教学气氛的热闹，更不能刻意去显示多媒体技术。创设情境的根本目的在于激发

兴趣、引发情感，促进学生完成学习任务。因此，情境创设绝不能脱离教学目标，要为教学目标的完成营造良好的氛围。创设教学情境要依据教学目标和教学内容，运用多种创设方式相结合；要有针对性，力求真实、生动、直观而又富于启迪性，真正达到增强教学效果的目的。语文学科的第一要务是语言文字的学习和语文综合能力的训练。任何教学手段、形式都是为教学目标、教学任务服务的。如果在教学中过分强调信息技术带来的客观因素，而忽视了语文教学的具体内容、具体目标，就会画蛇添足。同时，我们也要充分发掘语言内涵，注重人文关怀。语文学科蕴藏着丰富的民族文化精神和人文内涵，加强对学生民族文化精神的弘扬、思想感情的陶冶、道德品质的培养，这是现代语文教学的重要任务。因此，在多媒体与语文教学整合过程中必须注意手段为目标服务，形式为内容服务，多媒体的应用应注意实效性。教师应根据教材重点、难点、特点来创设情境，否则所创设的情境就会流于形式，起不到应有的作用。

建议5：优化互补，灵活运用，注重实效

不同的教师个体，不同的学生群体，不同的教学内容，不同的学习条件，相互之间都存在一定的差异。因此，教师要根据实际教学需要，选择恰当的教学方法和教学手段，结合教师个人专长的发挥，尽可能寻求传统教学媒体与现代教学媒体的有机结合，做到因"地"制宜，因"材"施教，使二者优势互补，以达到最佳教学效果。具体到一篇教材一节内容，适合用多媒体则用，不适合则不用；用小黑板、投影仪、录音机能解决的问题就不用多媒体；多是文字表述的不用多媒体。同一节课，可以根据教材内容和实际需要，分阶段分别运用现代教学媒体或传统教学媒体；同一单元教学内容，可以在不同的课时中分别运用现代教学媒体或传统教学媒体，在一段教学时期中灵活地实现现代教学媒体或传统教学媒体优势互补。只有综合使用各种教学媒体，才能有利于调动学生所有感官，激发学生的学习兴趣，培养学生思维能力，有利于突破学科教学难点。只有合理使用各种媒体、各种教学手段，才能使课堂教学发挥出最大的整体效益。我们不能落入形式主义的泥淖，也不要搞形式主义，那样只会使语文课堂变成各种电教手段的演示会。真正的课堂教学，负责任的课堂教学，一切要以教学效果为准绳，充分发挥传统教学媒体和现代教学媒体各自的优势，力避两种教学媒体的不足，只有这样，才能真正实现多媒体教学和传统教学手段的优化互补，真正实现课堂教学的"效益最大化"。

总之，要适应教育的现代化，我们就必须做好信息技术与语文学科的整合。信息技术为语文教学提供了强有力的学习工具和方法，给语文教学带来了新的生机和活力。随着信息技术与语文学科整合工作的不断推进，我们要改变原先那种过分强调学科体系的课程组织形式，将信息技术与语文课程整合，努力探索以课程整合为基本理念，以信息技术为认知工具、以优化学习过程为目标的新型教学模式。只有语文教师真正建立了一个大语文教学观，才能真正发挥现代化教学媒体的优势，提高教学效率，才能通过多媒体信息技术和网络延展学生语文学习的范围，带领学生走进语文的新天地，才能开创现代语文教学的新境界。

参考文献

[1]于秀梅. 信息技术与语文教学的整合创新. [J]. 语文学刊. 2004，（6）.

[2]冉自立. 现代信息技术与语文教学的整合. [J]. 语文教学研究. 2005，（4）.

[3]何克抗. 信息技术与语文教学整合的具体方式[J]. 语文建设，2002.（11）.

[4]ISBN：9787303133178. 义务教育语文课程标准（2011版）. [S].

第五章　教之路春风化雨　育之途润物无声

黑龙江省海伦市第四中学　刘志兴

专业深耕丰底蕴　头雁引航志图南

刘志兴简介：

刘志兴，中学数学高级教师，海伦市初中数学教学骨干。从教以来便担任两个班的数学教学工作，多年来一直担任第四中学数学教研组组长、班主任。学生成绩优异，班级和谐上进。

他熟悉教材，能从编写者、教师和学习者多重角度进行剖析；他了解学情，从学生的知识基础和心理特点出发，构建个性化的高效课堂；他钻研课标，深谙教学目标与教学理念；他认真学习，能够在各类学习和培训后认真撰写心得体会，使自己在参考和借鉴中不断得到丰富、发展和完善；他竭智探索，在素质教育和新课程改革方面摸索出一条条成功之路；他重视德育工作，秉持"育人先育心，树人先树德"的原则，既教学生做

人，又教学生处事，明辨真善美，摒弃假恶丑；他努力培养自己的师德，对学生以奉献之心、理解之心、平等之心、责任之心，用"科研"的眼光对待难教的孩子，用真正的爱去感染问题学生；他关注学生的心理健康，以平等、温和、友善的口吻与学生交流，用爱心、关心、理解、激励温暖孩子的心灵；他重视班级管理，教育有方，后进生转化工作如春风化雨，思想政治工作润物无声；他教学经验丰富，学科视角精准，点拨学生到位，曾多次出示省、市级公开课，在他的课堂上，学生不仅增长数学知识，还发展思维能力。他在学习中探索，在探索中实践，在实践中总结提高。曾多次参加市级教育教学讲座和数学教学经验交流，受到社会各界的广泛好评和赞誉。

他所撰写的多篇论文荣获国家级一等奖，并在国家级刊物发表。本人多次在全国青年教师说课大赛和数学公开课教学大赛中荣获一等奖，所指导的学生多次在全市数学竞赛中获得第一名。他一直参与数学相关的课题研究，在"十一五""十二五""十三五"教育科研课题研究中，工作突出，成果丰厚，荣获优秀科研成果一等奖，并被评为课题研究优秀教师。由于教育教学能力突出，连续多年被评为优秀教师、师德师风先进个人、骨干教师以及绥化市级教学能手等多项奖励。

从初为人师那一天开始，他就把自己的使命界定为："做一名优秀的人民教师"。他不汲汲于学生分数，更着眼于学生长远发展。他尊重孩子的个性，包容孩子的顽劣，鼓励孩子恰当表达，激励孩子勇敢做自己。他是引领孩子们主动成长的大树，他的巍然屹立，孩子们就有了奋斗的榜样；他的无悔奉献，就是孩子们成长的动力。

他深信巴特尔的一句名言："爱是滴滴甘露，即使枯萎的心灵也能苏醒；爱是融融春风，即使冰冻的感情也会消融。"他用行动表达对每一个学生的关切与热爱，使学生不仅能体会到求知的乐趣，还能体会到生活的乐趣和创造的乐趣。

第一节　教学感悟

在数学教学中渗透素质教育

素质教育是教育发展改革之路中的重要内容，如何在数学教学中渗透素质教育也曾一度在教师群体中引发热议。那么如何在数学教学中合理有效地渗透素质教育，不断提高学生的创新学习水平和创新学习参与能力，是我们数学教育工作者的一项重点工作任务。为此，我就初中数学教学工作结合教学实践谈谈自己的看法：

数学是一门枯燥的学科，逻辑性强、内容比较抽象，要想渗透素质教育，发布加强课堂教学的问题情境设置，增强直观感受，让学生认真体会、经历探索过程，采取小组合作方式，不断调动学生的积极性，让学生体会到合作的重要性，以逐步培养其探索精神与合作意识。

在讲授《三角形内角和定理》一课时，我尤其注重学生的探索与合作，让每名学生都通过自己动手拼折，得出结论，并小组交流，全班同学共同分享，培养了学生团队精神和创新意识，不断增强学生学习兴趣；在新课《轴对称与等腰三角形》的教学中，我提前让学生搜集相关资料，体会轴对称图形在孩子们身边的应用，有的孩子找出了各种古建筑的图片，有的找到了各种动物的标本，大家共同分享，把这美丽的图景制成了习题集，不但丰富了学生的学习生活，还激发了学生对数学的学习兴趣；在讲《黄金分割点》的时候，我通过列举自然界中的树木，人的五官、人体比例以及生活中的典型建筑分析黄金分割点在生活中的应用。例如圆、正多边形，还有旋转、平移的变化中随处可见数学中的美，数学的美育教育不仅体现在图形上，在数学的算式上也会表现得淋漓尽致，如：杨辉（贾宪）三角的应用、数列的应用，都可以培养学生的审美能力。

数学是一门应用科学，在实际生产生活中应得到广泛应用，在新课标实施过程中，也着重强调数学离不开生活，数学与生活密不可分。尤其是在新人教版教材中增加《教学活动》专题，这就为数学的应用提供了基础和保障，如：我们在学习《轴对称》之后怎样找最短路径问题，如何选址造桥问题，在学习《全等三角形》之后引导学生找出生活的全等形。这些生活中的全等应用都可以用我们数学知识去解释，有的需要我们动手去测量、去计算、去实验，只有不断地探索和发现，在教学中得以重视，才能培养学生的动手能力和操作技能。

素质教育中，除了思想道德意识素质、创新能力、审美能力之外，心理素质也尤其重要，在培养科学文化素质的同时，也应注重学生良好的心理素质的培养。数学是一门思维性强、逻辑严谨的科学，无论是要求计算还是证明来说都要做到认真、细致、准确，这就要求学生有良好的心理素质，真正做到胜不骄、败不馁。例如上课要培养学生回答问题不紧张、考试时不要怯场，真正做到临危不乱，遇到难题不灰心，遇到困难要积极解决，体现迎刃而解、迎难而上、不畏险阻的精神，这种良好的心理素质要求我们在数学教学中，结合具体问题，要因材施教，让学生量力而行，不要望梅止渴，然后适当给予鼓励，就能取得良好的效果，俗话说良好的品质成就一生，这对我们数学教师来说是尤为重要的。

总之，我们只有充分认识到素质教育的必要性，才能在平时的教学中做到认真钻研教材，精心准备，仔细研究素质教育与课堂教学的交叉点，做到素质教育与数学教学的有机整合，这样才能真正提高数学教学的质量，才能培养出更多素质全面，德、智、体、美、劳全面发展的新时代社会主义建设人才。

以上是我对数学教学中如何渗透素质教育的一些看法和做法，还很肤浅，希望据此抛砖引玉，请大家多多批评、多提宝贵意见，以利于在以后的教育教学工作中更好地开展素质教育渗透工作。

初中数学课程改革中教师与学生角色的转变

随着教育形势的发展，新课程改革似乎成了一种新的教育时尚。但是为什么要进行新课程改革呢？很多家长不能理解，误认为只是减轻了老师的负担。而且一些教师也有困惑，总觉得越改革学生素质反而越下降，学生也越来越难教。难道是新课改本身存在问题吗？答案显然是否定的。新课程改革绝不只是一种流行，我们也绝不只是在赶时髦。我们要深刻理解什么是新课程，新课程的标准又是什么？这些疑问都需要我们好好思考与研究。近几年本人在数学方面进行新课程改革尝试颇多，现就亲身体会谈自己的几点粗浅的看法。

一、改变学生的学习观念，变"要我学"为"我要学"

新一轮课程改革很重要的一个方面是改变学生的学习状态，在教学中更重要的是关注学生的学习过程，以及情感、态度、价值观、能力等方面的发展。就学习数学而言，学生一旦"学会"，享受到教学活动成功的喜悦，便会强化学习动机，从而更喜欢数学。因此，教学设计要促使学生的情感和兴趣始终处于最佳状态，从而保证施教活动的有效性和预见性。现代教学理论认为，教师的真正本领不在于"讲授知识，而在于激发学生的学习动机，唤起学生的求知欲望，让他们兴趣盎然地参与到教学全过程中来，经过自己的思维活动和动手操作获得知识"。

在日常的教学中，我注意根据不同的教学内容、不同的教学目标，结合学生的特点选用不同的教学方法，努力创设一种和谐、愉悦的教学氛围和各种教学情境，精心设计教学过程和练习。在课堂上给予学生自主探索、合作交流、动手操作的权利，让学生充分发表自己的意见。久而久之，学生体会到成功的喜悦，激发了对数学的好奇心、求知欲以及学习数学的兴趣，觉得数学不再是那些枯燥、乏味的公式、计算、数字，从思想上变"要我学"为"我要学"了。

二、转变教师的教学方式，变"权威教学"为"共同探讨"

新课程倡导建立自主合作探究的学习方式，对我们教师的职能和作用提出了强烈的变革要求，即要求传统的居高临下的教师地位在课堂教学中将逐渐消失，取而代之的是教师站在学生中间，与学生平等对话与交流；过去由教师控制的教学活动的那种沉闷和严肃的状态要被打破，取而代之的是师生交往互动、共同发展的真诚和激情。因而，教师的职能不再仅仅是传递、训导、教育，而要更多地去激励、帮助、参谋；师生之间的关系不再是以知识传递为纽带，而是以情感交流为纽带；教师的作用不再是去填满仓库，而是要点燃火炬。学生学习的灵感不是在静如止水的深思中产生，而多是在积极发言中、相互辩论中突然闪现。学生的主体作用被压抑，本有的学习灵感有时就会消遁。

在教学中，我大胆放手，给学生充足的时间，让学生成为学习的主角，成为知识的主动探索者。我经常告诉学生："课堂是你们的，数学课本是你们的，三角板、量角器、圆规等这些学具也是你们的，这节课的学习任务也是你们的。老师和同学都是你们的助手，想学到更好的知识就要靠你们自己。"这样，在课堂上，学生始终处于不断发现问题、解决问题的过程中，一节课下来不但学到了自己感兴趣的知识，而且还使自己的自主性得到充分发挥。学习兴趣非常浓，而其他的学生受其影响，上课发言也非常积极。当然，不是说乱成一团才为妙，但一个开放的、体现学生主体作用的课，应该有他们自由表达意见的空间。适度地"乱"，在教师控制之中的"乱"，在一定程度上可以激发学生学习的主动性，让他们真正参加到教学中，让他们去创造性地学。

三、改变学生的学习方法，变"被动学习"为"主动学习"

这一点尤为重要，所以这里我想多说点。我认为培养学生的数学自主学习能力可以从情感与教学两方面入手：

（一）情感方面

1. 首先建立良好的师生关系。平时注重对学生情感的投入，热爱学生，主动了解学生，在教学活动中尽力为学生创造成功的机会，在学生学习困难时给予帮助，在学生成功时给予赞扬，正确对待学生中的个体差异，让不同层次的学生都有发表自己见解的机会，评价时做到不褒此贬彼。

2. 激发学生的求知欲。主要途径有两个：其一，营造课堂氛围。通过教师营造课堂氛围，激发学生困惑质疑，激发学生产生悬念，进入欲罢不能的心理状态，进入发现者的"愤悱"状态，或在问题中融入一些趣味，激发学生发现问题的欲望与兴趣。其二，创设问题情境，通过设计一个问题的模拟发现过程或借助类比、联想等方法，使学生置身于发现问题的情境中，进入发现者的角色，从而激发学生生疑质疑。

（二）教学方面

除了要重视老师的教学方式，也要注重转变学生的学习方式，学习方式是学习者持续一贯表现出来的学习策略和学习倾向的总和。学习策略指学习者完成学习任务或实现学习目标而采用的一系列步骤，其中某一特定步骤称为学习方法，例如：有的学生倾向于借助具体形象进行记忆和思考，有的学生偏爱运用概念进行分析、判断和推理；有人善于运用视觉通道，有人倾向于运用听觉通道，也有人喜欢运用动感通道。学生在学习过程中会表现出不同的学习倾向，包括学习情绪、态度、动机，坚持性以及对学习环境、学习内容等方面的偏爱。比如有人喜欢在竞争中学习，有人偏爱合作学习，有的学生能够从学习本身感受到乐趣，还有人能够在复杂的环境中有效地工作和学习，指导自主学习不仅要鼓励学生独立且富有个性地学习，更倡导主动参与合作学习，在学习中学会合作，还要鼓励倡导学生在探究中学习，经历并体验探究过程，在深入思考和交流讨论中获得感悟与深入理解，建立"主动参与，乐于探究，交流与合作"为特征的学习方式。学习方式三个方面并不是独立自主、互不相容，也可以相互运用。

课内的具体措施有：

1. 开始阶段的关键一环就是传授学生学习方法，并使他们对自己的学习方法具有"反省认知"和不断改进的能力，从而达到不完全依赖老师也能把功课学好的目标，这一阶段对学生的要求归纳为培养五种能力即：能分析关键字句和符号标记；能读懂字意、句意、式意，例题；能分析清楚标题；能找出教材中的主要句段；能用不同颜色的笔，画出重点和注意事项，指导学生审题时做到"三读"。第一遍粗读：即扫清文字、符号障碍，了解本节大概内容。第二遍细读：即读句，逐句解释，把课本中某些省略了推理依据或中间运算补写出来并对课本中重难点加圈加点做记号。第三遍精读：即在学生基本掌握教材知识，完成练习后，再重点分析关键词、重点句子，归纳总结和写学习体会，教师常采用提问、抽查等方式进行检查，并注意与家长逐步配合逐步培养。上课时大致步骤如下：

①开始阶段教师引导学生围绕教学目标、教学内容和自学提纲进行讨论小测，约二十分钟，练习做到自检和他检相结合。

②教师用十分钟左右答疑精讲。

③学生用十分钟左右进行自我检测。

④由学生或教师用五分钟左右进行归纳总结，以总结经验、调节学习行为。

2. 经过一段时间以后，上课的情形大致如下：

①先按照好、中、差组成的学习小组讨论解决课前预习中遇到的问题约十分钟，课前预习中的内容包括课程内容及课后练习和自己学做教具。

②由小组长或教师解答小组不能解答的问题，因势利导，讲解重难点内容约十五至二十分钟，如果小组能够解决，由小组长或其他同学上讲台讲解例题，能够用教具讲解的尽量由学生用自己做的教具讲解。

③用十分钟左右做教师或学生出的自测题，自测题的内容不宜过多，难度适中，做完后由学生交换批改订正，教师抽查部分自测题，了解存在的问题。

④小结由教师或学生进行总结约五分钟，最后布置下节课的预习内容。

学生作业要求学习小组长超前一课时把学习小组好、中、差的作业批改好，填好反馈卡，教师抽部分作业了解存在的问题。每学一单元之前与之后，均开设导学课与归纳总结课。教师指导学生自学、讨论、归纳、总结，形成知识网络，自己写章节单元小结，整理知识结构。上课时一些较容易的例题及黑板上练习答案，可由学生上讲台自己讲解、订正，尽量做到一题多解、拓展思路。

教师应注意以下三点：

1. 教师不断提高自己的"启发"艺术和技巧，激发学生求知欲，开始时由教师列出自学提纲，渐渐地可在教师指导下让学生自己列出。

2. 课堂上严格遵循"三讲三不讲"原则：学生对基本概念、规律的理解和运用，出现错误或易混淆之处要讲；学生新旧知识断线之处要讲；学生解答不完整、知识抓不到要领、思路阻塞之处要讲。三不讲是：已学懂的内容不讲；似懂非懂的内容不讲，通过组织讨论解决；没有熟练的技能技巧不讲，组织学生练习。

3. 特别注意对学习有困难的学生的辅导，有意识地观察他们看书和做练习情况，从中发现问题及时纠正，以逐步改变他们在学习中的被动状态。

课外作业：

1. 学生课外预习的练习可分层布置：学困生及中等生布置做A组作业，优生做A组及B组选做题。书本上较简单的题目让学生直接解答在书本上，需书写过程的习题做在练习本上。若遇到不会做的抄在练习本上，留出相应的解答空间，等到教师讲解或理解后再补上。

2. 鼓励学生课后预习时提出问题记在笔记本上，好的提问可由小组长把原题记在数学课代表的本子上，可适当加入学期平均成绩。

课后自主学习，教师可鼓励有条件的学生上网查询数学资料、史料拓宽视野，节假日鼓励住得较近的学习有困难的学生或中等生一起到优生家中合作学习、互补学习，及时解答疑难问题。鼓励学生自己出题，教室后墙上的黑板，可设立一块数学园地，每天小组长轮流更新一道习题，习题允许出自课本但不得重复。

总之，面对新课程改革的挑战，我们必须转变教育观念，多动脑筋，多想办法，密切数学与实际生活的联系，使学生从生活经验和客观事实出发，在研究现实问题的过程中做数学、理解数学和发展数学。

新课程改革与传统教学的融合

时光流逝，岁月匆匆，不经意之间，我已经从刚上班的青涩教师成长为教育战线的一位有自己经验和风格的老教师。历经数学教材从北师大版到人教版再到新人教版版本的改变，见证了教学内容前后顺序的大调整，从只是在教材上出现原题或改编到现在题型的多变，直至问题向更注重技能和思维的训练，从数学题越来越注重对生活实际的联系，并与时代发展接轨，到知识技能与数学思想的结合与运用；从最初的简易器材和投影仪的广泛使用，到现在精美课件和各种软件呈现的模拟实验，都体现了新模式正在逐渐取代以往的传统教学。

如何才能把二者更好地融合，既汲取传统教学的精髓，又体现新课程改革的理念呢？

首先，新课程改革要求"以人为本，以学生的发展为本"。

传统教学注重基础知识和技能，教师讲授居多，学生思考、分析、讨论、思维碰撞较少，为学生考虑不多。我们要在传统教学基础上改进教学方式和策略，把学生放在第一位，能利用知识来解决实际问题，要激发和鼓励学生学习的积极性、主动性，把所学的知识能应用于实践，为学生长远发展的学习打下坚实的知识基础。

在课堂的教学设计和教材的处理上教师要根据教学内容、学生实际、教学目标合理地设置课堂的几大问题，设计问题时要考虑怎么能让孩子们有更大的收益。打破传统教学的教师"一言堂"模式，教师设计的问题，要有抛砖引玉之效，启发学生去自行设计、分析、讨论解决问题，教师在恰当时候引导思路，解决难题。整个课堂以人为本，学生自己设置难易有梯度的问题，并去学习解决问题，以提升学生的思维能力，注重学生的发展。

其次，新课程改革强调"目标与能力"的整合。

传统教学只是注重双基的训练，知识学得不灵活、不会运用。忽视了过程与情感态度与价值观的渗透，新课程改革在这方面更能体现发展的观点。因此我们要在传统教学基础上，添加过程与方法和情感教育的渗透，例如在讲解《平移》一节内容时，通过实验让学生经历与数学家相似的探究过程，并运用推理得出平移需要确定方向和距离，不改变图形（实验物体）的形状和大小，对应边相等、对应角相等、对应顶点连线平行或共线的实验结论、平移的规律。推理出，图形或生活中的物体运动状态是或近似于平移的关键点，通过经历过程学会科学的探究方法，在以后遇到类似的问题时，学生能想到用这种方法来解决问题。接着讲解平移的概念及现实生活中可以看作平移变换的现象和解释，联想直角坐标系中的平移与生活中的平移，使之与生活加强联系，让学生体会到数学来源于生活，又应用于生活，从而体现从生活走向数学，从数学回归生活的理念。

再次，新课程改革要求掌握新的技能，尤其是多媒体的应用。

与以往的一支粉笔一节课不同，现在运用多媒体教学，各种软件的使用越来越多，教学有法而教无定法，要把这些运用到课堂中，又要完成教学任务，还要更高效率的课堂效果，所以怎么有效地使用多媒体至关重要。这就要求教师首先要深入钻研教材，把握课堂的脉络，抓住重点，突破难点，在关键处、难理解处加入适当的文字、实验、视频、动画，安排好课件的先后顺序，每节课一定要精讲多练，讲透彻，练到位。习题设置要有梯度、有层次，又要突出重点。不要一点不用，也不要满堂灌，用好多媒体课件可增大课堂容量，达到高效的目的。而且，还可以利用微信把所讲的题拍照发到文件传输助手后在上课时直接播放讲解，或利用"几何画板"直接作图并演示，节省画图时间，这就是技术的进步带来的高效课堂，想做到更高效、更深入，就需要教师把握学生知识掌握程度，及时调节课堂节奏。

最后，新课程改革要求培养学生的问题意识。

让学生先预习，在预习中带着问题，先学后教，自己发现问题，自己找出这节的重点，把不理解的内容圈上，在课堂上带着问题听课，提高听课效率，同时也培养学生的自学能力，自己发现问题，自己尝试解决问题。要培养学生养成提问的习惯，提高提出问题的质量，并对解决的问题及时复习。

新课程改革是传统教学的丰富与完善，它把最基础的知识用新的理念、新的传授方式、新的考核、新的评价方式和更注重学生全面发展的方式有机结合起来，更有利于提高学生的科学素养。

中考数学复习的策略

中考对于每名学生和家长来说都是非常重要的，中考不同于小学升初中，这是一次选拔性考试，会有一定的难度。而且中考既是对学生基础知识的考查，也是对学生实践能力和创新意识的考查，所以在中考复习阶段我们一定要重视对学生进行动手操作的数学思维意识的培养。

从最近几年的数学中考题型来看，基础知识仍然占据一定的比例，但也逐渐增加了对学生能力的考查比例。这就要求我们每名考生在中考复习阶段，一定要对所学过的知识和能力能够达到"融会贯通"的程度，否则很难获得高分，所以要把复习的重点放在对教材的充分理解和运用能力的培养和训练上，要把所学的知识充分融合起来，使学生能够不断地提高自身的分析问题和解决问题的能力，来适应未来不断变化的中考需要，在中考备考中要注意知识之间的纵横联系和拓张延伸，形成一个较为完整的知识体系。

一、首先要重视对课本的复习

要求学生高度重视课本，要熟记课本的每个定义、定理、公式、性质和法则，不要好高骛远，不要急于求成，要记住万丈高楼平地起，一定要夯实基础，要从中概括出知识之间的联系，在自己的头脑中逐渐形成知识框架，就像每一章后的小结与复习一样，能够自己创建本章知识结构图，对本章的所学知识进行系统的小结，提出自己的见解。如果能够做到以上要求，我相信这样的学生一定能够在自己的头脑中形成知识体系，一定能够找到最佳的解决问题的方法，学生自身的分析问题和解决问题的能力也一定能有一个质的飞跃，解题能力也会有很大的提升，从而达到良好的复习备考效果。

二、要重视常规的解题方法的培养，同时对特殊方法培养，提高解题效率也不能忽视

在中考备考的过程中，首先要对学生进行常规解题方法的培养，所

谓常规方法，我认为就是对所学的知识按照日常教学的要求，按照例题的解法来解题。显然这样做的好处是，如果对教材掌握得非常熟练，而且计算能力出众的话，还不是问题。可是一旦考题的计算量较大，对各题分配时间不合理的话，就难免会出现马虎的情况，这样成绩也不会太高。如果针对不同的考题有不同的方法，这样就能够提高答题的效率。所以对学生进行特殊方法解题的能力的培养也不能忽视，这样在考试中就能够不慌不忙，自己的心态也就能够放松，自然考出的成绩就一定不会太差，自己的知识水平才能充分发挥，充分展现自己的思维能力。

例如：在选择或填空中如果出现求一次函数的解析式，我们可以先把纵坐标做差，再把横坐标做差，它们的比值就是斜率，然后再截距，这样就能节省时间，提高答题的效率，没有必要一定要按教材要求那样用待定系数法来求函数解析式。另外，有一些问题采用特殊值法解题，这能提高学生的解题速度和答题效率。中考填空题和选择题考查的成果是看能不能出示正确结果，而不是看你采用什么样的方法。所以，这就要求学生要有准确计算的能力，教师要在备考阶段注重训练学生这方面的能力。

三、中考复习中要加大对学生创新和实践能力的训练和培养

数学新课程标准明确指出人人要学有用的数学，学习数学的最终目标就是要运用数学来解决实际问题。所以在初中大部分数学的知识都体现了这一观点，在教材编排上也体现了理论联系实践的要求。

纵观这几年中考数学试题，我们会发现试题中出现了大量的用所学的数学知识来解决实际问题的题型，这是一种转变，同时也是一种导向。这对学生提出了新的更高的要求，无形当中也增大了数学教师教学的难度。提出了新的挑战，传统的一些经典题型如浓度问题、工程问题、百分率问题等问题的背景较为陈旧，思路老化陈旧，一些新颖的题型大量出现，如商品销售、合理规划、节水节电、环境保护、调配方案等问题。尤其是在一次函数题和方程组与不等式等问题中，注重了对学生创新和实践能力的考查。所以在复习备考中数学教师也要与时俱进，要注意对学生进行把实际问题转化数学问题的能力方面的训练与提升，才能取得良好的复习效果和佳绩。

总之,在初中数学备考中,不但要重视对学生基础知识和基本技能的培养,同时也不能忽视了对学生解题思路和解题技巧的培养,更不能忽视数学是来源于生活,更要服务于生活这一重要理念,要求学生在学习中不仅要关注知识,也要关注生活、关注社会。争取在中考中获得满意成绩的同时,用自己所学的知识来服务于社会,为祖国的发展,更为中华民族伟大复兴做出应有的贡献。

如何调动学生学习数学的积极性

当前,学生在数学学习中负担较重,学的不灵活,效率不高,在平时作业和单元考试中发现有的学生对概念理解的不够透彻,对学过的概念、法则、公式硬性记忆。学生比较懒惰或没有分析问题的习惯,盲目地去做题,机械地模仿,满足于做几道题,造成这种情况当然有客观原因,但是更主要的是教师教得不够灵活,学生学习不主动。针对以上存在的问题,在教学中慢慢形成解决问题措施,首先我感到要想逐步解决这个问题,必须贯彻"启发式"和"少而精"的数学教学方法。

教学过程是一个双边活动,必须把教师教的灵活性与学生学习的主动性结合起来,才能减轻学生的学习压力。外因必须通过内因起作用,但能否起到积极作用,更依赖于教师"启发式"教学法的充分运用。教师要激发学生的求知欲望,从"要我学"转变为"我要学"。所以如何运用启发式,这是问题的关键。

我认为应从具体事例和学生已有的知识出发引入新概念,在中学数学教材中,有许多内容是学生在生产和生活中熟悉的,如能从实际出发或从学生已有知识出发,引入新概念。反过来,让学生运用所学的知识解决生活中的实际问题,这样就提高了学生的学习兴趣,如讲二次函数的极值问题时,可提出有一定的木料,制作窗户,长和宽各取多少时,才能使面积最大,从而使得透过的光线最充足?教师可引导学生列出函数解析式,然后解决这类问题的一般方法,得出结论后,可论证这样安排的尺寸确实是最优的。从而让学生对二次函数的极值问题有了新的认识。凡是学生自己能解决的问题，教师要放手让学生自己去解决。一般地学生在思维活跃的状态下学习会收到良好的效果。因此，凡是学生自己能解决的问题就让学生自己解决、教师绝不要包办代替。教师引导学生动脑思考，当问题解决的那一刻学生会体会到成功的喜悦。对于难题教师不要急于讲解，而应指出解决问题的关键所在，或用归纳及类比的方法指点出来，再让他们与邻近的同学讨论，互相帮助使问题得到圆满解决。这一点在解决难度较大的问题时尤为重要。另外，要经常引导学生学会看书，培养学生养成主动思考的习惯，分类设置难度适中的实际问题，以"积分解答"悬赏求解来调动学生的积极性和主动性，也是实现精审、多练的一个主要途径。

学生如果课前做到预习，对于都会的问题教师可不讲解，如果没有做到预习，就在课堂上预习，这样既省时间又可避免学生的厌烦情绪，对新概念性较强、条件较复杂的知识，为了使学生在阅读后能抓住问题的中心和实质，教师可事先提出问题，让学生带着问题去读教材。如果是概念教学可从以下方面提出问题：

（1）什么叫平方根？

（2）平方根在什么情况下有意义？

（3）求平方根的被开方数及方根时有何区别和联系？让学生带着这些问题去阅读教材。

教学中必须贯彻"少而精"的原则，在教学的多个环节中，坚持贯彻"少而精"的原则是调动学生积极性和主动性的一个必要的前提。在讲谈中，只有贯彻"少而精"的原则，才能做到主次分明、重点突出，使学生始终保持高度的兴奋状态。再如编选做题——只有贯彻"少而精"的原则，才能使学生在掌握同一类问题的一般分析方法的基础上，养成独立思考解决问题的习惯，收到举一反三、触类旁通的效果。

结合相关知识，有意识地分散难点，以便于为学生学习这些知识扫除障碍。每节课提出的问题并非越多越好，而要提出引领性的问题，让知识系统化。教会学生会根据提出的问题，掌握本节课的重点。

编选问题不要贪多，而要通过些简便题操作：（1）基础知识与书面作业相呼应；（2）揭露本质，分析综合，收到举一反三的效果。在布置作业时不要全班统一，要分梯度留作业。这样尖子生能够吃得饱，中等生能吃得好，学困生也学有收获。把学生从繁重的作业中解放出来，有利于学生健康发展。

如何培养学生的创新思维

金马《世纪罗曼史》中有这样一段话："如若说，在创新尚属于人类个体或群体中的个别杰出表现时，人们循规蹈矩的生存姿态尚可为时代所容，那么，在创新将成为人类赖以进行生存竞争的不可或缺的素质时，依然采用一种循规蹈矩的生存姿态，则无异于一种自我溃败。"而初中数学作为一门基础学科，对于学生创新能力的培养尤为重要，而且要求更高。众所周知，培养创新能力，首先要培养学生的创新思维。学生只有具备了创新思维，才能迅速提高分析问题和解决问题能力。

如何培养学生的创新思维能力呢?

根据多年的实践经验，结合自己在学习探索中的感悟，我认为培养学生的创新思维，应该从以下三方面入手：

一、建立良好的新型师生关系，是培养学生创新思维的前提

古语云："亲其师，信其道。"这句话的意思就是说：教师要想教好学生，首先就要让学生从心理上对自己认可。学生只有从心里主动地想亲近自己的老师、爱自己的老师，他才会相信自己的老师，并逐步地"乐于学其道"。

教师要想得到学生的信任，首先就要有自己的人格魅力。这里所说的人格魅力，不仅是指专业的素养、深厚的文化底蕴，还包括良好的师德修养。以平等、温和、友善的口吻与学生交流，以热心、爱心、耐心拉近与学生之间的距离，以渊博的学识、儒雅的言行、亲切的态度感染学生，以宽容、理解、赏识亲近学生，以敬业精神、奉献精神、进取精神打动学生。在以学生为本的前提下，多一份真情投入，少一份讽刺打击；多一些换位思考，少一些主观臆断；多一些教学艺术的学习与运用，少一些故步自封的专横与独裁。有了这样良好的新型的师生关系，不仅可以为培养学生的创新思维提供良好的氛围，而且给学生带来良好的情感体验，学生自然就会"亲其师"而"乐于学其道"了。

二、打破学生被动学习的方式，是培养学生创新思维的关键

初中阶段，不少学生学习数学都是被动地学习，这种学习方式，会让学生的思维受到禁锢，发展受到限制，到了高中阶段，他们就会慢慢地被竞争模式的学习所淘汰。要想解决这个问题，教师就要从培养学生的创新思维能力入手，给学生插上创新思维的翅膀，去改变学生现有的学习方式，从原有的被动式的学习，变成旨在充分发展创新思维的主动学习。

打破学生被动的学习方式的主阵地是课堂。学生在数学课堂的学习中，大多数情况下，他们的思维是跳跃的，但这种跳跃很难得到保持，这是由于学生知识的缺乏和能力的不足造成的，从而影响到学生创新思维的拓展。为了解决这个问题，教师在实际的课堂教学中，要精心地设计一些教学情境来激发学生的学习兴趣，通过合理的提问引发学生的思考，以此启动学生的创新思维，让学生在整堂教学活动中，始终保持高度参与兴趣，为学生搭建自主学习的舞台，提高了学习效率，尝到了学习的甜头，对于学生来说，再上数学课就不再是一种负担与煎熬了。这种享受式的、愉快的学习体验，会使学生越学越想学、越学越爱学了。

三、展现课堂教学魅力，是培养学生创新思维的重要环节

课堂教学中展示教学魅力，首先要做到的就是每堂课都精心设计，这样就能激起学生深入学习、探究事物本质的兴趣，这也对教师的课堂教学提出了更高的要求。它不仅要求教师讲课的时候要声情并茂、曲径通幽、引人入胜，还要求教师要把握好教学的各个环节：除了设置教学情境、巧妙进行提问以外，教师要想方设法引导学生自主探究、自行提出问题，然后通过讨论交流，实现资源共享。变过去的"填鸭式"教学为双方互动，变过去的满堂灌为分析研讨。一切以激发学生的学习兴趣为前提，以调动学生的学习积极性为目标，通过改变传统的教学模式，把学习的过程与方法传授给学生。

另外，就是充分发挥作业的效用。苏霍姆林斯基认为："所有智力方面的工作大都依赖于兴趣。"的确，"兴趣是最好的老师"。每一名学生都会因为他的感兴趣而给予了优先的注意和积极的探索，并表现出心驰神往。兴趣是思维的开端，培养学生具有良好的创新思维能力要靠兴趣的培养，而作业是课本知识巩固和延展的重要组成部分，这就要求数学教师在给学生布置适当作业的时候要有奇思妙想，通过作业来激发学生浓厚的学习数学的兴趣。从而不再把完成数学当初一种负担，而是一种乐趣。让学生在完成作业时，形成一种积极的状态，获得最大的愉悦，这时候才是数学教学的最大成功。所以，教师在设计作业题目时，要充分考虑根据学生的认知规律和心理特点，通过形式新颖、内容多样的方式，充分调动学生学习数学的主动性、积极性，进而达到培养学生的创新思维能力的目的，当学生把丰富的学习资源转化为自身的财富时，他们就具备了一定的创新思维能力了。

还记得俄国文学泰斗——托尔斯泰曾说过这样一句话："成功的教学所需的不是强制，而是能够激发学生的学习兴趣"。的确如此，我们在课堂教学实践中，对学生进行创新能力培养是多手段、多方位的，让孩子乐于学习的方法也确实很多，而且培养学生的创新思维能力的方法更多，关键是看我们老师能否用心去思考、去设计、去恰当展示与运用。

作为一名新时代的数学教师，只要我们能够做到一切以培养下一代为目标，及时转变自己的教学思想，及时更新自己的教育理念，加强学习，使自己得到不断的丰富、完善和提高，在实践中努力做一个课堂教学的有心人，那么我们就一定会让我们的数学课堂教学焕发出青春，展示出勃勃生机。

第二节　教育感悟

浅谈学生思想工作中的品德教育

教师的主要责任就是教书育人。"教书育人"是说我们教师既要教会学生书本上的文化知识，又要引导学生如何做人。因为我们教的所有学生不可能全都升学，即使全都考上大学，读了研究生，将来终究也是要走向社会。在社会这个大环境中，要有自己的思想和品德。这种思想和品德的形成就是在学生时期形成的，而形成的中间就由我们老师决定他们形成的特点。所以说，教师身上的责任很重大。

首先是学生的思想工作。

思想工作是五个大的概念，从学生本身来说，在学习上的想法，在生活上的想法都是学生的思想状态，我们既要教育孩子发现生活中和学习中的真、善、美，还要鼓励他们用真、善、美去做人、做事。

孩子们的思想就是一张白纸，当他们上学以后，就由我们这些灵魂工程师给他们一个总体的规划，伴随着他们的成长。而这个规划就是他们思想上成长的过程。我们既然走上了这个工作岗位，成了太阳底下最光荣事业当中的一分子，就不能辜负了党和人民对我们的厚望和重托。

我们再说一说品德教育。

德育是思想工作中关于品德、人品这一方面的教育，也就是说德育是思想工作的一部分，思想工作包括德育。

一个人在学识上有没有发展十分重要，但这个人的品德、人品要是不过关的话，即使有十分的学识也不能有好的前途和发展。德育不仅在学校学习中有所体现，还要与日常生活相结合，生活中也可以有思想品德教育。一个人在思想上行得正、做得端，品德和思想是不会有太大问题的。那么，二者要怎样才能完好地结合起来，结合起来又怎样才能把它们传授给我们的教育对象呢？这就是我们下面要说的如何结合起来并传授给孩子们的方法。我们要让孩子自己到课堂上去发现真、善、美，与之相对应的就是假、恶、丑。

我们要让孩子们明白真正的真、善、美和假、恶、丑。让孩子们自己去分辨，然后去发扬，去摒弃。孩子们在学习中找到真、善、美之后，教师就要鼓励孩子们努力地去做一些真、善、美的事情。如孩子们发现有些同学不完成作业，还撒谎，我们就要借着这个机会对孩子们讲：诚实是我们中华民族的光荣传统，我们作为炎黄子孙，要继承我们民族的优秀品德，一个诚实的人，人们都愿意和他交往，因为他有一个难能可贵的好品德、好人品；而一个爱说谎的人，我们不仅不愿意和他交往，甚至不愿意提起他。这样一来，学生们既受到了思想教育，也受到了德育教育。这样就将二者一起结合在学习当中了。

在学习当中，学生们有了发现，有了体验之后，我们再鼓励他们在生活中去发现真美。生活中的例子就更多了，因为范围扩大到了社会。像有的人见义勇为，有的人勇救落水之人后不留姓名就悄悄地走了，有的人在别人危难之时伸出援救之手，等等。让孩子们明白爱家是小爱，爱我们的社会、国家才是大爱。让孩子们逐步地去认识、去发现、最后去效仿、去实践。学生的思想工作和德育二者结合起来后，对学生们的育人教育才不会缺失。培养出来的人才能是真的人才，而不是所说的有才无德，我们的国家、社会需要的是德才兼备的人才。这就要求我们教育者不仅要把书本上的文化知识传授给学生们，还要把学生的思想工作和德育结合起来的，一起为中华民族伟大复兴培养更多的德才兼备的栋梁之材而努力奋斗！

为学生的人生之路奠基——学生思想政治工作经验随笔

祖国的未来是属于青少年的，心理健康是个永恒的话题，没有了健康的身心何谈未来。作为班主任，我深知思想决定行动，因此我实时掌控学生的思想动态，把学生思想政治工作常抓不懈、常抓常新。

对学生的思想教育，主要从以下四个方面进行：

一是明白人生的价值。

现在很多孩子没有远大的理想，没有自己的奋斗目标。大多数孩子只是为了满足自己的虚荣心和眼前的利益去读书。初中班主任的使命在于引导学生逐步由为父母、为个人而学习的价值理念过渡到为国家、为民族而学习和奋斗的轨道上来，使多数学生的学习观点能逐步转入正轨，其他问题就会迎刃而解了。

二是成为什么样的人，走什么样的路的教育。

学校是传授文化科学知识的阵地，但社会现实又残酷地告诉我们：没有正确的、科学的政治思想道德规范的理念，是不可能走好人生之路的，所以，要引导学生走"双成"之路——成人、成才路，要使学生逐步确立身体力行"双重"——重视文化科学知识和重视自己的政治思想道德意识倾向并举的理念，既要对文化知识进行学习，也要注重德行的培养。

三是世界观方面的教育。

现在的学生对事物的认识和处理方面存在很多不成熟的地方：一是思维的单向性、片面性；二是只看过程，不顾后果。所以，就是十分简单的事情，他们也不会处理，甚至出现对事物偏激的想法，影响学生的正常生活。实际上，初中生出现这样的问题往往是因为他们思考的片面性造成的。所以，我认为在教育学生时，逐步培养学生科学的思维方法，是学生终身受益的法宝，这是初中班主任德育工作中必须重视并抓好的基础工程。

四是法治教育。

法治意识，是走好人生路不可缺少的"基石"理念。诸多事实告诉我们，学生缺乏"法育"就不会成为一个懂规矩的人，缺乏法律意识，重则有牢狱之灾，所以，普法要从小学开始抓起，要常抓不懈。初中生爱冲动，法律意识淡薄更应该加强教育，把普法知识的学习作为终身课程。

我在多年的班主任工作中，始终立足于学生走好人生路，认真落实德育的首要地位，抓住上述四大板块，帮助学生奠基好人生之路，在落实上狠下功夫，取得了可喜的成效。在今后的工作中，我将不遗余力地继续探求学生思想政治工作方面的新思路，为学生健康人生做出师者应有的指引。

对学生进行心理健康教育的体会

在新的教育发展形势下，教师对学生心理进行适当的健康教育是素质教育的重要内容，是基础性教育工程。伴随着社会的进步，我们的生活节奏逐渐变快，人际关系也变得越来越复杂，人们的思想观念也发生了一些微妙变化。这些变化势必给人们的心灵带来了极大的冲击，诚然，这些冲击也传播到了校园之中，表现在学生身上。除此之外，独生子女、单亲家庭、留守儿童等各种不同学生群体的逐渐增加，使得学生的心理问题也慢慢变多。初中阶段是学生个体自我观念逐渐形成的重要时期，由于孩子们缺乏生活经验，对生活缺少正确的认识，人生观、世界观、价值观不明确，缺乏分辨正误的能力，在思想和心理上更容易走错路。所以当下对初中学生进行适当的心理健康教育，让他们保持健康的心理就至关重要，而且是刻不容缓的。

怎样对学生进行心理健康教育呢？

首先，教师自己要有积极健康的心态。

"教师是人类灵魂的工程师"。学生可能经常性地观察老师，这样老师要注意自己的形象，不然就会对他们产生影响，所以教师本身要在教育工作进程中，时刻注意自我心理的完善。一个自尊、自信、自强、乐观向上，又热爱工作、尊重他人、品行高尚、言行一致的教师，会给学生留下很好的印象，也会感染到每个学生。学高为师，身正为范，我们不仅要有渊博的知识，更要具有高尚的情操，这会潜移默化地影响到我们的教育对象——学生。所以教师就要注意自己的言行举止，不然学生会向你学习模仿，导致不好的行为产生。同时，教师也要具有良好的心理素质和良好的业务能力，业务水平关乎我们的工作，心理素质关乎学生的成长。

其次，教师需要胜任教育教学工作。

教师要爱护学生，处事公平公正，不抱偏见，不歧视差生，对待学生要一视同仁，这是教师的职业素养。这些也是影响学生心理健康的积极因素，同时也是对学生进行心理健康教育的重要条件。简而言之，就是要锻炼学生健康的心理素质，最基本的就是我们教师首先要拥有一个健康的心理。只有心理健康的老师才能教出心理健康的学生。

再次，教师要关注学生心理状况，营造良好的课堂氛围。

我们身边绝大部分教师认为时间会改变一切，学生心理问题会随着年龄的增长而逐步化解。其实，未成年人的心理要比成年人敏感、脆弱，更需要别人的帮助。个别老师不愿意与学生进行沟通交流，当遇到问题学生时，便把学生直接推给家长，岂不知这样做对孩子的自尊心伤害是极大的，也辜负了孩子对我们的信任，他们变得沉默寡言、孤僻自闭，以至于心理出现问题。所以作为教师必须关注学生的心理健康，要做他们知心朋友。新课程标准也要求教师要尽快转变原有错误观念，改变以往以自我为中心的姿态，工作中要以平等、温和、友善的口吻与学生进行交流，拉近师生间的心理距离。学生一旦得到了老师的关心、关注、理解和鼓励，他们就可以释放自己的创造能量和无限潜能，充分地对你表达自己的情感和真实想法。

实践证明，和谐、快乐的气氛更有助于学生积极参与各种校园活动，还能够使教学质量得到一定的提高，从而成为学生健康心理的保障。因此教师在教学过程中，要时刻扮演好一名引导者、组织者的角色，营造良好轻松的课堂氛围，让学生可以充分地展示自我，不心存芥蒂，从而在愉悦的氛围中提升学习的兴趣和信心。所以我们要注重对学生的心理健康教育。

另外，教师要更加主动与学生交往，建立轻松和谐的师生关系。

教师是知识的传播者，教师不应该是思想的权威。批评、惩罚的教育剥夺了学生应有的权利和尊严，在一定程度上也造成了师生之间严重心理障碍，更对学生的创造力有极大的影响。在人际交往中，真诚是最重要的。在教学过程中教师应该和学生进行朋友似的交流互动，才能让学生感到真实、可信，他们才能从心理层面接受你善意的意见与建议。人们都希望自己能够被理解，学生也希望自己能被大家理解，只有更加深入地去理解学生，与学生进行思想上的沟通，逐渐走进学生的内心世界，充分了解他。热心帮助他，晓之以理，动之以情才能达到教育的最终目的。虽然这对于教师来说存在一定的困难，但是作为老师的我们更是需要时刻努力，积极探索，与学生真诚地交流，尝试去理解学生真实的心理情感，用智慧的双眼去发现学生的心理变化，才能够更有效地做好学生心理疏导工作。

学校应该建立并保存学生心理健康档案，共同关注学生的成长历程，是当代教育赋予我们的责任。学生心理健康教育不是一个容易落实的工作，而是一个长久性的系统工作，因此建立学生心理健康档案是十分必要的。将学生心理档案进行留存，有利于及时了解学生的心理状况以及变化情况，随时分析学生的心理变化原因，对产生不健康心理的学生能更早发现，及时处理，防止事情朝着更加严重的方向发展，还可以适当地把学生青青时期的心理变化情况详细地与家长进行沟通，让家长对孩子心理有一定的了解，这样还可以对学校、家庭相互配合形成一定合力，当发生一定状况时，及时进行解决。健康心理档案包括很多，这时候一定要进行必要的区分，学生心理健康档案可以作为教师进行心理健康教育的依据，心理档案也可作为学生了解自己成长的借鉴，以便于更好地把握自己，更好地挖掘自身的潜能，扬长补短。心理要保持健康，这样生活才会更好，不管是学生还是老师，都要坚持下去，管理教育学生很难，但是作为老师要有耐心和他们聊天沟通交流。

班级管理工作策略研究

在班级管理工作中，班主任的角色不仅是多样的，而且是多变的，既是学校任务的执行者，又是班级事务的领导者，还是家长眼中的教育者。这就要求班主任不仅要有一定的教育艺术，而且要有一定的工作方法。以应对班级管理过程中出现的诸多问题。

第一个问题：如何找准时机批评学生，如何才能够令学生虚心接受批评？

这个问题可能大家都遇到过，常言说得好，"子不教父之过，教不严师之惰"。如何教育学生一直是摆在大家面前的一个难题，没有现成的方法可依，且仁者见仁智者见智。让我想起了我刚做班主任的时候，那时可能因为年轻，性子比较急，火气自然是比较大的，一点小事就容易在课堂上大发脾气，狠狠地不计后果地批评学生，常常弄得自己也很难堪，下不了台，时间长了我发现这种方法批评学生，即使学生表面上服气了，服软了，但实际上学生只是慑于你做班主任的威严，批评猛于虎啊！其实学生表面上对您是一种敬畏，而心里往往是不服气的。再后来在做班主任的过程中，我不断反思自己并不断探索，逐渐摸索出一些行之有效的招数。

第一个招数叫作"退三进一"，听起来好像在下象棋。不知道大家是否有这样的感觉，我们在看电视的时候，可以看到这样的镜头，动物世界中，像老虎等凶猛的动物，在捕食进攻前首先是身体向后撤退几步，为什么撤退呢？我觉得是在蓄势，后退是为了更好地向前进攻！所以我们在批评学生时，发现他们一个缺点的时候，不妨先表扬他的三个优点，以退为进，此所谓"退三进一"。因为每一个学生都有自己的优点，作为与他们朝夕相伴的班主任应该善于捕捉每一个学生身上的闪光点，即使可能只是一个小小的微不足道的闪光点，但很有可能我们通过这个小小的闪光点可以挖掘出埋藏在他心灵深处的大金矿。

记得苏联著名的教育家马卡连科曾经有这样一句话："用放大镜看学生的优点，用缩小镜看学生的缺点"。我们的学生再怎么调皮也不至于将他同罪犯等同起来吧？例如：我们班有个男生小龙，性格比较叛逆，十分调皮，不好管教，他的表现完全可以用两句话来总结概括：班主任说什么他都不乐意听，班干部做什么他都认为不对！经常和他人树敌搞对立。但是这个学生有一个特长，口才突出、能言会道。另外反应能力也很强，在出黑板报方面他也算是个人才。记得有一次我们班与别的班篮球比赛，结果我们班以36∶20胜了，其中有13分是他得到的，大家都亲切地称他为"小科比"，他的这些闪光之处，被我及时发现了，我当时立即把握住这个大好时机就找他出来谈话，开始我就赞扬他今天在篮球场上表现如何积极勇猛、如何突出，关键时刻力挽狂澜，为班级的胜利奠定了坚实的基础，获得了同学们一浪接一浪的掌声和一致的好评，聊天的同时，我偷偷地观察，发现他的脸上已经露出了春天般的微笑，他笑得是那么的灿烂，那么的无邪。接着又和他回顾在班级主题班会上他如何舌战群雄，独领风骚，大获全胜，演讲时面不改色心不跳，有大将风范，然后我又大力表扬他出的黑板报如何别具一格、内容丰富。赞扬过后，我偷偷地发现他已经流露出骄傲的表情，十分得意，我于是找准时机，把话题突然一转："小龙，但是你有没有好好想过，你在班上那么有才干，那么有能力，为什么却没有一个人选你当班干部，你有没有冷静地思考过这个问题？"接着我就跟他一一分析其中的原因，刚开始的时候他还只是点点头，有些小惆怅，到了后来他自己主动表态要改掉那些坏毛病，过了一段时间，我又跟他长谈了一次，在这段时间里，慢慢地我发现小龙在学习态度上有了很大的转变，变得积极了许多，与同学相处方面有了很大的改观，在期中考试过后他第一个跑到我家里主动来问自己的考试成绩，问自己的成绩有没有进步。结果期中考试他考进了全班前五名。我看着他他看着我，我们相视而笑。在第二个学期一开始，我就起用小龙同学做班干部，小龙做得很出色，很受同学们的信赖。同学们都亲切地称他为"龙哥"。看着小龙的转变，我暗暗自喜，我觉得"没有教不好的学生，只有不会教的老师"。

第二个问题：谈谈如何营造良好的班级学习氛围？

班级管理是班主任的日常工作，自我担任班主任以来，由我所带的班级，在学习成绩上都处于全年级的领先位置，有些时候是遥遥领先于同学年的其他班级，其中很大程度上得益于我们班级有良好的学习氛围和竞争机制，在班级理念上，我借鉴别人这样一个理念：那就是——积极的人像太阳，照到哪里哪里亮；消极的人像月亮，初一十五不一样。从学生到校军训的第一天开始，我就有的放矢地把这样一个理念灌输给了全班孩子，要让他们知道，无论做什么事情，我们都要积极向上，这种竞争的理念一直贯穿于我日常管理班级的整个过程中。为了推广这个理念，我在班级设计了两套独特的掌声，其中一套是用来鼓励自己的，另一套是用来鼓励他人的，通过这种理念和激励的掌声，激发学生的斗志和竞争意识。让学生乐学好学比着学。在班级学习管理上，我采用大张旗鼓的做法去鼓励学生，鼓励学生向老师发问甚至是发难，甚至要问到所有的科任老师当场回答不出你的问题、满头大汗的时候才算真正动了脑筋，是全身心投入学习了，学生参与课堂的积极性高了，学习效果也十分明显。

班级日常纪律管理上，我积极主张采取"先专政后民主"的做法，一个优秀的班级必须要有铁的纪律，一切行动听指挥，步调一致才能团结一致，才能取得胜利。班级管理上，我采取赏罚分明的办法，做到凡是违反班级纪律的同学一定要受到纪律处分，而且作为班主任，我一定要坚守自己的原则，因为在学生眼里，班主任一旦有一次没有遵守自己的原则，那么在学生眼中就是一个没有原则的人。在处理学生违纪的过程中，必然会有少数学生对于处理感觉到不满意，班主任在这个时候应该马上进行疏导工作，这是"法"和"情"的关系，法律不外乎人情，我们先讲法律再去讲人情，这是班主任的工作原则。记得班上有名男生小光，有一次自习时不遵守纪律，被班干部记名之后，不太理解，做出了很强烈的反应，他认为自己不过是迟到了两秒钟就被班干部记入了黑名单，他觉得我班的纪律实在是太严了，很生气，又哭又闹，甚至强烈要求调到其他班级去，我知道以后，立即把他违纪的事情做了处理，处理后当晚的晚自习，我就找他出来长谈，进行思想上的疏导工作，经过一晚的长谈后，在我没有要求他赔礼道歉的情况下，他自己主动向主管纪律的班干部承认错误，并在全班同学面前公开道歉，事后他意识到自己的不足，积极改正错误，学习方面也有了很大的进步，鉴于他的进步我后来试用该学生担任班干部，结果很令人满意，他很成功地组织了几次班级大型集体活动，由对纪律处分很不满变成了对班级纪律积极维护。这个案例告诉我们，在班级只要把那些经常不守纪律的学生抓紧、抓牢，那么其他问题自然就迎刃而解了。

第三个问题：如何正确地引导班级舆论？

班主任是一个班级的领导者，同时也是班级的管理者，在日常班级生活和各项学校活动中，一定要做到公平公正，要根据是非标准进行褒贬，该肯定的就肯定，该表扬的就表扬，并给予适当奖励；对于犯错误的同学，该否定的就否定，该批评的就批评，并给予适当的批评和教育，这样就会在全班形成一种能够伸张正义、扶持正气、制止错误思想、阻止不道德现象的班集体的舆论氛围。这种集体舆论氛围的产生不能只靠班主任的一人之力，而是建立在全班多数人的正确认识与言论的基础上，它要具有同一性、扶正性。要对全班同学都具有感染力和言行道德上的约束力，形成大家共同遵守的言行准则，在班级具体实施的过程中，我采取的方法就是借力用力，借助集体的舆论力量管理班级。举个例子，凡是在学校期中考试、期末考试监考过我们班的老师都会知道，在考试的过程中我们班从来没有一个学生提前交卷、更没有学生作弊等违纪现象。我是如何做到这一点的呢？曾经有一段时间我们班上的几位学生的东西被别人偷过，知道这件事以后，我立即在班上召开主题班会，班上的学生对小偷偷我们班的东西都毫不留情地深恶痛绝，主题班会的主题是"偷东西与作弊"我采取分组讨论、辩论等各种方式，教育引导学生得出结论：考试作弊和小偷偷东西没有本质的区别，前者是偷别人的知识——精神财富，后者是偷别人的东西——物质财富。同学们都认为前者更加可恶，是不劳而获窃取别人的知识。同时在班会上我还宣布，每次考试、无论期中考试，还是期末考试过后所要做的第一件事情就是全班通过无记名投票的方式投票检举揭发在考试中有不规范行为的同学，几次下来，没想到这一招还真管用，后来考试几乎没有学生作弊。我觉得学生最不愿意的就是他在班级集体心目中的形象受损，考试作弊就是丧失人品，代价过于高昂，真正触动学生的往往是集体的舆论导向，于无形之中使学生受到了教育。

第四个问题：怎样培养一支高效率的班干部队伍？

班主任是班级管理的第一责任人，工作十分辛苦。我在刚开始做班主任的时候，每天忙得不亦乐乎，累的是惨不忍睹。但往往效果并不十分理想，这样做班主任的效率太低了。难道做班主任一定要做到鞠躬尽瘁、死而后已吗？班主任太辛苦了，我也动摇过，苦累之中我也一直在思索，我觉得问题的症结就在班级的日常管理中，没有很好地培养一支高效率的班级干部队伍。班主任、班干部及学生三者之间的关系好比一把伞的关系，伞柄、支架和布，一个再好的伞柄如果没有支架的支撑是无论如何也撑不起一片天空的。记得有一次在班主任工作研讨会上，有位老师曾经介绍过给班干部戴高帽子的方法来培养激励班级干部，这一招还真是蛮管用的。我以前也用过这种方法，但用起来没有这位老师那么的得心应手、信手拈来，究其原因，主要就是我在时间和场合上把握好，经常在公共场合给班干部戴高帽子，虽然可以激励班干部的斗志，但是无形之中也会引起另外一部分学生的不满情绪，他们认为老师过分夸大班干部的作用。听了这位老师的报告后，我茅塞顿开，由公开场合逐渐变为地下接头，给班干部戴高帽子后，班级干部做事情的积极性高涨。以点带面，班级就形成了积极向上氛围，但是一个人的情绪不可能永远高涨，班级干部在工作遇到挫折的时候也很容易沮丧，这个时候班主任应该适当地教给他们一些工作方法和技巧。举一个例子，我班有个班干部抱怨，班级举办的活动同学们反应冷淡，参与不够热情，他提出来教师节时在班上搞一台文艺晚会，但要参加者寥寥无几，结果晚会泡了汤。后来我问了其他班干部，为什么没有人参加，其他班干部说是他的工作态度和方式很强硬，令很多人无法接受，他的工作方法多是命令式的，过于主观，凭什么呀？他说："教师节搞文艺晚会，全班同学都必须参加"态度很强硬，很多同学接受不了，好心办了坏事。很多刚上任的班干部或者新班主任都喜欢用这种语调，要官威，其实很多学生都不太愿意接受这种方式的，我于是教这个班干部用另外一种方法：首先讲出这次晚会的节目设想如何丰富多彩、整个晚会的安排等等将同学们的胃口先吊起来，提高大家的兴趣，然后来问大家："同学们是觉得这周搞晚会好呢，还是下周搞晚会好一点？"这种方法叫作"二分之一法"，既暗示了晚会肯定要搞，又给到全班同学商量时间的余地，而且以这种商量的语气讲出来，让班上所有的学生都感觉到了自己的意见受到了尊重，他一讲完班上就讨论得很激烈，有的说这周搞好、有的说下周搞好。少数几个表示不参加，但大部分人都说下周好点有充分的准备，最后大家达成了共识，但还有几个犹豫不决，在一个星期的筹备中几个不太想参加的同学也被感染了，最终的结果是这次晚会搞得非常成功，不仅如此还吸引了大批别班学生参加，后来别班也纷纷效仿我班，使我班的学生脸上充满了自豪之感。同样的事情但在工作方式上改动一下取得的效果是如此的不同。我觉得班级干部在班级管理中也要不断积累经验，要以人为本，创新工作的方式方法。

第五个问题：如何对待和处分违纪的学生？

公平公正是班主任处理班级事务的准则，正所谓国有国法、校有校纪、班有班规，无规矩不成方圆。学生违反班纪校规就一定要受到纪律处分，陟罚臧否，惩恶扬善。这一点是天经地义。但是在实际操作中，采取什么样方法才能使受到处分的学生心悦诚服地接受处罚而不至于产生消极的抵触情绪呢？学生违反纪律本身就是一件不好的事情，违纪学生会觉得脸上无光，我们班主任这时的角色就很重要了，如何将这些不好的事情巧妙地转变为好事呢？

几年以来，我在班上大力推行这样一种违纪处罚方式：对违反纪律情节比较轻的同学，我要求他上讲台唱一首好听的歌，或者给大家讲一个动听的故事，对于违纪情节比较严重的学生我罚他们用正楷字写一份内容300字左右的心理描写片段，描述他当时的违纪心理，请大家注意这不是保证书更不是检讨书。学生比较能接受，无形之中也锻炼了学生的文采，经过一段时间的实践后，我发现这种处罚方式的效果比以前明显好了很多。

首先，受这种处罚方式的学生一般不会对老师产生心理上的直接抵触情绪，因为虽然受到处罚，但他在上面唱歌或者讲故事时下面的同学会给他热烈的掌声，展示了自我，可以说他是在一种很快乐的氛围中受到教育。其次，学生在众目睽睽之下唱歌或者讲故事，大家的目光都集中在他身上，对他的口语表达及胆量是一个考验和训练，写心理描写的学生要用正楷字来写，间接地帮他们练字和培养了组织语言的能力，提升了文采。再次，可以使学生的心态更加积极、可以发掘到这部分学生的内在潜能。例如：我班上有一名男生小峰同学，平时不爱出声，不爱讲话，羞于表达。有一次违反了课堂纪律。他自己选择了上讲台讲故事，结果他的故事讲得很流畅，而且情节生动，获得了同学们一阵又一阵的掌声，在同学们的掌声中，他在大庭广众之下表现自己，他的自信心大大增强了，而且充分意识到自己其实并不比别人差。我这种处罚方式是借鉴了魏书生老师的方法。真的很管用大家可以试试。

学校无小事，处处是教育，只要我们足够细心，爱生如子，找准时机、方法得体就一定能达到教育的目的。

第三节　素养提升

浅谈当代教师的必备素质

教师是教学行为的实施者，是教学过程的组织者，是课堂活动的策划者，是学生成长的引领者，是创新理念的践行者，是教育成败的决定者，这就对教师自身素质提出了更高的要求，结合自身浅薄经验归纳了如下几方面：

一、教学方法独特新颖，有较强的驾驭课堂的能力

教师是知识的传播者，在学生眼里教师是知识的象征，一个有着丰富知识的教师是足以让学生产生敬畏的。一种新颖的教学方法，可以使那些学习好的学生强化记忆，增强学习效果。学习稍差的学生也会为新颖独

特的教学方法所吸引。这种敬畏心理会很快使班级管理进入正确轨道。班级学生对任课老师的这种"怕"就是"敬"。是接受基础教育时期的学生所必须具备的一种真实情感。孙中山先生曾经说过：世界上有两种人是不自由的，一是军人，二是学生。受基础教育时期的学生，正在感受社会秩序，不可以自由泛滥。自由必须有个从约束到自由的过程。这样教育学生才会让他们能认真对待并遵守社会中必要的秩序。

人之初性本善，每个学生其实本身都有着向善的意愿，就是上课淘气的学生，他骨子里也不希望班级课堂乱七八糟。因为本能的善良告诉他们，他们需要一个安静的学习环境和秩序。驾驭课堂是一门技术，那种敲山震虎式的提醒，简单的口头恶语相加，无礼的呵斥，都是拙劣的，是学生不愿意接受的。每名学生都知道上课不该说话，这是他从小就知道的道理，可他们为什么还说话呢？因为他们的自控力不强，绝大多数是一种不自律的下意识行为，这是由孩子们的生理特征所决定的。科学证明初中年龄段的孩子们精力集中的时间最多只在二十五分钟左右，所以教师应该针对这个年龄段的孩子的生理特征去计划课堂教学的内容。同时应该采取多种方式，用勤提醒的方法来组织教学秩序。体态语言就是很好的组织教学方法。

二、教师要学识渊博，有较强的语言表达能力

学高为师，身正为范。教师是人类灵魂的工程师，担负着教书育人、传播人类文明、培养合格人才、提高民族素质的重任。每名教师个人的知识水平、业务能力、思想道德、心理素质如何，将直接影响到教学的质量与教育的效果。

教师的职责不只是要会教书，而且要会育人，培养人的工作关系着国家民族的未来与发展。那么如何做一名合格教师呢？首先要有知识。知识智慧来自什么？——来自博览群书，教师要广泛涉猎，五湖四海，古今中外，上下五千年，纵横八万里；来自对工作的满腔热爱，勤思考、善钻研，在平时的点点滴滴中不断积累。这样，教师在课堂上才有可能口吐珠玉、游刃有余、旁征博引、妙趣横生、谈吐不凡，这样的课堂才能深深吸引学生，教师深受学生爱戴，与学生共同成长。老师渊博的知识，学生短时间内是难以知晓的。知其所知，初中学生的世界观不成熟，他们懂的，你不懂，他们就认为你没学问。尽管老师懂得许多学生不懂的、不会的学问，可是那不是短时间内就能让学生明白的道理，尤其是难以让文化基础较差的学生明白。同时，他懂的班主任不懂，就拉开了与学生之间的距离。只有在认识上找到交点才便于与学生沟通。所以育人的同时，我们要与时俱进，不断学习提高自身素质，只有教师学好了，才能把学生教好。

三、教师应该胸襟豁达，富自我批评意识，有较强的处理人际关系的能力

比大海更辽阔的是天空，比天空更辽阔的是人的胸襟。宽阔的胸怀是我们从事班主任工作必不可少的内在素质。初中年龄段的孩子们心理、生理不成熟，世界观尚未真正形成，他们大多阅历短浅。缺少理智，容易冲动。学习生活中难免做出侵犯师尊的胡搅蛮缠的事来，有时甚至不分青红皂白，即使是经常关心他的老师也会顶撞。所以，老师不能以平常的惯有逻辑来认识学生的行为。尤其在与学生发生言语冲突时，要正视学生的顶撞。一个唯命是从的人是没有发展的。学生正处于人生之初，什么事情都要学习，学生学习的最高境界是要有独立思考的能力，具备创新意识。所以，以是否听话来衡量学生好坏为标准的时代已成为历史。"吾爱吾师，吾更爱真理。"对师傅最大的尊重，就是学有所成，甚至于超越师傅，因此，作为一名从事教育的人，都应该以理念战胜本能。

所谓师道尊严，在今天应该有新的解读。正视学生的顶撞，是一个为师者的教育从本能升华为理念的开始。

首先，学生开始顶撞老师，不应该简单视为学生对老师的不尊敬。要从多角度去认识他，发现学生这种行为的积极因素。学生开始有了与教师不同的观点，哪怕只是出于一种自我保护意识的本能诡辩，也是难能可贵的，是一种进步。因为学生开始冲出老师头上的光环是要有勇气的。对这种本能要善加利用，引导其把这种勇气用在追求真理上。这种情况下，为师者要用正确道理去说服学生，并鼓励学生用道理说服老师，教会学生求真务实不正是教育的初衷吗？要鼓励学生以与老师辩论的方式解决疑问。

其次，学生顶撞老师是一种积极的信息反馈。它说明教育通道堵塞，学生与教师之间已产生隔阂，如果这种隔阂隐藏下去，势必为教育造成不可估量的损失。因此学生顶撞老师，切不可以力压服，否则会埋下隐患。应诱导学生从本能的自我保护式的顶撞，过渡到用道理为自己的行为找根据，直至在学习上大胆质疑，培养学生的独立创新意识和独立思考的能力。

再次，学生开始顶撞老师，这应视为学生扫除心理障碍的最佳机遇，诚然，在我们中国师道尊严是传统的，已经深深地刻在了人们的骨子里，然而现在的学生生活在当下中国的国情里，如果没有巨大的心理障碍，是绝少能与老师顶撞的。所以，简单地压服学生对老师的顶撞，将使学生失去清除心理障碍的最佳时机。这个时候，教师要想办法让学生把其内心的所有想法都说出来。用为师者的睿智帮助学生清除心理障碍。

最后，顶撞也是一种交流。虽然它是一种消极交流，但却为变消极交流为积极交流提供了可能。压制只能把交流变成无声的消极对抗。势必大大提高教育工作的难度。我们应该鼓励学生，尊师的最高境界是把不懂的东西弄懂，而不是无条件地逆来顺受，逆来岂能顺受。开明的教育工作者，会把顶撞视为进步、成长，学生顶撞是自我意识形成的表现。如果说"否定自我"是人成长的第一步，顶撞则是"否定自我"的第一步。因为有了新的自我意识，学生才会顶撞。最可悲的是学生无自我意识可言。所以当学生顶撞老师时，教师应真诚地表扬学生长大了，有了自己的观点，有了自我意识。拉近与学生之间的距离，了解学生顶撞的潜意识根源。从而有的放矢地解决学生成长过程中的心理障碍。

为了能面对学生成长过程中种种非正常现象，教师的胸怀必须是宽阔的。而豁达的最高表现形式，还不仅是接受学生的非正常反应，而是教师应该利用这个机会指导学生如何学会与人沟通。教师教会学生与人沟通，是新时代赋予班主任的历史使命。

四、教师要直接或间接具有丰富的人生阅历，具备深邃社会洞察力

现如今全国相当一部分地区还没有普及高中教育，许多孩子初中毕业后就走上社会独立面对生活。如何提高孩子们面对社会、面对生活的能力，提高走上社会时的生活质量，这是孩子们最关心的，也是教育最现实的目标，同时是孩子们学习生活的主要动力。因为向往美好幸福的生活，是每个正常人的本能。所以老师本身必须具有对生活的深刻认识，洞察生活的真谛，并且以自己通俗而且具有说服力的语言给孩子们描绘一幅逼真的生活画面。让孩子们对未来充满信心，积极勇敢地去面对今后的生活。

五、要具备独立思维意识和认识社会的能力，富有强烈历史责任感

大哲学家孟德斯鸠曾经说过：知识分子应该是时代的先驱，是时代的批评者。作为培养未来世界的人，我们教师必须对未来、对世界有超前认识，要能基本准确地预见未来社会的发展变化。可这并不是所有人都能做得到，绝大多数的人是做不到的。因此，老师以未来社会需要来培养学生时，这势必会遇到愚钝者的不理解，甚至反对。所以教师要有强烈的历史责任感，能忍辱负重，并且教会孩子们用自己的眼睛去看世界，用自己的头脑去认识世界，不要过分地相信眼睛和耳朵。比如说：当下中国入世之后带给中国城乡的人口互动，大大增强了原城市孩子的就业竞争难度。可以以此鼓励学生利用学校的大好时光，主动磨炼自己的意志，增强学习动力。鼓励男学生勇于承担责任，做生活的强者，以文明社会准则来要求自己，提高文明水准。学会尊重关爱女性，学会与人沟通、与人协作。教育女学生，要自重、自立、自爱，自己来把握自己的命运；用事实让学生明白，把命运交给别人来把握，是一切痛苦生活的开始。教育学生只有奋斗才能成就美好未来，将现实与孩子们的学习生活联系在一起，让孩子明白只有现在的努力付出，才能拥有美好的未来，吃得苦中苦方为人上人。使之成为自己命运的主宰者。

六、要具有强烈的原则性与责任感，富有坚持真理不屈不挠的人格魅力

在教育学生的时候，我们切勿朝令夕改，在遇到原则问题上绝不让步。事情发生，要勇于承担责任。教育学生要勇于担当，敢为人先。要教育学生具有责任心，要勇于承担责任，这点教师也要在平时的教学工作中言传身教，从而达到教育目的，可以在教学过程中人为制造情景，让学生明白在真理问题上绝不让步，并坚持始终。用不屈不挠的人格魅力来影响学生、教育学生。

七、要具备处理突发问题的随机应变能力

新的教育形式，要求我们具有随机应变的能力，对突发事件要相机处理。讲究方法，讲究实效。遇到问题绝不回避。回避是怯懦的表现，不利于问题的解决。回避问题是最影响教师形象的。我们在工作中要敢于面对挑战，敢于碰钉子，要做学生的表率。遇事不慌不乱，机智果断，提高应对突发事件的能力。

八、要具备健康的体魄，能承担繁重教育教学工作

要有充沛的精力，能给孩子们以信心。摒弃陈旧的观念，接受新的思想：

1．我们的学生只有个性差异，没有好坏之分。

2．我们要平等对待全体学生（允许学生怀疑、质问老师；但要从礼仪的角度，教育学生掌握好时间、地点、场合）。

3．我们要谨慎对待学生的虚荣，虚荣是孩子精神世界里文明与野蛮的最后一道屏障。诱导好了，虚荣心可以变成自尊心，否则将使孩子失去生活的信心。

4．不良行为习惯多的孩子是脆弱的，对待他们要禁用刺激性语言。一时骂老实了，等于火山爆发前的宁静，绝不能用"骂"压服学生。

5．我们要正确对待男女学生之间的交往，禁止教师人为地给学生下早恋的定义。男女学生之间的交往，教师要给予指导，而不是简单粗暴地阻止。

6．我们要以施恩不图报的态度对待学生，就不会有委屈可言，一切与学生之间的委屈都来源于对学生回报的潜意识期待。

7．新时代的教育要求，教师必须是学生的"出气筒"，这是心理健康教育的需要。学生的"气"就是学生心理上的疾病，如果不当着老师面发泄出来，老师怎能对学生进行针对性心理治疗。十几年的教育不是只为了造就一个一般意义上的人，它所造就的是一个内心能容纳世界的超凡的传承者——人类文明的使者。

怎样做新时代的合格教师

从教二十余年，我时常在思考同一个问题："如何才能成为一名新时代合格的人民教师呢？"这一问题一直伴随我从教至今，经过多年的教坛跋涉和探索，我明白要成为一名新时代合格的人民教师应该做到以下几点：

第一，必须热爱学生。

换句话说，要成为一名合格的人民教师，必须是一位真心替学生着想、爱护学生的教师，无论学生是所谓的"好学生"抑或"学困生"。苏联著名教育家苏霍姆林斯基说："一个好的教师首先意味着他是这样一个人——他爱儿童！"在这里我要说，一名合格的人民教师首先意味着他是这样一个人——他热爱学生！纵观古今中外，无数的事实告诉我们，如果一个教育者热爱他的学生，他就会为了学生的发展和前途战胜各种困难，并一直坚持和奋斗下去。这就要求我们教育工作者，从教的过程中要对学生充满爱心，所以从这个意义上说，教育事业是一项爱的事业。我们要把爱心放在首位。

第二，必须爱岗敬业。

经调查表明，有些教师之所以受人尊敬，成为人们心目中的好教师、知名教师、优秀教师，这是与他们有着坚定的爱岗敬业精神分不开的。大家都知道我国春秋时期著名教育家孔子就是因为对教育工作有着无限的热爱与忠诚，在教书育人中，以这份真正对事业的热爱和执着，做到了"诲人不倦"，从而成为受人景仰的"万世师表"。

第三，必须具备过硬的教学能力。

"传道、授业、解惑"是教师的职责。想成为一名优秀的人民教师，如果没有过硬的教学能力和业务水平，他就不可能在教育实践中履行好自己的职责，不但没有成为一名合格的人民教师，而且还可能误人子弟遭人唾弃。我们的时代在不断地高速发展，这就要求我们广大教师要与时俱进，始终具备过硬的教学能力和业务能力，必须跟得上时代发展的潮流，不断虚心学习，勇于创新实践，用新思想新方法武装自己的头脑，不断给自己充电，完善自我。

第四，必须是一个诚实守信的人。

这些年，随着改革开放的不断深入发展，我国经济发展迅猛，各项事业蓬勃发展，但与此同时也有一些糟粕应运而生，目前我国社会主义市场经济体制下，经济社会发展中的不和谐、不诚信氛围也慢慢地渗透到了校园这块纯洁的圣地，一些校园的不诚信现象层出不穷。在这其中就包括教师队伍中的不诚信行为。他们的所作所为和不诚信行为大大损害了我们整个教师队伍在社会上的形象，更为严重的是，这些教师这种行为，通过教学过程，逐渐对学生发生着潜移默化的影响，学生在这种氛围的熏陶下，渐渐地把不诚信行为看作是理所当然的事情。诚实守信长期以来是中华民族的传统美德，是做人之本。事后虽然这些教师"使出全身解数"去言传身教，却只能"培育"出道德品行不高的学生来。只教书、不育人，也势必影响学生的未来发展。

第五，教师必须传授给学生始终保持迎难而上、勇于担当、敢于胜利的心态。

"十年树木，百年树人。"这句经典的俗语既指出了教书育人的长期性，同时也指出了教书育人的艰巨性。尤其是当下，身处社会转型时期的学生的情况非常复杂，教师要教育好一个学生确实是一件艰难的事，加之现在社会竞争如此激烈，一名教师想在教育教学和教学科研方面取得一定的成绩，成为一名优秀的人民教师，这确实很不容易。因此，作为一名新时期的人民教师，应该首先健全自己的品格，磨炼自己的意志品质，让自己首先具备迎难而上、勇于担当、敢于胜利的心态。才会在教育实践中，传递正能量，培养学生健康心理、乐观向上、勇于担当、敢于胜利。

第六，教师必须有乐于奉献的精神。

当下，我们国家正处于社会主义初级阶段，我们的国情决定了教师所能享受的福利待遇总体水平还比较低，各种物质条件相对较差。从这个意义上说，如果作为一名人民教师做教育工作老是想着自己的付出与自己在物质方面的回报不成正比，总是抱怨唠叨，那就过于物质化了，改变了当初我们选择教育事业的初心，一味地追名逐利，那就无法专心于"育人教书"，自然也就不可能成为一名合格的人民教师。因此，不忘初心，方得始终。从成为人民教师那一天起，我们就应该清楚地意识到，我们所选的职业注定是清贫的，我们必须始终抱着乐于奉献的心态。不思回报、不求名利，毕竟我们从事的是一份与众不同的工作，一份关乎人类兴衰存亡和子孙万代发展的工作，是阳光底下最光辉的事业。诚然，如果作为人民教师的我们能够做到时刻想学生之所想，做学生之所做，时时刻刻关心着祖国的前途和命运，并用实实在在的教育工作夯实学生健康成长的基础，那我们就定会成为合格的人民教师。

第七，教师必须讲求仪表美。

伴随着时代的变迁，过去教师的穿戴总是"艰苦朴素"，与时髦格格不入，每当教师走在大街上，或是参加社交活动，往往会被人一眼看出。久而久之，"艰苦朴素"和"不拘小节""呆板严肃"成了教师的代名词和标签，现在时代进步了，教师要以什么样的形象出现在学生面前往往影响学生的听课状态，我个人觉得教师的穿戴应当端庄、得体，既要体现出职业特点和个人气质，又不失亲和力。人类已经进入21世纪了，我们每个人都在享受着市场经济给我们带来的富足与快捷，学校也逐渐走向了市场，教师也是社会的一分子，不能落后于时代，教师也需要得体的包装，在学生面前，男教师要擦亮皮鞋，刮干净胡子；女教师略施淡妆。在我看来这也是一种进步和发展，同时这也很重要，美丽的仪表之所以吸引人，是因为它包含了人作为社会人全部的美，将每名教师的内在之美与形象之美有机地结合在一起。这不仅会给人们带来视觉上的享受，而且也是对他人人格上的尊重。教师要讲求仪表美，我觉得它不仅是一个形象的问题，同时也是一种无声的语言。它体现对别人的尊重，也是对事业的敬重。教师的仪表能引起学生的注意力，且能在教学过程中潜移默化地影响着学生学习积极性。它是美，更是无声的教育，将直接影响到教学效果。

第八，教师必须精心备课，厚积薄发。

教师的一言一行、一举一动，无形中对学生都有很大影响。因此教师首先要高标准严格要求自己，用自己丰富的专业知识、巧妙的教育手段、正直乐观的处世原则、求真进取的精神去感染每一名学生，要给学生做出榜样。所以，教师在给学生授课之前，要认真备课，要不断吸纳新的理念。要充实教学内容，要创新教学手段。无论自己有多忙，没有准备好的课，决不登讲台。因此，备课要求教师要精心准备教案。因为教学质量、教学水平、教学效果的提升与彰显，是通过课堂教学过程来具体体现的。要做到每一堂课都很精彩，切实取得良好的效果，我认为关键是做好案头的准备工作，精心编写教案。案头工作是一个厚积薄发的过程，你积累得越多，课堂内容就越丰富多彩。学生也更加喜闻乐见，同时它也是一个熟能生巧的过程。这就是当你给学生一杯水你就要有一桶水的道理。组织好课堂教学十分重要。要求教师有较强的课堂组织能力、协调能力、演讲能力、沟通能力、控制能力、应变能力甚至包括教师的粉笔字书写水平及自身的外在形象设计效果等。这看上去十分复杂，但我们却是天天在做，怎样才能做得更好，这才是真正的挑战。诚然，首先我们语言表达要准确、流畅、富有感染力；其次，还要与学生保持情感上的沟通，使学生们内心产生一种对所讲知识的渴望。所以课堂教学是教书育人的第一阵地。在每节课上，要按照教学的基本原则进行教学。教学语言力求准确、生动，既要广泛涉猎又要突出重点，既要条理清晰，又要不拘一格。教学中做到既传授知识，又培养能力。

第九，教师必须严谨治学、端正学风。

教育就是在教与学的过程中，无论是教师，还是学生都必须树立优良的学风。那么优良学风是什么？它大致包括如下内容：

1. 教育学生要有追求真理，为人民、为科学献身的精神；有勇于探索、开拓进取、大胆创造的精神；

2. 教育学生要有严谨治学、踏实认真、一丝不苟的作风；

3. 教育学生要有谦虚谨慎、实事求是、刻苦钻研、勤奋好学的作风等。

优良的学风对于教师来说就是教好书、育好人、塑造学生良好的心理素质，它更是学生能否成为德、智、体全面发展的合格的社会主义事业的建设者和接班人的关键所在。所以要形成和树立优良学风，首先教师必须严谨治学、以身作则、为人师表。然后才能言传身教、培养学生的优良学风。另外，我们对学生的品行教育也要常抓不懈、时刻不能放松。

第十，教师必须人格高尚、言传身教。

我认为，当下教师的自身的品德修养也是十分重要的，我们教师的人格要过硬。正所谓上梁不正下梁歪，教师的职责是教书育人，作为在教育教学第一线的广大教师来说，要树立面向全体学生的教育观，我们要相信"没有教不好的学生"。在日常的教书育人过程中，我们要牢固树立一种观念：那就是学生接受能力有强有弱、进步有快有慢，我们的教育对象的素质往往参差不齐，所以我们在教育教学活动时可以因人而异、因材施教，分类推进、互帮互学。我们教师更要用健全的人格魅力和良知去潜移默化地影响学生，要关心学生，要爱护学生。我认为一切师德要求都要基于教师的人格品质。教师的人格品质作为师德的有形表现，一个高尚富有魅力的教师人格就会产生身教重于言教的良好效果。很难想象，一个缺乏师德的教师能教育出品德高尚的学生，或许有，但赌注太大。势必不能拿学生的一生做赌注，所以，我们教育者要先接受品德教育。教师要树立自身的人生观、价值观、世界观。这是提高教育质量的重要前提。学生在成长过程中，对教师十分期望和信赖，甚至把老师当作做人的榜样，他们往往在观察教师时，无形当中会产生一种放大效应，教师的一句悄悄话，一种小小善举，会让他们感到无比的欣喜；同时，教师的一点儿小小瑕疵，也会使他们产生巨大的失望。所以，教师必须对自己的人格修养提出严格的要求，要对自己负责，更要对学生负责。树人先正己，育人先立德。所以，作为一名教师品德修养尤为重要。

第六章　因为爱，所以爱

黑龙江省海伦市爱国学校　刘凤玲

因为爱，所以爱

刘凤玲简介： 我叫刘凤玲，黑龙江省海伦市爱国学校英语教师。1997年黑龙江省海伦市师范学校英语专业毕业，怀揣着"教好书，育好人"的理想，毅然决然地扎根家乡，迈上了三尺讲台，从此便是二十多年，与孩子结下了不解之缘。作为一名农村教师，我普普通通。可我的两个心房，一个装着良心，一个装着爱心。我扪心自问时，问的是良心；我倾情付出时，洒的是爱心。

我的肩上有一副担子，一头担着义务，一头担着责任。义务，让我领份薪水养家；责任，让我明确使命，催我奋进，亮丽我的人生。正是这样，工作中我认真遵守学校的各项规章制度和教师职业道德规范的要求，从不迟到早退。为了更好地工作，从教二十多年来几乎每年都是全校请假最少的人，即使有病有事也尽量压缩，以便更好地去工作。2012年6月，发现自己意外怀孕已经一个多月。为了不耽误工作，利用周六的时间做了人流手术，周日休息了一天，周一又出现在了工作岗位上。事后同事们劝我回去休息，可马上就要中考了，我在家躺着也放心不下班级里的孩子啊！只有亲眼看着他们我才心里踏实啊！就这样，二十多天冲刺我坚持了下来，也因此换来了当年中考成

绩创我校历史最高纪录的荣光。

二十多年来，我一直担任班主任工作，变的是一茬一茬的学生，不变的是我对学生的爱。2005年春，我初次担任毕业班班主任，晚上要到学校照顾学生自习，那个时候，两岁的女儿刚刚断奶，一头是企盼母亲的女儿，一头是求知若渴的学生，我陷入了两难境地。父母都不在身边，丈夫工作也抽不开身，怎么办呢？为了抉择，我不知偷偷掉了多少眼泪，可望着学生们期待的眼神，我深深地体会到教师的责任重大，学生们正处在人生的第一个转折时期，我舍不得丢下他们啊！不是有我在他们就一定能考好，可是我担心没我在他们考不好！不说舍小家，为大家，谁无父母，谁无儿女？最后，我毅然选择和学生们在一起，将女儿托付给了邻居帮忙照顾。白天，我强忍着对女儿的惦记，全身心投入到工作中，既要研究教学，又要做学生的思想工作，稳定考前情绪；晚上，下了自习，安顿好学生，匆匆赶回家中，慰抚女儿，听着女儿梦中一声声呼唤着妈妈，我时常泪流满面，也无数次默默向女儿做过保证：过几天妈妈一定好好陪你。就是现在想起来，眼睛也总是酸酸的。但凡有点时间都给一批又一批的学生，学生不经意的犯错，我会诚恳地指出；学生情绪低落，我会用眼神和语言鼓励；学生身体不适，我会像妈妈那样去关爱；学生遇到解决不了的困难，我会伸出热情的手去帮助。在我们农村有越来越多的留守孩子，太需要我们的关爱，每次劳动后我请他们吃冰激凌成了习惯，每逢期末自掏腰包买学习用品奖励进步的他们成了家常，赶上阴天下雨将远道的他们领回家里吃住成了理所当然。

和孩子们的朝夕相处，点点滴滴学生们都看在眼里、记在心中。每当上课时，他们都会簇拥在我身边，有说有笑，嘘寒问暖；远远地看见我的身影，就会跑过来帮我拿书本，边走边聊，慢慢地来到教室；下课时，学生们立马围过来向我请教问题，谈天说地；每逢过节时，总会收到学生们发送的祝福微信或自己精心制作的小礼物……这远远地超过了那些物质的享受，带给我的是无法用语言形容的精神愉悦。2017年中考前的最后一节课的最后几分钟，班级的孩子们都站了起来，齐刷刷地喊出："刘老师，您辛苦了，谢谢您，I LOVE YOU！"那一刻，也不知道班级里更多的是笑声还是哭声，那一刻，我感动无限，孩子们真诚的肯定才是给我最崇高的荣誉，那一刻，我也真正领会到"教师"二字的丰富内涵，真正明白"教师"二字所包含的深重责任。

一张张天真无邪的小脸，一颗颗纯洁善良的童心，一次次与学生的情感交流，一回回与学生的心灵碰撞，为我原本普通的人生增添了几多期待、几多惊喜、几多幸福。二十多年来，我放弃过职务升迁的机会，经受过返城高就的诱惑，忍耐了农村萧条的寂寞，只因为：我热爱着我的事业，热爱着我的学生，就是这种爱一直激励着我前进，让我在平凡的岗位上踏踏实实地工作着。一路走来，有苦有甜；一路走来，无怨无悔；一路走来，因为有爱；一路走来，乐在其中。今日有幸，将自己多年的点滴经验与教训总结出来，结集成册，内心甚是安慰！我坚信：未来的日子里，一片热土，两支粉笔，三尺讲台，足以让我平凡的人生写满属于自己的精彩！

第一节 教育感悟

班会课必须注重其"生成性"

真正对学生有教育意义的班会课是"生成"的。所谓"生成"，即由特定的情境自然产生课程资源乃至目标的过程。生成也并不排除预先的预设，但反对过于机械的预设和"照章执行"。

班会课的主题需要"生成"。从某种意义上讲，班会也是一门课程，是由班集体和班主任根据本班的特点共同开发的一种"班本课程"，其目的是解决班级发展过程中遇到的问题。相对于其他的学科课程而言，班会课的主题更需要"生成"。因为班会课主要是解决学生思想上的问题，而"心动"必先"情动"，"生情"的前提是"触景"。只有让学生触到了真实的情境，他们才会产生强烈的情感体验，也才会用心去审视和思考。从这个意义上讲，在现实情境中生成的主题班会可能要比事先组织的班会效果更好。事先组织的班会虽然能显示班主任的经验，但是班会的主要任务是解决班集体中最需要解决的问题，没有人能够在开学之初就预测到一个班在什么时候最突出的问题是什么。另外，我们都知道，很多教育契机都是稍纵即逝的，即使过后再现也无法达到当时的力量。

班会的组织形式也可以"生成"。长期以来，我们所开展的总是一种严格预设的班会，主题、活动形式都是事先精心设计的，也总是以班主任的说教为主，至多就是几个班干部上台点缀一下，这种灌输式的班会课很少能让学生由"情动"而"心动"。相反，如果让学生自己参与进来，让他们在实际情境中通过讨论"生成"班会主题，在自然进行的过程中"生成"班会的程序，那么班会的整个流程就会像小河的流水一般，不需刻意组织和维系，只需恰到好处的引导和疏通，便在自然流动的过程中获得育人效果。

班会课上，教师要给学生"留白"。如果说班会是一幅画，那么只有善于"留白"的班主任，才善于创造美。然而，大多数情况下教师成为班会课的"钦差大臣"，学生则是俯首帖耳的"臣民"，班会的主题就是由教师向学生颁布的"圣旨"，教师的话是金科玉律。实际上，学生是有思想、有意识、有创造性的、能动的主体，只要给他们"阳光"，他们就会

"灿烂"。因而，教师所要做的不是成为代替他们"表演"的"演员"，而是给他们创造一个自我表演的舞台。只有把班会的主动权交给学生，把创造空间还给学生，让"学生的地盘学生做主"，班会课才会焕发出生命的活力。

教师要善于捕捉、判断、重建信息。一方面，班会主题的生成往往是偶然的，班会的过程也不是预定的，它会伴随着师生、生生间的不断交流、沟通，产生新的思想火花及新的教育信息，这就要求教师具有敏锐的教育洞察力，才能从日常生活的小事发现教育契机；另一方面，在动态生成的班会课上，教师只有对班会进行适当的点评和引导，才能保证班会在生动活泼、井然有序的气氛中持续下去。

总之，班会并不是教师进行政治思想教育的"行政特区"，而是师生之间、生生之间生命沟通和对话的平台。班会只有重视"生成"，才能焕发出生命的活力；只有重视"生成"，才能对人的精神生命产生深刻的影响。

班主任如何挖掘学生的潜能

潜能，就是一个人潜在的能力。教师，尤其是班主任的任务之一就是要最大限度地挖掘学生的潜能，让每一个学生的能力都发挥到极致，而不是仅仅传道解惑。那么，如何挖掘学生的潜能呢？个人觉得可以从以下几个方面入手：

第一，相信学生，发掘学生的"闪光点"，与其建立民主和谐的师生关系。

教师不能只是让学生怕自己，学生对老师敬畏是应该的，但并不意味着学生见到老师就像贼见到警察似的，这样并不利于挖掘学生的潜能，因为学生会用过多的精力去防止自己犯错误，整个神经都绷得很紧，这样会大大降低学习效率。班主任要对学生恩威并施，既要让学生遵守班规班纪，又要让学生相信老师，把老师当朋友，愿意把自己的心里话告诉老师。另外，在班主任的字典里不应该有"差生"或"双差生"这样的字样。即使班级出现了一些纪律和学习都差的学生，班主任也要全面调查他们的情况，查找造成他们今天这种情况的根源，事出必有因，他们不会一开始就这样的，每一个孩子出生都像一张白纸，可塑性和模仿性极强，学生的本质并不坏，我们不应该戴着有色眼镜看他们。事实上，往往很多类似的学生踏入社会后表现得并不差，他们都有自己独特的地方。如果班主任过早地抛弃他们，过早地把他们推向社会，他们真的会自暴自弃，谁不希望得到别人的尊重和认可呢？班主任要竭尽全力让学生相信每个人都是如此，还是有人关心他们的，让他们重新燃起学习的热情。

第二，鼓励学生，大胆提出问题，培养学生的独立自主学习的创新能力。

新课程改革最重要的不是课本设计的变化，也不是所谓的什么死板教条模式的变化。如果只是如此，还谈什么新课改？个人觉得如今的班级教育不必拘泥于固定的模式，一切都应该是在自由、开放与和谐的氛围中进行的。中国为什么出了很多像陈景润、华罗庚这样的数学家，但是却没有像哥德巴赫这样提出问题的，原因就是教育的缺失。我们的学生不缺乏勤奋，不缺乏教养，关键是缺乏敢于提出质疑的精神和提出有见地问题的能力，我们搞教育的任务就是培养学生这方面的能力，这应该是新课改的精髓所在。学生的学习是"提出问题——分析问题——解决问题"的过程，而不仅仅是记忆的过程，何况脱离了理解和分析，记忆的效果就无法保证。我们要摒弃传统的"填鸭式"教学，建立机智、灵活、开放的崭新课堂模式，可以和学生共同探究，一起发现，让学生试着提出一些问题，培养学生思维的发散性和创造性。

第三，训练学生，表述自己的思想，让学生学会对某些人或事提出自己独特观点。

通过特殊的训练方式来训练学生，让学生针对身边的某人或某事发表自己的观点，表述自己的思想，其目的是培养学生的独立思考的习惯，勿人云亦云，凡事都拥有自己的想法，这对学生的思维训练和潜力开发都有着重大作用。班主任可以提出一些话题，让学生以文章的形式写出自己的观点。比如，《中学生该不该带手机》《如何看待早恋》《谈谈中学生的明星崇拜》《某人的这种做法对吗》……也许一开始他们不习惯，觉得无话可说，可是，写了几篇之后就会慢慢喜欢上这个活动，因为每个人都有表达自己想法的欲望，我们要给他们这个机会。发现好的文章，可以拿出来念念，这对学生也是莫大的鼓励。这样最直接的影响就是学生在平时听课过程中可能就不会有被动地接受，他们会先思考老师讲的知识，然后再决定是否接受，最起码不会不假思索就盲从，这还会培养学生的创新意识。

对学生潜能的挖掘是一个艰巨而漫长的任务，任重而道远，这对班主任的要求也非常的高，有法可依，但又没有固定的模式去遵循，也不可能有固定的模式可遵循。班主任必须根据个人自身的能力和水平，结合学生个体特点，从实际出发，灵活机智采用方法去处理。

班主任与家长沟通的技巧

班主任和家长的沟通，要建立在对学生充分了解的基础上，包括学生自身及学生的家庭环境。班主任与家长的沟通是否融洽，直接关系到学校教育的成败。因此，班主任与家长必须进行交流。在沟通过程中，我们的班主任掌握了一些和家长交流的技术、方法，注意某些细节，必定有利于班主任的班级管理、学校教育和学习管理。

首先，班主任老师要对各位家长热情洋溢。送迎家长或与家长交谈时，班主任不仅要主动积极热情、笑容可掬，同时还要特别善于仔细观察学生父母的不同心理需求和他的心理健康状况。特别是当有些学生父母主动上门寻找或和老师沟通解决学生的学习问题时，绝不能不屑一顾，轻描淡写或者态度冷漠。

第二，班主任和家长的沟通方式要因人而异。班主任和家长的沟通，是要看不同的事情，家庭的差异、父母的差异，用尽量多样的沟通方式和手段。去学生家里和学生父母直接交流是一种方式，举行家长会是一种方式，线上的社交软件是一种方式，和家长打电话沟通也是有效的方式。在当下，各种通信方式层出不穷，班主任应该能不断学习以充分运用各种方式，保证快捷实时地与家长保持联系。作为班主任，和家长适当的沟通学生状况是非常有必要的。

还有，班主任和家长的沟通要讲究方式方法，不能激进。与家长的沟通是客观的。要与家长当面沟通，而且要客观地向家长说明学生情况。不应只报忧而不报喜，应该是既报悲又是喜；既说了优点，又说了不足。尤其是再次谈到孩子问题和失误时，班主任要注重沟通策略的采取，首先寻求孩子的"闪光点"来肯定自己的长处，然后提出他错误的说法，分析自己犯错原因，商量共育方案，得到家长的赞同。当对学生的观点和教育意见产生分歧的时候，班主任就应该以谦逊的态度和讨论的口吻来征求父母的意见。争取父母的配合，家长获得了班主任的认同和赞扬，肯定了家长的教育、配合学校的教育。

另外，班主任和家长的沟通要温和。与家长交流时，切不能一味地指责学生，更不能把孩子的缺点归因于家长，这样就会伤害孩子和父母的自尊心，不仅没有达到良好的交流效果，反而会导致父母对班主任的成见。有位教育家说的好，与家长沟通最不妥当的就是学生发生些小失误时，就直接找家长告状，这样造成的不仅是师生关系疏远，也会使家长和学生、家长与老师的关系都疏远了。班主任应善于调整家长与学生之间的关系，使其更加亲密、融洽，而不可在告状之后让父母用打骂的方式对其进行惩罚。即使是对关系中出现裂痕的父母和学生，班主任也应起到针线和万能胶的作用，进行调和。

最后，班主任和家长的沟通是常态的。不要仅仅是在学生出现问题的时候进行交流，建立一个日常沟通的渠道。例如：可以使用学生作为交流工具，让家长通过上面的留言来交流等方式。一定要相信家长，在学生一些重大的事情上，要和家长商量，共同解决学生出现的一些状况。

学校与家长要一直保持联系。家庭的生活和学校的生活保持一致性是完善教育的首要条件。班主任要有效地与家长进行沟通，让父母自然认同他们的教育理念，家校合力，共同完成教育任务。

班主任与学生谈话的艺术

参加工作多年，遭遇过很多失败也积累了很多经验，尤其是班主任工作，其中的甘苦更是一言难尽。今天把这点点滴滴的积累汇集起来和大家共享，希望大家多提宝贵意见。

作为班级的管理者，教师经常会发现学生在学习之外的各种方面存在的一些问题，每天上班会遇到各种突发事件，这时该如何解决这些问题和这些突发事件就成为班主任最头疼的事，在这里我结合自己的工作实践着重谈一下班主任如何与学生谈话。

首先，谈话前要了解问题起源。

与学生谈话前要先了解学生的思想性格、交往特点、家庭背景等；如果涉及解决学生矛盾或纠纷，还要先了解问题的起源，以便对症下药。中学生年龄正处在青春期阶段，智力还没有完全发育成熟，看待问题总是很肤浅，不能看到事物的本质，因而容易产生错误的认知，例如：生活中学生理解的"见义勇为"，就是帮助朋友打群架，讲义气，够哥们儿，结果做出了违法乱纪的事情；还有一些学生受到社会不良风气的影响，没有是非观念，最终犯了错误。班主任掌握了这些基本常识和基本情况，在谈话时才会有针对性，便于学生接受。

其次，谈话要抓住问题的关键。

面对学生发生的各种突发事件，教师既要循循善诱、耐心细致，更要弄清楚事情发生的来龙去脉，从根本上解决学生的思想认识问题，不要面面俱到泛泛而谈，导致重点不突出，学生不愿意接受。有的老师为了维护班级的荣誉，督促学生改正问题，会采取简单粗暴的方式，甚至有的老师还会用粗俗的语言来辱骂学生。教师要有爱心，了解那些特殊的学生。要从他们的年龄、家庭环境等方面进行了解，抓住问题关键晓之以理，动之以情，这样，这些学生才能接受老师的教育。

最后，谈话要强化外因的作用。

事情的发展不仅有内在的因素，也有外在的因素，当然解决问题也是一样的。教师对学生的说服教育属于外在因素的影响。俗话说："良言一句三冬暖，恶语伤人六月寒"。教师与学生谈话目的就是要使学生认识到缺点和不足，从而在内心产生积极上进的思想意识。这就是谈话的外因促成学生的内因的转变。教师要注意谈话的方式和方法，要想一想怎样才能让学生乐于接受。我们不但要善于与学生交流，还要勤于与家长沟通，和他们密切的合作。这就要认真考虑家长的身份、职业、教育程度、性格特点等等。家长和教师互相配合共同构成学生思想转变的外因，更利于学生思想的转变。

其实班主任与学生谈话的方式有很多，这涉及学生的个体差异，要因人而异。不同年龄段的区别、男女生性别的不同、留守儿童、单亲家庭、问题学生、学困生等等，在方式方法上都要有区别。我在这里介绍的只是一般的特点，而在实际的工作中要复杂得多。总之，做好学生的思想工作，教师就要多与学生沟通，多与家长沟通，注重与学生谈话的艺术。

希望各位领导和同人多多批评指正，更希望听听大家的宝贵经验，以利于我以后更好地完成班主任工作。

关于班主任工作的几点体会

一提到班主任工作，总觉得有很多话要说。确实班主任工作头绪多、任务重，同时又是非常重要的。班主任是学校教育工作的主要贯彻者和实施者，是班级管理的组织者和领导者。一个学校管理的关键环节就是班级管理。所以班主任工作除了任务重之外还有责任大的特点。下面我结合自己多年的班主任工作实践谈谈自己的一些做法和体会。

班主任是沟通学生、家庭、社会的桥梁，是联系班级各科任教师的纽带，可见班主任在学校班级的管理、教育教学中扮演十分重要的角色。

一、全面提高素质，适应时代要求

作为一名新时代的班主任，必须具备较全面的知识与能力，只有具备了良好的素质，才能提高学生的素质。班主任要具备较高的政治素质和文化素质，要有高尚的师德，爱岗敬业、求真务实、与时俱进。因此班主任要不断加强政治业务学习，努力提高自己的教育教学及班级管理水平，以适应时代要求。

二、为人师表，以良好的姿态人格引导和教育学生

班主任与学生接触频繁，关系往来密切，必然成为他们效仿的对象，班主任在思想作风、言谈举止，甚至生活习惯上，都会对学生产生潜移默化的影响，所以班主任要时时处处严格要求自己，以身作则，为人师表，要努力加强自身各方面的发展，以自身素质去引导教育学生，促进他们全面发展，成为"四有"新人。

三、爱心育人，平等对待学生

班主任要有爱心，爱心是做好班主任工作的关键，因此班主任要从思想上、生活上关心爱护学生，在学生中帮助引导学生，还要用真诚的心去对待每一个学生，切忌偏心，更不能歧视差生，正确把握学生的心理，使学生感到在班级人人平等，从而达到共同教育、共同努力、共同进步的目的。

四、对学生要有耐心和信心

耐心是班主任做好工作的保障，一个班有四五十名学生，每个学生的脾气、性格、兴趣、爱好各不相同，所以班主任要深入细致地了解学生，正确把握学生的心理，对无组织、无纪律、学习不用心，顽皮捣蛋的学生，班主任要晓之以理，动之以情，循循善诱，耐心教育，不训斥，不歧视，要从他们身上找闪光点，给予鼓励、表扬，相信他们能够改正缺点，积极向上，成为一名好学生。以上就是我做班主任工作的几点体会。当然这只是一些常规的做法。除了这些之外，还需要班主任有广阔的视野、豁达的胸怀和无私奉献的精神。没有爱就没有真正的教育。做班主任工作尤其如此，它需要班主任全身心地投入，默默无闻地奉献，一点一滴地努力。

总之，作为班主任，只要对学生有爱心、耐心和信心，并能为人师表，一心为学生着想，一切为了学生，那么就一定会培养出好学生，建立一个愉快和谐、团结向上的良好的班集体，从而使自己成为一名合格的班主任。

怎样与有个性的学生相处

参加教育工作以来，我们一定会碰到有个性的学生，他们明显和其他学生不同，例如我们班的李勃汐，真的很让人头疼。他是名很有天赋的学生，他上课基本不认真听讲，做事情我行我素，从不考虑其他人的感受，课后也不做作业，但偶尔的时间只要做了作业就基本上都是正确的。我和他有过几次交谈，道理他都明白，但多年来养成的习惯很难改变，而且他的性格也很孤僻，平时也只是和他最要好的同学说话，与其他同学很少来往。对班级的事情也不关心，走起路来更是摇头晃脑，但从每次的考试成绩来看他的学习成绩还是不错的，几乎能保证班级的前十名。班级上有很多同学比他努力，学习成绩却没有他好。这样的情况让我感到很惋惜，一块很好的材料，就这样荒废。所以我就想，如果能把他的学习习惯养好，端正他的学习态度，那么他的成绩自然不可同日而语，一定会有新的突破。

一次自习课，班上同学在讨论问题，声音稍微大了一些，他就愤怒地站起来，拍下桌子大声喊道："你们能不能小一点声？学习用得着那么大声吗？吵死了！"当时我正在给其他同学做辅导，他这话一出，全班都安静了下来，同学们都不约而同地转向了我，看我如何处理。我当时的心情也很生气，当着这么多同学他真没把我这个老师放在眼里，我刚要发火，可我转念又一想：就算我现在发火，也只不过是挽回我的面子而已，刺伤他也并不会对他有什么好的影响，何不如把握机会，和他有一次深刻的交谈。随后我就把他单独叫出了教室，简单问了一下家庭情况，了解了一下上学放学的出行方式，我并没有对他进行什么批评。这使他感到很意外，他本以为我会对他严声斥责，反而我对他的学习成绩表达了肯定。友好的交谈和融洽的气氛抵消了我和他之间的对立感，不时地他还主动地和我交谈。随后我们的谈话更加亲近了，我与他又回到刚才的话题上，我让他换位思考，作为一名老师，如果遇见这样的情况，会是多么尴尬，希望他认真反思刚才的行为，不要再有类似的现象发生，这种事也不应该出现在其他的课堂上。教师在课堂上付出艰辛，应该受到大家的尊重。后来的事实也证明：他在课堂纪律方面改善了不少。同时，同学们对他的看法也有了很大的改观。回想当时，如果我为了老师的颜面大发雷霆，挫伤他的锐气，以他这个年龄段所拥有的叛逆心理，后果都是不可预想的。

据其他科任老师讲，之前课上也多次发生类似的任性现象。他上课时扰乱课堂，影响了教学秩序，自然不会得到老师的赏识和肯定。可这次对话又使他产生自信，主动发掘他的优点，给予正面的评价，使他能感受到老师的亲切和温暖，这都是他前进的动力。随后的日子里，我们全体老师有针对性地对他进行提问，给予及时的鼓励，一学期的时间下来，他的学习态度发生了很大的改变，上课能认真听讲，积极配合老师课堂，课后也能及时完成作业。现在的李勃汐在班级里与同学的关系很融洽，各任课老师都反映他比以前学习进步多了，我深深地为他的进步感到高兴。

通过这件事，我感到：做学生的思想工作要有针对性，不能什么事都用老师的权威来压学生。性格不同的学生要采用不同的教育方法，付出一颗真心与他沟通交流，以诚相待，学生给予我们的回报就会是丰硕的。

怎样才能做好农村班主任工作

农村学校教学环境较薄弱，家长对学生学习重视不足，从而要求农村班主任对于学生的关注度更加深入。参加工作以来，一直从事班主任工作，虽然工作繁重，但是我却爱上了班主任这份工作。因为我尝尽了个中滋味：有成功，有失败，有快乐，有烦恼。看见孩子们快乐成长，我觉得所有苦累都是值得的。下面就"怎样才能做好农村班主任工作"粗浅地谈几点自己的看法：

一、正确引导

农村学生与外界接触少，知识面窄，他们天真、烂漫、好奇心强，可塑性大，难免做错事。随着社会的发展，农民外出打工，只剩下爷爷奶奶照顾孩子，导致很多留守儿童出现。家长只是照顾孩子起居，对于学习缺乏管理，信息时代社会上不良风气或多或少地影响了孩子。作为班主任不能去责怪他们，要注意预防，善于引导。在农村，太多的人从小就滋生了不需要学习文化知识，中学毕业就出去打工赚钱的落后思想，因此学习积极性不高。这个时候，作为班主任就要引导自己的学生及家长，教育对一个人的发展的重要性，一个人的人生观、世界观、价值观跟所受教育息息相关。学习文化知识，取得一技之长或成为国家栋梁，通过正确积极的引导，学生对学习有了明确的态度，成为主动学习的学习者。

二、关爱所有学生

教师要深刻体会到，作为一名班主任教师，没有一颗爱心，不注重所有学生的发展，是个不称职的班主任，更不是一名合格的老师。对待每个学生要一视同仁，关爱每一个学生。尤其是学困生，更加需要班主任老师的关注与引导。教师要允许学生犯错误，对于出现的问题理性解决，错误人人都会犯，要引导学生认识到错误的严重性，不再出现类似错误。根据学生性格的不同气质，采取相应的方式与学生沟通。在生活上、学习上、做人上都让学生体会到老师的关爱，使他们对班主任产生敬佩、信任之感，这样才能把班级管理成一个优秀的班集体。

三、注重言传身教

常言道"榜样的力量是无穷的"，为人师表、言行一致是教师，更是班主任所具备的基本素质。尤其是小学生，模仿能力极强，判断能力较差，班主任对学生的影响可想而知。作为一名班主任老师，要注意自己的言行、仪表，同时也要表现出内在气质，提升自身修养。同时，也要提高自身的理论文化知识，使自己成为一个知识渊博的人，学生自然会对你产生崇拜感。此外，教师的人生观、价值观对学生的影响不可小看，用一种积极的态度对待生活，无形当中，学生也会感到老师的正能量，从而引导学生对人生、对社会、对挫折有个正确的态度。

四、做好家校联系工作

一个学生的成长，绝不单单靠学校或者家庭中的一方面决定，班主任就是家校沟通的桥梁，家庭和学校配合得好不好，班主任起到了举足轻重的作用。班主任要经常与家长沟通，定期开家长会，对问题学生进行家访，了解学生校内外情况，及时、准确地做好学生思想工作，特别是安全工作，关注学生安全是农村班主任工作的首要任务。同时，通过沟通，家长也会更加重视学生的教育，从而可以让孩子得到关注和更好的教育。

做教师难，做班主任更难，做农村班主任尤其难。但我相信，世上无难事，只怕有心人。只要我们心中有教育，心中有学生，一切困难都不是困难。

当你遇到愤怒的学生

在学校中，几乎每个学生在某个时候都会发怒。毕竟，愤怒是一种正常的人类情感。只要学生能够适当地表达他的情感，就不是一个问题。但是，如果在表达他的愤怒时，某种程度上伤害其他同学或者扰乱课堂秩序，就成为一个问题了。一个处于愤怒中的学生会使教室陷入一片混乱，同时他也会引发你的情绪强烈冲动。当你面对一个情感温度经常处于沸点的学生时，你工作的挑战性就在于控制你和你学生的情绪。那么，这个时候我们应该做什么呢？

培养平静的行为模式。在你的学生中间培养一种平静的态度，其最有效的方式是你自己能够身体力行。如果你能保持平静，对方也会息怒三分的。对待一个愤怒中的学生，应该避免和他争论或威胁他。那只会使他的愤怒升温，这样有使他的愤怒爆发的危险。你可以不用提高你的声音传达一个有力的信息。当然也需要注意你身体的语言，例如：如果你把你的双臂交叉起来的话，可能会煽动学生愤怒的情绪。你应该认清他愤怒的原因，并且说"我能够理解发生这样的事情真的使你心烦"类似这样的话能够使他知道你很关心她。

学生很多气话都不是针对你的，在愤怒时，学生可能会说一些让你气愤、使你心血沸腾的话。这时候必须要提醒自己，他的话可能与你所说或所做的事情无关。甚至他的愤怒与学校的事情一点关系都没有，而是来源于家庭矛盾问题。如果你担心你的反应可能会激化学生的愤怒，那么，试着做一个深呼吸，并且从一数到五之后，再对他的行为做出反应。

和学生进行没有威胁感的单独谈话。学生发怒之后，他会以为你对他的行为一定很愤怒。这时候，你可以出其不意地让他感到你在向他伸出援助之手。你要努力和他沟通：告诉他，这种失去控制的行为会伤害到别人；鼓励他敞开心扉，和他一起讨论他为什么会如此愤怒。要是他能够找一个更好的方法来表达他的愤怒情绪，你甚至可以建议他在感到愤怒时说些什么。很多学生就是因为缺乏表达情感的语言，所以才会在生气时行为过激。

和学生一起解决问题。告诉你的学生，如果你们两个一起努力的话，他一定能更好地控制他的脾气。问问他愤怒的原因，如果他回答不出这个问题，你可以向他暗示一些可能性。想一想你和他的其他交往，问他是否你在某些方面令他烦恼。如果你能了解愤怒的原因，与他一起合作，就可以制订一个行动计划把他愤怒的问题解决。你甚至可以针对他发怒的情况，进行角色转换，让他尝试出一些新的方式，来对他的愤怒做出反应。

为学习困难的学生提高支持。因为在作业上失败，而在课堂上表现出愤怒的情绪，对于一个学生来讲并不是一件罕见的事。如果你的学生出现了这种情况，给他以支持并且在班级上提供照顾，来减轻他的失败感，并且增加他在学习上的信心。

对学生心理健康教育的一些体会

对学生心理进行适当的健康教育是素质教育的重要内容，同时也是基础性工程。

随着社会的进步，人们的生活节奏逐渐变快，人际关系越来越复杂，人的思想观念也发生了变化。这些变化给人们的心灵带来了极大的冲击，这些冲击也传播到了校园之中，甚至到了学生。除此之外，独生子女、单亲家庭、留守儿童等各种不同学生群体逐渐增加，学生的心理问题也慢慢变多。初中阶段是学生个体自我观念逐渐形成的重要时期，由于孩子们缺乏生活经验，对生活缺少正确的认识，人生观、世界观、价值观不明确，缺乏分辨正误的能力，在思想和心理上会更容易走错路。所以对初中生进行适当的心理健康教育，让他们保持健康的心理就至关重要。

此刻，我愿把本人在心理健康教育工作的一点经历和体会与大家一起交流。

第一，教师自己要有积极健康的心态。

"教师是人类灵魂的工程师"。学生可能经常性地观察老师，这样老师要注意自己的形象，不然就会对他们产生影响，所以教师本身要在教育工作进程中，时刻注意自我心理的完善。一个自尊、自信、自强、乐观向上，又热爱工作、尊重他人、言行一致的教师，会给学生留下很好的印象。老师总要注意自己的举止和行为言行，不然学生会向你学习模仿导致不好的行为产生。教师良好的心理素质和良好的业务能力、业务素质都十分重要。爱护学生，处事公平，不抱偏见，对学生一视同仁是教师的职业素养。这些皆为影响学生心理健康的积极因素，同时也是对学生进行心理健康教育的重要条件。简言之，就是要锻炼学生健康的心理素质，最基本的就是我们教师首先要拥有一个健康的心理。

第二，教师要关注学生心理，营造良好的课堂环境。

部分教师认为学生心理问题会随着年龄的增长而逐步化解。其实，学生的心理要比成年人敏感、脆弱，更需要别人的帮助。个别老师不愿意与学生进行沟通交流，当遇到问题学生时，便把学生直接交给家长，这样做对孩子的自尊心伤害极大，也会让他们失去对老师的信任，从而变得沉默、孤僻，导致心理出现问题。所以教师必须关注学生的心理健康。

新课程改革要求教师转变原有错误观念，改变以往以自我为中心的姿态，以平等、温和、友善的口吻与学生进行交流，缩小师生间的心理距离。学生得到了老师的关心、关注、理解和鼓励，就可以释放自己的创造能量，充分地表达自己的情感。实践也进行了证明，在一个充满和谐、快乐的气氛中更有助于学生积极参与各种校园活动。这还能够将教学质量进行一定的提高，从而成为学生健康心理的保障。因此在教学中，教师要时刻扮演好一名引导者、组织者的角色，营造良好的课堂氛围，让学生可以充分地展示自我，从而在愉悦的氛围中提升学习的兴趣、信心。

第三，主动与学生交往，建立和谐的师生关系。

教师不应该是思想的权威。批评、惩罚的教育剥夺了学生应有的权利和尊严，在一定程度上也造成了师生之间严重心理障碍，更对学生的创造力有极大的影响。在人际交往中，真诚是最重要的。教师应该和学生进行朋友似的交流，才能使学生感到真实、可信，他们才能从心里接受你善意的意见与建议。

人们都希望自己能够被理解，学生也希望自己能被大家理解，只有更加深入地去理解学生，与学生沟通，走进学生的内心世界，才能达到教育的最终目的。虽然这对于教师来说存在一定的困难，但是作为老师的我们更需要时刻努力、积极探索，与学生真诚地交流，去理解学生真实的心理情感，去发现学生的心理变化，才能够做好学生心理疏导工作。

第四，建立并保存学生心理健康档案，关注学生的成长历程。

学生心理健康教育不是一个短时间内落实的工作，而是一个长久性的工作，因此为学生建立心理健康档案是十分必要的。将学生心理档案进行留存，有利于及时了解学生的心理状况，随时分析学生的心理变化，对产生不健康心理的学生能更早发现、及时制止，防止事情朝着更加严重的方向发展，还可以适当把学生青青时期的心理变化情况详细地与家长进行沟通，让家长对孩子的心理有一定的了解，这样还可以对学校、家庭相互配合形成一定合力，当发生一定状况时，及时进行解决。档案的健康心理包括很多，这时候你要进行一定必须必要的区分，学生心理健康档案可以作为教师进行心理健康教育的依据，也可作为学生了解自己的借鉴，以便于把握自己，更好地挖掘自身的潜能，扬长补短。

心理要保持健康，这样生活才会更好，然后不管是学生还是老师，都要坚持下去，管理教育学生很难，但是作为老师要有耐心和他们聊天沟通交流。

浅谈培养良好的班集体的方法

班级是学生生活、学习的基本环境。良好的班集体是培养学生集体主义精神的重要环境之一。良好的班集体的评定标准是什么？我认为一是学生是否有共同的思想基础，有明确的学习目的，是否了解个人和集体的关系，具有集体的责任感和荣誉感；二是是否有一个有一定能力并为同学们所拥护的班委会；三是班级中是否有正确的舆论导向；四是各种关系是否和谐融洽。

良好班集体的形成有一个教育培养的过程，需要班主任教师进行一系列艰苦细致的教育工作和组织工作。尤其在大力提倡课程改革和"减负"的今天，优化班级管理，培养良好的班集体，是我们在课程改革中不断追求的目标。我认为，要想培养一个良好的班集体要做到以下几点：

一、要上好"规范管理"第一课，减轻学生的心理负担

良好的开端是成功的一半，为了使每个学生都能跟上八年级紧张的学习节奏，首先，在开学伊始，班主任教师必须组织学生认真学习中学生日常行为规范，明确各项规章制度。其次，要制定班规班纪，组织同学统一学习。再次，要在班级内设立监督岗位，重点抓纪律、卫生工作，由班干部对学生的行为进行量化评分，在每周的班会课上进行公布，期中或期末的时候对表现好的小组进行表彰。

二、帮助学生选择好的班级干部

选择班干部时，要选思想进步、学习成绩好、团结同学，愿为同学服务的积极分子组成班委会。班主任要大力培养班级干部，努力提高他们的思想觉悟和工作能力，并帮助他们不断改进工作方法，提高工作能力。对班干部培养和提高要注意以下几点：首先，对班干部要有合理的要求，尊重他们，放手让他们独立工作，不要限制过多；要全面关心他们，教育和帮助他们，在各个方面都得到发展；注意培养班干部的主动精神和独立工作能力。其次，开展多种形式的活动。通过各种各样的活动团结全体同学，发挥每个成员的才能，训练严明的纪律，养成优良的作风。再次，要搞好和其他班级的关系。不能只突出自己的班级而瞧不起别的班级；不能让自己的小集体脱离大集体。要虚心学习兄弟班级的优点。

三、唤醒主体意识、实施成功教育

培养学生的班级主人翁思想，唤醒学生的主体意识。每位班级成员的一言一行都应以班级的荣誉为重。特别是在一些学校组织的活动中，例如运动会、征文、演讲，以及书画比赛等赛事中，一方面，我们要鼓励学生积极参加，并且认真对待；另一方面，无论是否能够取得成绩，凡是参加者都应一律进行评比打分。只有这样，才能增加学生的自信心，同时，班级成员也能从这些活动中体验到参加的乐趣。在同学们取得优秀的成绩为班级争光的同时，又能激励他们好好学习，进而形成良好的班风。

要想把班级培养成具有凝聚力的优秀的班集体，班主任应以学生为主体，倡导学生自我管理、优化管理环节。只有把班级交还给学生，学生才能真正地热爱班级，成为班级的主人。

如何建立良好的师生关系

自古以来，尊师重教的思想就扎根在人们的心中。"师者，长也。""一日为师，终生为师。"这些耳熟能详的古言萦绕耳边。作为教师，也曾是从那个时代走过来的学生，有些教师在这种旧的观念的思想引导下，也逐渐形成了一种"不下神坛，高高在上"的不良思想。事实上，这样的思想也成为了教师与学生之间的隔阂，影响了师生之间关系的发展。在新的课程理念下和新课改的要求下，教育事业蓬勃发展。陈旧的教育方法和保守的教育理念，传统的教育观念，已经不适应新的环境需要。新课程改革下的师生关系能更好地改善和推动教育事业的发展，良好的教学关系有助于提高教学质量。

教师在课堂上占有主导地位，学生是课堂的主体。教师去引导学生自主学习，师生间的关系应是平等信任理解。建立良好的师生关系和教学环境更有利于建设学生积极快乐的精神面貌，培养乐观健全人生，在学习以外的其他方面打下基础。学生有机会与你交流沟通，有机会与同学合作协作或探索，各方面综合能力才能得到提高。

建立良好的师生关系，我总结了以下三个方面：

一、学会尊重学生

传统课堂教学过程中，教师多以自己的讲授为主体。在新课程改革的情形下，这种教育方式不能实现教育好每一个学生，使其综合素质得到提高。新的教学应以学生为主体。学会尊重学生，与学生平等对话，辅助学生学习，每个教学环节不忘尊重学生，不忘面向全体同学，尊重学生的感情表达，对学生的问题做到不讽刺、不歧视。对好学生与差学生做到一视同仁。处理问题要公平，回答学生的问题，不要厚此薄彼。批评教育前要平和自己的情绪，不能怒发冲冠急于责问，想说什么就是什么。一定要注意动机和效果的统一，以促进学生学习的积极性，为学生成绩的提高铺设道路。

二、融洽的师生关系能为教学助力

以英语教学为例，教学过程中我教你学、我说你记绝无目的地学习，不会改善师生间的关系。在教学中应转换教师的角色，换位思考，如果我是学生会怎样？以学生和朋友的姿态与其交流，真正的关心学生，投入真挚的情感，良好的师生关系自会到来。如今的学生学习方式不如从前，学生对学习的喜好源于对教师的喜好。当他对你有情感的交流或有好感，你的课堂教学自然进展得顺利有效，学生的学习积极性自然会提高。教学不是你一头热的事，需要双方的携手合作。

三、提高自身教学素质，以人格魅力感染学生

现如今的学生比我们那时成熟得要早。很多事情不会说，但她能体会到。每个学生都有他的思想特点和内心感受。在教学的课余时间，多一些平和的语言，多一些柔和的目光，多一些亲切的沟通。把本来敏感或者敌对的师生关系变得融洽。也就是说走下神坛，真正把下面的孩子当成你的朋友。当学生从内心接受你的时候，在你教学时，他才更容易进入状态，更容易接受教学内容。

教与学是师生共同参与完成的。良好的师生关系有利于学生各项能力的提高，有利于教学目标的实现。真正的以学生为主体，尊重学生，在教学的过程中投入真情，才能建立良好的师生关系，为学生成绩提高打下坚实的基础。

从孩子"顶嘴"想到的

几天来因为家里的一些琐事，我的心里颇不宁静。最近，爱人总是向我诉苦，说孩子长大了，都上初中了，却越来越不听话，做功课不认真，说教还不听，而且还学会顶嘴了；宝贝女儿也不时向我告状，说妈妈说话不算数，说好的游戏时间没缘由地剥夺了，还不讲理，搞专制，呼来喝去，好像不是亲妈；而我这个"裁判长"除了在中间斡旋避免战争升级之外，更多的是一种无奈。

其实，事后冷静反思一下，抛却孩子任性的成分，难道我们做家长和老师的就一点责任都没有吗？小时候，孩子们是那么率真，脸上洋溢着不谙世事的笑容，他们童言无忌，心里想什么就说什么，根本不懂得什么是权威。然而渐渐地，他们的"活泼"被贴上了"淘气"的标签；他们的"直言不讳"成了"顶嘴"的代名词；有时，当课堂上学生说出一道数学题的另一种做法，会立刻被老师扼杀于所谓的"规范"之中；当学生对某件事发表不同看法，老师的冷言冷语便会劈头盖脸而来，"怎么？翅膀硬了，老师管不了你了是吧？"面对家长和老师严肃的甚至有些冰冷的表情，于是渐渐地，学生学会了察言观色，懂得了见风使舵，他们由原来不怕虎的初生之犊，变成了低眉顺眼的、温驯的绵羊。他们言语上木讷，行为上拘谨，个性的棱角被声声训斥打磨得无比圆滑，渐渐失去了本真的自我。面对千人一面的、标准的、玩偶似的"教育制成品"，家长和老师对外人不无夸耀地说："最近孩子懂事了，变乖了，总算没白费我们的一片苦心。"

教育的本质是育人。每一个孩子都是有血有肉的活生生的人，他们有自己的思维、自己的个性，不是毫无感情的钢铁或橡胶，任由我们随意地锻造。真正的教育拒绝权威，呼唤宽容；作为老师或家长又有什么理由用成人的条条框框去钳制孩子新鲜的思想呢？直言是孩子的天性，当我们自以为管住了孩子的"嘴"的同时，也关闭了孩子的心，关闭了成功之门。

细细想来，也许我们老师在成绩的海洋中迷失得太久，被分数遮住了双眼，被功利尘封了心灵，情感早已淡漠，心灵早已得了"肝硬化"，一味粗暴冷酷地面对着新鲜的生命和活泼的童年，我觉得这是教育的不幸，更是身为人师的悲哀！古希腊哲学家苏格拉底说："在世界上，除了阳光、空气、水和微笑，我们还需要什么呢？"换句话说，微笑同生活中的阳光、空气、水分一样重要。教育最需要微笑，学生也需要微笑的老师。因为教师的情绪、教师的脸色，最能直接地在学生身上起到影响作用。

教师和学生交谈中亲切的微笑会给学生无限的理解和信任，让学生感到巨大的热情和愉悦；上课时，教师走进课堂时甘甜的微笑，将给这节课增添浪漫的感情色彩；教师给学生解惑时春风润雨的微笑，将点燃学生智慧的火花；教师在化解学生矛盾时和蔼友善的微笑，将为学生架设起沟通的桥梁。微笑是一种力量，教师的微笑对学生而言尤为重要！在他们看来，老师的笑容就是对他们的理解、信任和宽容！

作为教师，给孩子留下什么样的世界，关键是看我们给世界留下什么样的孩子。各位教育战线的同仁，为了世界，为了后代，为了美好的明天，我们不妨做一个宽容的、面带微笑的倾听者，给学生自由表达的机会，还孩子以"顶嘴"的权利。

农村留守学生教育面临的主要问题及成因

在中国教育这片天地下，留守学生是伴随我国改革开放和城市化的历史进程而产生的一个新的群体。20世纪90年代以来，我国的经济制度和社会结构经历了深刻的变迁，城市化进程异常迅猛，在城市经济利益和农业增收困难的驱使下，大量农村剩余劳动力进入城市务工经商，从而产生了大量的流动人口。但与此同时，由于我国长期实行城乡二元结构，农民工在城市居住和生活受到诸多限制，农村外出务工人员很难将子女带在身边照顾，尽管国家对此问题也采取了相应措施，但是也只有很少一部分人能把子女带到城市，大部分是将子女留在农村，交给亲属朋友照顾或让子女自我照顾，从而形成了庞大的留守儿童群体，对于学校也就形成了留守学生这一群体。以目前实际情况来看，在农村中小学留守学生相对于非留守学生的比例基本持平，其教育问题已经成了绝大多数农村学校必须面对的一个问题，而且这一问题已经成了农村学校教育的难题所在。

农村留守学生教育面临的问题是诸多方面的，但其主要问题大体可以归结为以下三个方面：

第一，健康安全问题。调查显示，大部分农村留守学生饮食单一，营养匮乏。大多数学生都有个坏习惯：喜欢吃零食，不爱吃饭，造成营养不良，身体状况越来越不好。再者由于农村偏远，医疗设备简陋，不能给学生完善的医疗环境和足够的医疗保护。还有一点不能忽视，那就是由于委托监护人要么年纪大、知识水平有限、缺乏必要的看管常识，要么同时照顾留守学生和自己的孩子，因此不能对留守学生进行细致周到的照顾和管理，由此带来了多方面的安全隐患。近年来，留守学生溺水、触电、车祸、自杀等意外伤亡事故频繁发生。有关留守学生意外伤害的新闻也大量见诸报端，这也提醒我们应加强这方面的研究。

第二，心理疾病问题。对于留守学生来说，由于父母在外，留在家里的其他亲属无暇顾及他们的情绪情感变化，使得留守学生缺少了起码的与父母交流的机会。这种情绪的长期积累，对于学生心理的健康成长非常不利。在缺乏父母关爱和正常家庭氛围的环境下成长起来的学生，往往缺乏安全感，容易表现出孤僻、胆小、自卑的心理特征，并且其人际交往能力也往往较差。由于交流、联络极为有限，留守学生长期缺少父母的关爱，成了某种意义上的"孤儿"。这种感情的欠缺严重影响了孩子与他人的社会交往，甚至感觉自己遭到遗弃，对社会产生逆反心理和仇视态度。多数留守学生在校表现较差、人品较低、经常违纪、目中无人、不太合群、没有集体主义观念，有时生活没有着落，往往许多留守学生表面上来看都比其他孩子要更独立、坚强，然而他们的心灵比其他孩子更脆弱、更不堪一击。孩子长年缺乏管束，导致厌学现象较为严重且十分普遍。大多农村中小学厌学、逃学、退学的同学中，"留守一族"占了75%以上。他们连这唯一能接受知识教育、思想指导的机会也放弃了，自由散漫，心中没抱负，难以树立正确、远大的理想，更谈不上树立正确的世界观、人生观、价值观。他们心态极不平衡，情绪波动很大，在与他人的社会交往中很容易受伤，从而产生逆反心理和仇恨心理，导致沾染上不良的习气，有的甚至误入歧途，走上犯罪的道路。

第三，学习问题。农村留守学生由于长期生活的环境特殊，又缺乏父母直接的关爱，势必对他们的学习生活造成一定的影响，特别是在学习习惯的培养和形成方面影响更大。留守学生自制力较弱，学习上难以形成计划。由于外出务工的父母长年在外奔波，回家次数较少，与留守子女联系少，对于孩子的学习缺乏足够的关注和指导。这些孩子在生活上即便能自理，但在学习上几乎生活在无限制状态下。监护人管不了，不敢管，不会管；外出的父母则无暇管，舍不得管，逐渐让他们在学习上放纵了自己。表现出学习上随心所欲，想学就学、想玩就玩，好不自由。即使在大家约束下勉强学习时，也是心不在焉。这种没有计划的不良学习习惯，在现在越来越多的农村独生子女表现得愈发明显。有一部分农村留守学生不仅得不到应有的父母关爱，甚至还担任起照顾年迈的老人的责任，在学习的同时还承担了一定的家务劳动。按理说让孩子们劳动可以培养劳动观念，但这些孩子做家务劳动都是在被动进行，因此对家务劳动大多感到厌倦。同时，有的孩子也的确由于学习时间紧而没有劳动时间，有的孩子还真的有很多家务劳动不会做，这样就给留守儿童带来了心理的压抑和具体的困难。有了压力，学习起来他们就倍感吃力，精力也不那么集中了，谈认真学习就更是无法想象，甚至是奢望。目前情况看，农村留守学生的学习问题已不单单是学校教育问题，而成了一个严重的社会问题。

农村留守学生的教育存在问题多多，探究其形成原因不外乎以下几个方面：

第一，观念原因。一般情况来看，农村留守学生小学阶段在校状况较好，但初中阶段问题较明显，表现为在校生人数随年级的升高逐渐减少。问卷调查结果显示，只有少部分的留守学生家长在外出打工后意识到文化的重要，对子女表现出较高的期望。出现这种情况的原因是外出打工的父母大多从事的是体力劳动，他们认为没有文化照样可以赚钱。因此，在对子女教育的投入与收益的比较中，他们往往追求的是一种短期的经济效益，而对孩子的学习要求很低。这种思想潜移默化地助长了留守学生的厌学情绪和"读书无用论"的错误观念，进而使部分留守学生对自己学习要求不高，学习不求上进。此外，随着我国教育体制和就业体制改革的逐步深化，大中专学校招生并轨和学生自主择业制度的改革，农村沿袭多年的靠读书跳"农门"的传统观念被打破，许多农村家长不是把送子女读书当作提高其文化素质的机会，而是把其当作是直接改变命运的赌注。此外，由于我国农村教育质量普遍不高，读书的机会成本和投资风险较大，即使农村学生考入大学后，其家庭也无法承担高昂的学习费用，直接导致了现在农村学生辍学率大幅度提高，尤其是初中留守儿童辍学率居高不下。

第二，监护原因。中小学时期是身心迅速发展的时期，这个时期学生开始形成对自身变化、人际交往等方面的理解与认识，此时家人应该起到非常重要的引导和教育作用。良好的家庭教育氛围以及和谐的亲子关系，有利于学生身心的健康发展。然而从留守学生的监护类型看，留守学生家庭存在四种不同的监护类型：单亲监护、隔代监护、上辈监护和同辈或自我监护。由于父亲外出打工是当前留守学生父母打工的主要模式，因此农村留守学生以母亲在家的单亲监护和隔代监护为主。由于家庭没有称职监护人或根本无监护人，学校与家庭缺乏沟通，不少留守学生处于放任自流的状态。这些在学习上缺少监管的留守学生，其学习态度逐渐散漫、不端正，部分出现了迟到、逃学、违纪等不良现象。加上大多数农村留守学生在学习上欠缺主动性、自觉性、学习习惯较差，学习积极性不高。留守学生厌学情绪日趋严重，直接造成学生成绩不断下降，产生流失和辍学现象，甚至走上犯罪道路。

第三，制度原因。目前地方政府更关注的是劳动力的转移，并把它视为带动地方经济发展的重要途径，而对伴随而生的留守学生问题，既缺乏认识，更谈不上相应的政策和措施。由此可见，受经费和意识的限制，留守学生教育问题至今没有引起农村基层政府部门的足够重视。他们既没有设立专项资金也没有指定专门负责人对留守学生进行教育管理，从而使留守学生的社会教育和管理处于真空、自发状态。城乡发展不协调对农村基础教育造成了很大的影响。农村教育发展滞后、教育质量不高、教学环境差、教育资源匮乏等因素，都使留守学生的受教育权得不到应有的保障，严重影响了留守学生的学习兴趣和动机，致使留守儿童辍学、失学、退学现象不断出现。

农村留守学生的教育问题对于农村学校来说，已经到了必须解决的时候，这需要社会、学校及家长的精诚团结，共同努力。让我们携起手来，共同做好留守学生的教育工作，让他们在灿烂的阳光下快乐生活，健康成长。

第二节　教学感悟

教学杂谈

一、备课

备课至少要做到：弄清教材内容，懂得课程标准，了解学生实际情况，选读相关方面书籍，做好教具，写出富有创意的教案。教案是教师以课时或课题为单位编制的教学具体方案。教案是上课的依据，是保证教学质量的重要措施，而不是备课的全部。书写教案只是体现备课的一个主要环节。备课一定要把握好书写教案这一环节，把不懂的弄懂，不知道的要知道。

二、讲课

讲课要善于运用"懂的装不懂，知道装不知道"的教学技巧。不要一讲课就讲透彻，不要讲尽讲全。越是教学的重点、难点、闪光点、精彩处，越是兴致勃勃，滔滔不绝。讲课就是要讲，但超过了度就会适得其反。应该让学生跳起来摘苹果，而不是把苹果送到学生嘴里。

越是教学的重点、难点、闪光点、精彩处越是应该教给学生讨论、自学，把"灌学"变成"导学"。让学生自己去获取提出问题的方法和解决问题的能力。课堂上，教师巧妙地运用教学技巧，听听学生对某一处的独特见解，只做精讲、引导

或点评，学生讲获益匪浅。

三、减负

减负，时至今日，并非每个教师都把减负落到了实处，就是给学生布置作业也是往往以多取胜。不要说初中，就连小学课后作业都很多。学生写呀写呀，时间长了，精神不可能集中，也许还会产生厌烦心理，甚至可能会将会的也做错了。这又何苦呢？应该让学生自己确定哪个生字写几遍，甚至可以不写。这样既达到了巩固练习的作用，又减轻了学生的作业负担，还很受学生欢迎，何乐而不为呢？

四、启发

有的教师在平时的课堂教学中，或在一定范围内讲示范课，"启发"学生去说教师的话，去说教案上的话，"启发"学生七嘴八舌，东猜西猜，说上了，猜对了，教师就板书上了。教师也喜欢这样的学生，认为这样的学生上课认真，又听老师的话，和老师想到一起去了。这哪里是启发学生积极思考问题，培养学生的创新精神？启发，应该是引导学生积极思考问题，对问题发表自己的见解。特别是多鼓励学生发表与教师意见、与教材观点不一致的见解，哪怕是错误的，只要是学生经过思考的见解，都要让学生讲完，在启发的基础上，逐步培养学生发现问题、思考问题、解决问题的能力。

五、教与学

"教是为了不教，学是为了创造"。处理好教与学的关系需要看教师的知识层面、业务能力以及综合素质。日常教学或公开课，不应重点看教师怎么表演，而应看学生怎样展示。各种功夫片，哪有一开始就是师傅打得精疲力竭，师傅往往是在最关键的时候，力挽狂澜之时才上场。试想，徒弟个个都英勇善战，哪有师傅就没有一点真功夫之理。课堂教学也是如此，学生学习认真，知识要点掌握得好，课堂上表演精彩，也就是老师的光彩！教师为了学铺路、播种；学是教的延伸、扩展。

体验国培，受益匪浅

历时四个多月的"2016国培"活动已经圆满落下了帷幕，此时不禁让人暗暗称赞。"2016国培"与以往历次业务培训都不同，四个阶段的工作紧密结合，安排有序，循序渐进，让每一位参训者开阔了眼界，拓宽了思路，转变了观念，能让参训者站在更高的层次上反思以前的工作，更严肃地思考现在所面临的挑战与机遇，更认真地思考未来的路如何去走。体验"2016国培"，让我个人受益匪浅。

自觉反思，提升自己。"2016国培"的内容，既有教育教学理念的阐释，又有教学案例的剖析；既有理论的视野，又有实践的视角；既有学科本身的反思和研究，又有自身素养方面的思考和培养。整个体现了从单一的学科知识培训向综合的素养培训的转变，实现了从单纯的按教材施教向掌握完整的课程评价能力的转变，体现了从掌握应知应会内容向校本研修、团队领导力的培养转变，丰富的培训内容引起了我们每位参训学员深入的反思，反思课改存在的问题和困惑，养成不断反思自身教学行为的习惯，以提升自己实施新课程的能力。这次培训为我们提供了思考的机会和平台，通过专家老师的讲座，优秀教师的示范引领，个人的研课磨课，促进了每一个人的深入反思，使我们能有静下心来思考教育、思考教学、思考新课程的实施及自身专业成长的问题。我个人充分认识到，教师应向个性化、研究型、创新型教学发展，通过教学实践—反思—研究—升华，培养科研意识，对教学问题跟踪研究，使之课题化，并总结成果，形成个性和特色的理论，为自己的职业生涯做好理论支撑。

勇于尝试，敢于实践。没有学生的主动参与，就没有成功的课堂教学。新课程倡导的自主学习、探究性学习，都是以学生的积极参与为前提，没有学生的积极参与，就不可能有自主探究、合作学习。实践证明，学生参与课堂教学的积极性、参与的深度与广度，直接影响着课堂教学的效果。通过聆听多位老师的授课，我进一步明确探究性学习的内涵。它是通过类似于科学家探究活动的方式获得科学知识，并在这个过程中学会科学的思维方法，使学生积极地获取语文科学知识，领悟科学探究方法而进行的一项活动。教师要身先士卒，创造条件让学生做好每一个探究活动，当好学生的组织者，俯下身子平等地参与学生的研究，把探究的机会交给学生，让学生充分展示自己。同时还要激发学生学习的动力，不能只忙于探究性学习的组织和管理，不把及时恰当的评价纳入学习活动。作为教师，既要会管理评价过程，又要见结果，自评、互评、教师讲评相结合，这就需要我们不断学习、积极实践，以校本教学为主体，实施校本研究，从而达到教学模式的多样化，创建教师个体的教学特色，落实课堂的有效教学。

有效教学，提高效率。参与"2016国培"过程中，尤其是聆听优秀教师讲课过程中，个人在有效教学方面，我也学习到了一些技巧和策略，比如教学目标的确立问题，课堂问题的设计、教学过程的设计、对学生的评价等。当然，有效教学还必须懂得如何规范教学行为，比如懂得如何突出重点、化解难点；如何进行课堂拓展、如何总结课堂所学等等。实际的教学中，我们要努力打造形式多样的课堂，这样才能更好地吸引学生，这不仅仅是单纯表面意义的活跃，而是课堂有深度，有生成感，推进感。在科学的理念指导下改革教学方法，进行教学研究；在实践中，不断探索好的教学方法，才能提高课堂教学效率。

如今，"2016国培"已然结束，我站在了一个崭新的平台上审视了自己的教学，对今后的工作也有了明确的方向。我要把所学的教学理念，咀嚼、消化，内化为自己的教学思想，指导自己的教学实践。更重要的是我要继续努力、认真学习，把所学知识用到教育教学中，让孩子们乐学、会学，让我的课堂变成孩子们学习知识的乐园。

英语教学中情感教育的落实策略

情感教育，就是指在学习教育中，教育者依据一定的教育教学目的，通过相应的教育教学活动，使学生的情感素质得到开发和培养，促进身心全面发展。夏丏尊说："没有情感，没有爱，就没有教育。"《英语课程标准》指出："课程目标根据知识能力、过程和方法、情感态度和价值观三个维度设计，三个方面相互渗透，融为一体，注重英语素养的提高。"英语学科作为基础学科和语言学科，其教学过程中的情感教育更是不可或缺，英语教师要在教学过程中使学生处于积极的情感状态中，并培养学生各种良好的情感品质。要上好一堂英语课，就必须在英语教学的整个过程中对学生进行情感教育。那么到底如何在初中英语教学中落实情感教育呢？笔者结合多年的教学实践，谈几点个人拙见：

英语教学中情感教育落实策略一：教师要具有渊博的知识

爱因斯坦说："学生对教师的尊敬的唯一源泉在于教师的德和才。"想要上好每一堂课，教师是至关重要的因素。作为一名优秀的英语教师，应当具备扎实的基本功和全面的素质。知识渊博是情感富有的源头，一个知识贫乏、不善说话的英语教师已经不能适应教育发展的需要。只有学而不厌的老师，才能教出学而不厌的学生，教师有渊博的知识，无形中给学生以深远的影响，有助于英语教学。英语学科缺乏学习的语言环境，没有"吸取养分的土壤"，这就要求英语教师要尽可能地将广泛的知识融合到英语课堂教学中，给学生创造学习英语的环境，将英语教学与其他学科，乃至现实生活紧密结合，才能唤起学生积极的情感体验，教师也就能很好地落实英语教学中的情感教育。

英语教学中情感教育落实策略二：教师要树立正确的学生观

英语教师和其他教师一样，应树立正确的学生观，努力建立民主和谐的师生关系。"关注人"是新课程的核心理念，"一切为了学生的发展。"教师一定要把学生当作学习的主体，并坚信每一位学生都是可以造就的，可以成才的，更要相信学生都具有巨大的发展潜能，课堂教学中，包括每一位学生在内的全班所有的学生都是自己关注的对象，关注本身就是最好的教育。英语教师必须站在学生的角度，从学生的视角去审视教材、开发教材，要充分发挥英语课文中饱含情感和人文性的内容，适时地引导品味文本以唤醒学生的沉睡情感，有效地对学生"谈情说爱"。教师要从教学实际出发，给学生充分的时间和空间，多角度、多途径地创设或营造与教学内容相应的场景氛围，在参与中激发学生情感。学生的情感一旦被唤醒，课堂气氛自然就会活跃起来，自然会受到事半功倍的教学效果。

英语教学中情感教育落实策略三：教师要善于释放自己的情感

英语学科需要注重培养学生听、说、读、写的全面能力，而其中听、读又是关键。大部分学生也只有在课堂上才能听到和阅读英语内容，因此教师的课堂上的情感将直接影响学生。这就要求教师必须要善于释放自己的情感，进而影响和带动学生的积极情感体验。教师要善于结合与学生实际有联系的事例，用自己的语言，生动、形象地表述出来，让学生笑得前仰后合，将学生之心紧紧系住。教师要善于运用自己生动丰富的语言来释放情感，只有教师和学生同悲、同喜、同贬、同褒，英语课堂才能让学生体会真正的情感。

英语教学中情感教育落实策略四：教师要善于换位思考

长久以来，教师熟于扮演固定的角色，尤其是英语教师更多是注重"传道"，一个人站在讲台上将知识点准确地讲出来，然后学生将其记住就完事，教师总爱把学生看成一个个任人摆布的物体，而忽略了其积极的情感体验。新形势下的教育要求教师不仅要更新观念，而且要求教师的角色转变。新课程要求教师应尊重、欣赏、宽容和平等地对待每一位学生，尊重其人格。师生之间的情感交流应以真诚为基础。表里如一的真情实感是师生情感交流成功的基础。要做到这一点，教师要时常进行换位思考。遇到问题时，应自问："如果我是学生，我会怎么想？怎么做？"设身处地地为学生着想，进行角色交换。只有这样，师生之间的情感才会越来越深。只有建立良好的师生关系，要从情感上吸引住学生，学生才有可能喜欢上你的英语课，只有喜欢了才能投入学习，也才有可能取得良好的教学效果。

英语教学中情感教育落实策略五：教师要善于对每位学生做鼓励性评价

在教育中，鼓励的作用一定多于批评，因为每一位学生都希望得到老师的赞扬和鼓励，每节课都在为之而努力奋斗，有表扬而获得情感体验是积极的，也是愉悦的，是有利于提高课堂效率的。因此，作为英语教师要随时随地捕捉学生有意无意间所表露出来的闪光点，并以此为契机对学生进行鼓励性评价。久而久之，学生就会慢慢喜欢上你的课，特别是对学习英语有困难的学生，哪怕只是一点进步，都应当给予肯定，让学生在潜意识中打消对英语的畏惧心理，进而转变为喜欢英语。当然，在注重鼓励的同时，英语教师在教学中必须对学生做出客观、公正的评价。教师要及时指出学生的优、缺点，用表扬、鼓励激发学生学习的积极性，对于学生的缺点和不足，最好不直接提出批评，而采用正面提出要求为好，这样做，有利于防止负面作用的产生，避免产生消极影响，从而带来积极的情感体验。

教学有法，但无定法。英语教学更是百花齐放、不拘一格，不论哪种方法，适合的才是最好的。总之，英语课堂教学中，教师在遵循英语学科本身的规律的前提下，要善于运用自己的真实丰富的情感，唤醒和激发学生，建立教育"情感场"，营造积极健康的学习氛围，优化课堂教学环境，进而构建高效课堂。作为英语教师必须充分认识到培养健康完善的情感对青少年身心发展的重要作用，并充分地把它落实于教学工作之中，让学生在英语学习中滋润心灵、愉悦性情、陶冶情操、健全人格。只有这样，我们的英语课堂才能越来越受学生欢迎，英语教育才能真正收到预期的效果。

英语阅读教学中的"先学后教"

先学后教，就是说要把学生的自主学习安排在老师的教之前，或者说是要把课堂上的时间交给学生，让先学后教成为课堂的现实。作为一种由传统教学模式改变进化而来的一种致力于启发式教学的教学模式，就是要充分调动学生的学习积极性，发挥学生在学习方面的主体作用。

英语阅读理解课堂上的先学后教，并不意味着忽视教师在完成教学任务方面的主导作用，其根本在于摆正教师和学生在教学过程中的位置，科学地理顺教师和学生在完成教学任务过程中的作用，力争使有限的课堂时间发挥出最佳效能。作为课堂上教学活动主导的教师，应该着力把自己打造成"三师"，即规划课堂的设计师、执行计划的工程师、为学生解疑释惑的咨询师。

为保证课堂的教学效果，笔者建议教师把好课前调查、目标设定、计划推进、目标检测、反馈问题和总结提高等六个环节。

1. 课前调查。课前调查，就是指任课老师在上课前要调查了解学生阅读能力的现状。俗话说"知己知彼，百战不殆"。教师知道自己的英语阅读能力和教学特点，但是对于学生们的学习特点又有多少了解呢？每个学校、每个班级、每个学生都有诸多不同点，英语阅读能力的差别更大。教师就是要找出这些不同点，归纳为大多数学生的共同点，从而设定自己的导学目标。

2. 目标设定。所谓目标设定，就是教师根据学生阅读能力的现状设定阅读课堂的导学目标，确定该课堂要完成的教学任务，制定完成教学任务的方案和步骤。需要注意的是，目标设定要客观务实，既要防止目标过低学生可以轻而易举地完成而起不到应有的提高作用，又要防止目标过高学生如何努力也完不成而挫伤其积极性。所以刚开始进行训练时，教师要寻找一些相对比较简单而又有趣味性的文章，让学生先体会到能读懂英文文章的乐趣，进而激发他们要理解更深层文章的热情。例如，新课标模块4第一单元阅读课的设定目标为：1. learn how to predict the content of the text through pictures and the title. 2. learn to sum up the main idea of each paragraph through key sentences reading. 3. learn to find the detailed information about jane and come to know she is a great woman.第一个目标相对而言比较简单，中等成绩及以下的学生做起来不会感到太难；第二、三个目标较难，可以激发起学生探究的兴趣。

3. 计划推进。所谓计划推进，就是有计划地实施教师备课时设定的导学目标。具体说来，就是教师安排学生阅读要理解的学习材料，完成需要完成的学习任务。在这一个环节，教师最好根据导学计划明确学生的阅读任务，把一堂课分为若干时间段，并掌控好学生的阅读进度。比如，老师规定阅读某一部分所花费的时间，要求学生记录或总结阅读之后的所思所想、收获等，注意观察学生进行阅读和理解的过程中所表现出来的、需要及时掌控的影响课堂教学的现象，合理安排学生的阅读节奏，可以在不同时间段之间安排一些像回答问题之类的调节性活动，既使学生始终保持旺盛的精力和学习热情，又保障课堂沿着正确的方向进展。

4. 信息反馈。信息反馈，既是老师对于学生课堂上完成导学目标任务的检测，也是老师帮助学生顺利完成导学目标任务的需要。信息反馈的两个主要方面，一是老师了解学生的阅读成效，即引导学生完成与阅读材料配套的学习任务；二是让学生提出阅读和独立思考之后尚存在的需要老师予以帮助解决的问题。因此，重视和做好信息反馈，对于保障整体导学任务的完成和学生的阅读效果相当重要。

5. 解疑释惑。简言之，解疑释惑就是回答学生在信息反馈环节所提出的需要老师予以帮助解决的问题。把解疑释惑的工作推迟到反馈后由任课老师来进行，既恰到火候，又适逢其时。因为这时候的解疑释惑既没有"填鸭式"教学的弊端，又是学生最需要的时候，可以起到既节省时间又增强效果的双重作用。由于在这一时间段进行的解疑释惑同时具备学生最需要、最有针对性和内容最集中，可以预期只要老师备课充分到位，其教学效果也一定会最好。

6. 总结提高。总结提高是指教师在整节课中善于发现学生提问、回答问题以及讨论等环节中所表现出的闪光点，结合教师自己备课中所准备的教学精华，在这个环节告知学生，使学生的知识得到升华。

总之，先学后教在英语阅读理解课堂上如果应用得当，可以让教师和学生共同受益。先学后教在英语阅读理解课堂上的应用，并不是否定教师的主导地位，因为英语阅读理解课堂教学成功的关键，在于课堂上教学活动的方向是否正确。也就是说，在充分发挥学生主体地位的同时，教师的主导地位是否给力、能否发挥得适时适当，是至关重要的。如果说学生在教学活动中的主体地位存在于完成教学任务这一环节的话，那么教师的主导地位则贯穿于设计、布置、推进教学任务、检查教学任务落实情况以及随后的总结提高等教学的全过程。之所以要把先学后教应用在英语阅读理解课堂上，是要把教师从传统意义上对于教学任务大包大揽的桎梏中解脱出来，以便使教师有条件、有精力充分发挥自身所肩负的设计阅读课堂、把握课堂方向、调节教学进度、保障课堂效果和教学质量等重要任务的主导作用。